JN200771

現象学的
スポーツ運動観察論

佐藤　徹

大学教育出版

は じ め に

　スポーツトレーニングや体育授業において，中核的活動である運動指導は動きの観察から始まる。したがって，とくに指導においては動きを見る眼の性能如何でその成果も決まってくる。しかし，動きのなかの重要なできごとを見抜く，つまり動きを読むということは誰にでも一様にできる簡単な作業ではない。

　筆者が勤務する大学では，体育教師やスポーツ指導者を目指す学生のために，スポーツで行われる基本的な運動について比較分析する授業を開講している。そこでは，上手な動きと初心者の動きをビデオカメラで撮影し，パソコンを使ってスロー映像に編集したり，重要局面を静止画にしたりして，生の動きの観察だけではなかなか見抜くことができない特性を理解することが求められる。

　分析作業をしている学生と，分析対象の運動経過についてやりとりすると，大事なことがまったく見えていないことに驚くことがある。精細な運動技術に関する専門的な理解が足りないというようなレベルではない。学校の体育授業で行われる教材運動程度のものであっても，その運動にとって本質的な技術ポイントが分かっていないのである。

　たとえば，女子中学生のサッカー初心者にとってインサイドキックはさほどやさしい運動ではなく，体が横向きになってしまってキック動作にまったく合っていないような脚の動き方をしていることがよくある。そのような動作を見て，「何かおかしい」とか「下手だ」という印象は持っても，具体的にどこがおかしいのか，どうすればよいのか，またどのようなアドバイスを与えればよいのかなどについてはまったく分からない学生が少なくない。部活動でサッカーを行っている者でさえその傾向は否定できない。

　マット運動の倒立前転を分析している場合，上手な者がなめらかに転がっているとか，バタンとマットにたたきつけられたようになっているというような

ことは誰にでも分かる。しかし，前転や後転のようなやさしい運動であっても小さく丸くなっているだけでは転がり運動は成立せず，何らかの加速動作が必要になるのであるが，それがどのように行われているのかを目で見て善し悪しの判断を下すのは素人にはできない。

これらのような簡単なポイントを見抜くことができないのは，眼前で繰り広げられている運動の外形を表面的に眺めているだけだからである。そのため動きの欠点は視覚的にとらえうるものしか探し出すことができない（それができるようになるだけでもかなりの経験を要するが）。

指導に役立つアドバイスを与えるためには，生徒や選手の動きを見るとき，当人のからだのなかに入り込まねばならない。もちろん物理的に入り込むのではない。他者の動きを見ながら，自分が行っているかのようにその感覚を感じ取るという意味である。ヴァイツゼッカーはこのような見方を「移入的観察」と呼んでいる。

移入的観察によって，動いている人間の運動感覚的内実を読み取ることがスポーツ指導者に求められる専門能力である。ここでいう運動感覚的内実とは，本書のキーワードである「キネステーゼ（Kinästhese）」である。これは，端的に言えば「運動の感覚」「動く感じ」を意味する語である。

キネステーゼという一般に流布しているとはいえない用語は，現象学者フッサール（Husserl, E.）による造語で，彼の後期思想の中心である発生論的現象学における重要概念である。ギリシャ語の "kinesis" と "aisthesis" からなる合成語であるキネステーゼは，直訳的には「運動感覚」であるが，われわれが今日一般的に理解している生理学的あるいは心理学的意味での運動感覚とは異なる語義をもつ。本論第Ⅱ部において詳述されるが，キネステーゼは感覚といっても神経活動のような科学的認識の対象となるようなものではなく，人間の運動や知覚を現出させる機能ととらえなければならない。したがって，その存在は物的に証明できるものではなく，われわれのさまざまな現象を説明する「原理」である。

このフッサールによるキネステーゼを，わが国の運動研究におけるキーワードにまで広めたのは金子明友氏である。金子氏は，人間が運動を習得し，さら

にその技能を次代に伝えていく人間学的・生命論的過程を，それぞれ「創発」と「促発」という固有概念で体系づけ，大著『わざの伝承』（2002）にまとめあげた。

　さらに，人間が意味系・価値系のなかで固有の運動形態を身につけていく過程を運動発生論的視点からまとめた集大成『身体知の形成上・下巻』（2005）および『身体知の構造』（2007）などの著書において，表面化した意識や物理事象では解明できない人間の運動の習得構造について，無意識の深層まで遡って現象学的考察を進めた。

　なお，金子氏は，この語に「運動感覚能力」（2002, p.2）や「動感」（2005a, p.304）という訳語をあて，生理・心理学的イメージを持たれやすい直訳的な「運動感覚」という語を避けている。本論において「キネステーゼ」というフッサールの用語をそのまま使っているのは，どの語を使ったとしても，これまでの概念とは一線を画した新しい現象学的運動学の新用語としてとらえなければ意味をなさないと考えたからである。たとえば「動感」は日本語として古くから親しまれており，なじみやすいという利点はあるが，「ある物がいかにも動いているように感じられること」（大辞泉）という意味でも理解されているように，これまでに親しんでいる語であるがゆえに多様な理解，あるいは異なるニュアンスで理解される可能性がある。金子氏も随所で注意を促しているが，物理・生理学的意味での運動や感覚，さらに発音の似たキネステジー（Kinästhesie）[*1] など，現象学的意味の運動や感覚とは異なる領域で扱われる用語との概念的区別が明確にできない限り，フッサールの意味でのキネス

[*1] これも日本語では「運動感覚（運動覚）」と訳され，本論の主題であるキネステーゼ（Kinästhese）と同じ語となってしまうが内容はまったく異なる。Kinästhesie とは，固有受容器等の「運動覚分析器を通して獲得される，自分の運動の空間関係，時間関係，緊張関係の知覚」（バイヤー，1993, p.15），あるいは触覚，圧覚，痛覚などの「身体表面で感覚されるものの総体」（Loosch, E., 1999, S.291），また，「体性感覚（somatic sensation）情報に基づく位置の感覚（sense of position），力・重さの感覚（sense of forth），動きの感覚（sense of movement）」（『スポーツ科学事典』，2006, p.38）といった生理学的意味での運動感覚（kinesthesia）を表す。

テーゼ理論はまったくとらえどころのないものとなってしまう。

　本書の主題は，金子氏がフッサールの現象学を援用して確立した発生論的ス
ポーツ運動学のキー概念であるキネステーゼを，運動指導の場において指導者
がどのように把握しているのか，あるいはどのような方法で把握していくこと
ができるのかという問題圏の解明である。とくに，キネステーゼに支えられた
スポーツ運動の動きの意味を読みとく運動観察論について，現象学的運動学の
立場から考察していくものである。

　「動きを読む観察論」と比喩的にいうことはできても，具体的には何を読み
取ればよいのか，その内容は多岐にわたる。本書は，選手や生徒の運動学習の
現場で，指導者が観察し，理解していくべき内容を事例的に論究していくもの
である。表面的な観察を超えて，実施者の意識，および無意識の世界のできご
とを読み取る手助けになれば幸いである。

― 本書の構成 ―

　本書の構成は大きく6部構成となっている。それに加えて，附論として，本
書にとって重要な概念について事例を交えながら解説した。

　第I部は，運動観察の最初の活動としての運動のとらえ方，見分け方に関す
る基礎的考察である。

　まず第1章において，運動の質的把握に関して論及し，われわれが運動を
「見る」ということの意味や構造について，一般的見解の見直しから出発する。
その結果，人間の動きを見るときには，物理的位置移動を視覚的にとらえてい
るだけでなく，その動きの意味を類型的に把握していることを明らかにする。

　続いて第2章で，この「運動の類型的把握」のしくみについての解明を試み
る。運動の類型論は，測定値から決定される自然科学的分類とは根本的に異な
る分類の仕方で，人間にとってどのような意味や価値をもっているかという視
点に基づく質的分類論である。この章の考察によって，運動観察活動の原理的
理解が固められることになる。

　次に，指導力養成には観察力の向上が不可欠であるという認識に基づいて，

運動観察力を高めるための方法論の構築の必要性を第3章で喚起する。しかし，それは単に観察経験を増やしたり，技術的ポイントを指導したりしていくだけで達成できるものではないことが，大学生を被験者とした観察実験によって例証される。つまり，運動を見るということは，学習者の動きだけを見ているのではなく，運動実施者の内的意識過程まで含めて理解していることが確認され，その領域に立ち入ることなくして運動指導力の解明には至らないことが指摘される。

　続いて第Ⅱ部は，運動観察とは外から見た動きの過程の理解だけでは十分とはいえず，運動を遂行するものの内的構造を理解することが必要であることをキネステーゼの視点から考察する。

　まず第1章では，本論の主題であるキネステーゼの概念，とくに能動的キネステーゼと受動的キネステーゼの関わりについて感覚論の立場から説明する。

　学習者のキネステーゼを把握するといっても，指導者が普通の生活態度のなかで過ごしている限りは，つまりフッサール（1979, p.31）の言う「自然的態度」のなかでは，指導者自身のキネステーゼと学習者のキネステーゼ地平の相違に気づくことはない。その結果，指導者がもっている「あたりまえ」の感覚が実は学習者にはまったく備わっていないという認識は生じない。そのため，コーチの熱心な指導にもかかわらず上達しない選手には努力不足が指摘されたり，体育授業でいわゆる“運動音痴”の生徒たちが不器用というレッテルを貼られて指導の対象とされてこなかったことは否定できない。

　そこで第2章では，今日の学校体育における運動学習および指導に関する運動学的問題性を指摘し，運動発生が体育学習の中核であることを強調する。同時に，教師が生徒の運動発生を促すには，生徒の身体に住み込みながらキネステーゼを適切に理解していくことが不可欠であることを説明する。

　続いて第3章では，キネステーゼ意識の発生の様相を探る事例研究を提示する。そこでは，初心者のキネステーゼ構造を指導者がうまく読み取れなかった事例をもとに，キネステーゼの解釈の問題性を提起し，キネステーゼ・アナロゴンの適格性について検討する。

　第4章は，本書のメインテーマといえる「志向分析」についてまとめたもの

である。

第Ⅲ部は，Ⅱ部で考察した志向性理論に基づいて，従来の指導実践における問題性を指摘する。

第1章は，運動が"うまくできない"生徒に対する志向分析の仕方について，理論的基礎となるプロレープシス原理の視点からみた例証である。

第2章は，従来の運動発達に関する見方および研究は，運動指導の視点からみれば不適切な場合があることを事例的に検証し，志向性の観点からとらえ直すべきであることを論じたものである。

第Ⅳ部では，運動観察能力の形成には運動の知識や見る経験が関わっているだけでなく，観察者自身が指導にとって適格な運動感覚意識をもっていることが不可欠であることについて事例を提示しながら解説する。

第1章は，運動観察，つまり一般的意味の他者観察の土台となるのは，自分の動きを感覚的に把握する自己観察能力である。これまで，自己観察能力の形成過程について体系的に調査されたものはなかった。本書では，筆者自身の体験から自己観察の内容および把握の内実について考察したものである。

第2章では，指導者が動きの感じをどのように理解しておくべきかについて考察を加える。動きを教えることは「コツ」をつかませることに他ならないが，指導者のコツの意識と学習者の意識が同じである保証はない。指導者には，学習者のキネステーゼ世界に入り込むことが求められるのだが，それが可能となるには，指導者が自分の運動感覚意識を意図的に覚醒させる必要があることを，バレーボールのアンダーハンドパスの事例に基づいて喚起する。

第3章では，前章で明らかとなった問題の解決のために，技能は持ちながらも指導に必要な運動感覚意識が欠如している熟練者に対してそれを覚醒させる方法について検討した。フッサールの発生現象学の方法を応用した「キネステーゼ解体」について解説する。

第4章では，キネステーゼ解体を指導者へ適用して運動感覚意識を覚醒させた事例を紹介する。

第Ⅴ部は，第1章として，これまでの考察の総括として「動きの意味を読みとく運動観の構造」について体系的にまとめた。とくに運動観察，志向分

析，運動感覚意識の覚醒など指導者に求められる活動の相互関係を提示する。さらに，スポーツ指導者育成にとって，実技能力の向上と並んで，「キネステーゼ解体」などを通して自分自身の動きの感覚を再確認する学習活動が不可欠であることに論究する。

　さらに第2章として，運動観察論とは究極的には運動指導のためのひとつの理論であることから，「運動指導論の研究法」を論じた。

　附論は，本文の理解に有用な事項の解説であり，「運動モルフォロギー」「コッとカン」「プロレープシス」「運動ゲシュタルト」「潜勢運動」「自分の動きの違いに気づくこと」の項目が挙げられている。

現象学的スポーツ運動観察論

目　次

第II部　キネステーゼ理解のための志向分析

第Ⅰ部　運動の質的把握と観察力の形成

　第Ⅰ部は，運動を指導する場合の最初の活動である運動観察の構造とその能力形成の過程に関する論述である。

　本論文の主題であるキネステーゼ理解および志向分析も，まず学習者の運動を見ることから始まることは言うまでもない。もちろんこの場合の観察対象としての運動は，物理空間を位置移動する人体（物体）などではない。意図をもって運動に取り組み，さまざまなことを意識しながら運動を遂行し，さらに行った運動を反省するといった人間の生命事象としての学習者の運動は，それを他者である指導者が観察する場合には，距離を保って遠くから客観視するような対象として扱うわけにはいかない。行われる運動そのものがすでに多様な価値や意味に包摂されている以上，それらの解釈なくして生命ある人間の運動を観察しているとは言えない。

　第Ⅰ部では，最初に運動の質的特性について確認する。そのうえで運動を質的にとらえることの意味と把握の際の内的構造について考察する。その際に大きな意義を持っているのは運動類型である。運動類型は，自然科学的思考とは根本的に異なる方法で理解されるものである。

　さらに，運動質を類型的観点から見ていく運動観察力の形成のための方法論について実験調査を行い，実践上の問題を検討する。

第 **1** 章

運動の質的把握について

　スポーツトレーニングや体育授業における運動の指導の際には，選手や生徒の運動経過が"よい"あるいは"あまりよくない"などと，実際に行われた運動経過の質というものが絶えず問題になる。この場合，指導者は現実の運動経過を見て，それが"なめらかに"とか"力強く"，"スピーディに"あるいは"全体的にまとまりよく"行われているかどうかなどを判断し，それに基づいて指導の助言を用意することになる。指導者のこのような判断は任意の主観的基準に従って下されるので，指導経験や運動に関する知識の多寡によって，とらえられた内容に一義性が認められない場合も多い。しかし実際に行われた運動経過を直接観察して即座にその質を判断するという指導者の活動が，運動の指導において極めて重要な役割を果たしていることに異論を唱える者はいないであろう。

　この場合，このような主観的判断に基づいて運動経過の質を判断することは科学的ではないとして，それぞれの場合の判断基準を各種の測定によって得られたデータなどに基づいて客観的・定量的に設定しようとするのが一般的である。確かに計測によって得られた数値は誰にとっても共通に一義的な内容を提示できるという利点をもってはいる。しかしそれを運動指導の実践に活用しようとする場合には，さまざまな問題が生じてしまう。

　マイネル（Meinel, K., 1981, p.146）は，運動経過の量的諸徴表はかなり正確にとらえられ，これまでしばしば科学的研究の対象とされてきたのに対して，質的諸徴表はきわめてとらえにくく，研究に取り上げられることもめったになかったが，実践においてはこの質的諸徴表にこそ大きな意義が寄せられて

いると述べて，運動研究における量的徴表と質的徴表の区別を明らかにしている。

　ペーターゼン（Petersen, T., 1982, S.17）もまた，スポーツ科学における自然科学的方法をよりどころとした一面的な科学理想主義の問題性を指摘し，「質的運動研究」の存在とその可能性を明らかにしている。彼によれば，「質的運動研究は，運動の優美さのような体験された質の研究に限られるのではなく，さらに現象世界と関連して運動の機能的特性へと問いかけることができる」のである。それゆえ運動の質的把握は，体操競技やダンス，フィギュアスケートなどのように運動経過の出来栄えが直接競技の主題となる種目で重要であるというだけでなく，体育ないし競技スポーツにおける指導や学習活動に直結する情報を得るために不可欠のものである。

　本章はこのような観点から，運動の質的把握では何が運動質としてとらえられるのか，それはどのような方法によるのかを明らかにすることによって，運動の質的把握の今日的問題とその方法原理を明らかにしようとするものである。

1.　運動質とは何か

（1）　運動の量的特性

　運動質とは何かを考えるには，運動の量的特性との対比から考察を進めるのが妥当であろう。実際に行われた運動を定量的に規定することは，現在さまざまな研究領域で行われている。測定の装置や解析の方法なども目覚ましい進歩を遂げ，今日では正確なデータを得ることはさほど困難ではないように思われている。それにもかかわらず研究（理論）と実践の乖離が問題とされるようになって久しい。それは，人間の動きは複雑でいまだに測定値の正確さに問題があるからであろうか。確かに人体は細かな関節や精巧な筋肉を持ち，動きも多様ではある。しかし根本的には，測定の方法にではなく，何を知るための測定であるのかについての思慮が欠けているからではないであろうか。また同時に，定量化に伴う問題点を曖昧にしたままで，測定技法としての客観性のみを

追求する姿勢にも問題があると思われる。

　あるできごとを量的に規定するということは，本質的には何を意味するのであろうか。量化とは測定するということであり，そのためにはある特定の単位をもった"ものさし"が必要である。つまり測定結果はこのものさしの規準だけからみたものなのである。澤潟（1988, p.78）によれば，このような分析的方法は「ものそのものをとらえる方法ではなく，ある立場から見た一つの射影」であり，「記号による認識」である。また，「分析するとは特殊なものを一般的なもので理解するということ」なのである。

　このことを運動の場合で考えてみると，たとえば，走るという動作は個人によって差があっても，ある距離を移動するのに要した時間という立場だけからみれば，さまざまな走動作は走スピードというものさしで相互に比較することができるようになる。しかしこの場合，所要時間ないし走スピードという特定のものさしの記号によって表された数値的規定が示されるだけであって，実際の運動がどのように実施されたかという点については問われていない。つまりスピード以外の面は捨象されてしまうのである。このようにある一面から事象をとらえようとする研究態度，すなわち分析的態度は，客観性をその命とする今日の自然科学的態度そのものである。しかしこの客観性に関しても問題がないわけではない。

　測定結果としてのデータ（Daten, data）という語は，語源的にはラテン語の「与えられたもの」（Duden, 1963）という意味に由来し，日本語でも「所与」と訳されたりしている。このことから，測定とはもともと存在しているものの一面をそのまま抽出してくることで，その結果がデータであるという受動的な観念を持ちやすい。しかし具体的な事象の中から何をデータとして取り出してくるかは多分に主観的，能動的な面をもっている。つまり研究者が持っている理論的背景によって，取り入れられるデータの内容も変わってくる可能性がある。換言すれば，関心が持たれたことしかデータとして取り入れられることはない。この意味からいえば，理論からデータが造られるということも可能なのである。このことを村上（1989, p.72）は「データの理論負荷性」と呼んでいる。

　中谷（1975，p.14）は，自然科学とは「自然現象の中から，科学が取り扱い得る面だけを抜き出して，その面に当てはめるべき学問である」と述べている。したがって，運動研究の場合でいえば，扱われた測定内容が，対象とする運動の本質を適切に表しているかどうかは別次元のところで問題とされなければならない。というのは，ある一面を正確に測定するには，実験環境や条件を一定にすることが必要であり，そのために本来は重要な要素であるはずのものが捨て去られることが珍しくないからである。

　さらにデータとして得られた数値の特性に目を向けてみれば，言うまでもなく数字は価値を持っていないものであり，同じ数値であれば同じ内容を表すということが前提となっている。しかし実際の運動現象を思い浮かべてみれば，同じ量的結果を生みだすやり方はまったく多様である。たとえば身体重心を低くするためには，膝をまげても腰をまげても，あるいはその他の多様な姿勢をとることによっても可能である。これらの多様な姿勢の変化を量的に詳細に規定しようとすれば，測定項目は無限に増えてしまうこととなる。しかしどれほど項目数を増やしたとしても，それらのデータの寄せ集めからは"全体像"としての具体的な運動経過は見えてこない。

（2）運動の質的特性

　哲学事典（林ほか，1971，p.592）では，質は量に対する言葉であり，「『どのように』という問いに対応する事物のあり方を意味し，性質ともいう」と述べられているが，われわれが問題とする運動質の場合には，単なる性質ではなくて，"よい"，"よくない"といった「価値の観点からみた事物の差異」ととらえるべきであろう。

　このような立場から，マイネル（1981，p.146）は運動質を「すぐれた協調を示すスポーツ運動の経過に特徴的に現われる本質的な運動徴表」と定義している。そして錯綜した現象のなかから最も重要な質的特徴を分離するために，運動の局面構造・運動リズム・運動伝導・運動流動・運動弾性・先取り・正確性・調和の8カテゴリーを定立している。このことは運動現象を多様な視点から分析的に追及することを意味しているのではない。マイネル（同書，p.154）

は「ある徴表は他の徴表に関連し，現実の運動全体それ自体はひとつの全体なのであり，いわば，あらゆる本質的諸徴表が相互に乗り入れるひとつの関係系なのである」と述べて，全体のまとまりを分解することなく，具体的な運動に特徴的に表われる質を浮き彫りにしようとしたのである。

　さらに日本語にも翻訳されている『スポーツ科学事典』（レーティッヒ編，1981）によれば，運動質（Bewegungsqualität）は運動特質（Bewegungs-eigenschaften）と同義であり，「運動というものを外観から，なによりもまず，その質的判断に従って分類する運動形態の諸徴表」[*2] である。"質"を定義するのに「質的判断に従って」というのは論理的に不適であるが，この運動特質についてフェッツ（Fetz, F., 1979, p.74）もまた，その著『体育運動学』において「運動を外的に認知しうる徴表」と定義し，運動の力動・調和・流動・リズム・弾性・伝導・正確性に分類している。しかし朝岡（1980, p.22）が指摘しているように，マイネルとフェッツでは運動そのものに対する基本認識がかなり異なっている。そのために研究法に相違がみられるが，運動現象の中に質的内容を認め，実践に役立てようとしている点は同じである。

　いずれにしても運動の質的把握とは，具体的な運動現象を観察し，その中によい，あるいは悪い動きを特徴づけている徴表を認識することだといえよう。

（3）　量的特性と質的特性との関係

　これまで述べてきた運動の量的特性と質的特性はどのような関連の中で扱うべきであろうか。質的特性は量的に規定されうるのであろうか。量の質への転化は弁証法の基本法則のひとつとされるが，運動質も物質の性質のようにある何かの量的変化によって飛躍的な変化を遂げるものと考えてよいのだろうか。

[*2]【運動質】Mitterbauer（1977）は，"Bewegungsmerkmal"（運動徴表）には質的要素は含まれていないので運動質（Bewegungsqualitäten）や運動特質（Bewegungseigenschaften）とは厳密にいえば同義とはいえないが，この語の慣用からみて，質的説明を添えたうえで運動質（特質）を表す語として用いるべきであるとしている。

　前出の『スポーツ科学事典』では「運動特質の定量化は運動学と生力学の基本的研究課題である」と記述されている。また前述したように，フェッツがマイネルと根本的に異なる点は，『体育運動学』（フェッツ，1979）の中で随所にみられるように，フェッツは諸徴表をできるかぎり客観的に量化することを目指していることにある。そして実際さまざまな運動現象から量的な違いを見いだすために多くの実験・測定を行っている。このような立場は，困難は伴うにしても，運動質の量化は原則的に可能であるという前提に立っている。

　このような立場からの実験研究はわが国にも非常に多く見られる。例えば，ある運動の熟練者と非熟練者の運動経過から身体部分のスピードを測定したり，身体重心の移動の様相を比較したりする研究はごく日常的に行われている。しかしその際に問題となるのは，熟練者と非熟練者は何に基づいて区別されたのかという点である。つまり量的特性によって熟練者の動きとそうでないものとを規定する目的で行われた研究が，実は既に質的に区別された動きについて測定が行われているのである。すなわち，ここでは質的判断基準が暗黙のうちに了解されてしまっている。したがってその測定結果からは，熟練者として選出された被験者の運動経過が本当にすぐれているのかどうかという問題は依然として未解決のままに残されている。

　また，“よい動き”と“よい結果”，たとえばよい記録を同一視する例もみられる。星川ら（1984）は“よい動き”をバイオメカニクス的に解明することを目指して種々の測定を行っているが，その際のよい動きとは，湯浅ら（同書，p.80）にみられるように「高い運動課題（記録）の得られる動き」と定義して研究が進められている。確かによい動きからよい記録が出ることは自明のことのように考えられているが，“よい動き”，すなわち質的に優れた運動と“記録的に優れた運動”とは常に一致するものであろうか。

　一例として，かつてセンセーションを巻き起こしたベン・ジョンソンとカール・ルイスの走法について考えてみよう。ドーピング問題は別にしても，大会に勝ったジョンソンの動きの方がルイスよりも必ずしも質的にもすぐれていたと断言することはできないであろう。勝負に表われたような明白な差を，質的な差として客観的に示すことは不可能である。

　このような世界のトップクラスの選手の比較でなくても，学校の体育授業などでも同様の問題は多くみられる。たとえば，体格的に大きな子の方が，すぐれた運動協調を示す小柄な子よりも，運動の仕方としては劣っていても記録的にはよいということは珍しくない。したがって，よい動き（質的に優れた運動）と量的に優れた運動とは概念的には区別してとらえるべきである。

　物体の性質，たとえば酸性とアルカリ性を区別するには pH 濃度を測定すればよいが，なぜ運動質の量的規定もそのように明確にできないのであろうか。それは運動というものが時間とともに消え去ってしまうという一過性のものであるからである。

　われわれが運動を観察する過程について，金子（1987，p.120）はフッサールのメロディ体験の例を引用しながら詳細に検討している。それによれば，運動を見るときには，フッサール（1982，p.42）の言う過去把持（Retention）と未来予持（Protention）が今現在との融合によって意識の中にとらえられるのであり，時間を無視しては，全体としてのみ意味を持つ運動ゲシュタルトに関するいかなる記述もすべて無効になってしまう。

　ベルクソン（Bergson, H.）によれば，運動は本質的に時間的現象であるので，「メロディを二つの部分に分かつことができないように，運動も分割できない」（中島，1986，p.22）ものであり，「メロディが一定の仕方で時の経過を充たすように，運動も絶対的な時間的現象であり，時間におけるそのあり方を少しでも変えたら，例えば一瞬でも運動体を止めたりしたら，運動の様相が変わってしまう」。さらにヴァイツゼッカー（1975，p.234）は，生物の運動において「生成の時間の捨象は事実の偽造にも等しい」とさえ言っている。

　メロディを聴くにしても，運動を観察するにしても，時間との関わりを抜きにしては語れない。もちろんこの時の時間とは，時計で測られるところのものではなく，生命ある時間，流れる時間の意味である。ベルクソンは時間を「流れる時間（純粋持続）」と「流れた時間」とに区別している（澤潟，1987，p.128）。われわれが実際に体験する運動の観察の際には，「流れる時間」において，絶えず過ぎ去っていく今と関わっていく中で過去を記憶し，未来を先取りしている。これに対して，自然科学的方法はすべて後者の「流れた時間」の

中で考察するという立場に立っており，時間的流れの結果として生じた空間を研究対象としている。つまり定量化とは，刻一刻と流れ去る具体的現象を静止の中でとらえることなのである。

（4）表象としての運動質

　運動が時間的現象であり，物質のように実体をもったものではない以上，運動質も当然"もの"として眼前に提示できるような性質ではない。運動質とは"もの"ではなく"こと"として考えなくてはならない。

　木村（1989, p.11）によれば，われわれがりんごが木から落ちるのを見るとき，落下している物体としてのりんごは見ることができるが，"落ちる"という"こと"それ自身を眼で見ることはできない。そして彼は，その"こと"は客観的な知覚対象とはならないけれども，われわれはそれを的確に経験する一種の感性をもっていると言う。

　運動を観察するときも同様に，動いている人体を見ることは，視力のある人なら誰でも可能である。それにもかかわらず，有能なコーチや教師の優れた観察眼に示されるように，同じ運動現象を見ていても経験豊かな指導者と素人とではまったく別の情報を得ることは珍しくない。

　このことは芸術の鑑賞と似ている。網膜にできる像はすべての見る人にとって同一なのに，同じ絵を見ても受けとる印象は人さまざまである。そうした知覚上の食い違いはどうして起こるのかということについて，アルンハイム（Arnheim, R., 1987, p.358）は「知覚は網膜上のデータを機械的に同化するのではなく，構造的イメージを想像する」からであると言っている。これに関連して佐伯（1986, p.129）もまた，「私たちが『絵を見る』のは，描かれているモノを見るのではなく，また，アラワレたコトだけを見るのではなく，ほとんど無限といってよい多様なコト（事態）を見る（知る）ということである」と述べて，"こと"的なとらえ方の重要性に言及している。

　つまり運動を質的に把握するというのは，運動質というものをカメラのように受動的に写し取ることではなく，人体の位置移動を媒介として，そのときの事態（こと）を理解するということであるといえる。それゆえ，質の観察で

は，単なる部分知覚としての視覚による知覚のみならず，中村（1979）の言う感覚の統合という意味の「共通感覚」として取り入れる仕方が問題にならざるを得ない。観察によって得た運動の像は，網膜に映ったままの刺激としてではなく，われわれがとらえうるところを表象によって構成したものなのである。

　木村（1988，p.44）はこのような世界に対するわれわれのあり方について次のように述べている。

　　　知覚されたものは表象的な『再現前』としてしかわれわれの意識にのぼらない。われわれは世界からの刺激を受動的に受け取っているだけでなく，これを能動的に表象として加工することによって世界と出会っている。（木村敏『あいだ』1988，p.44）

　したがって，われわれの能動的な構成作用による表象としての運動質は具体的にはどのようにして把握が可能なのかという問題が次に考察されなければならない。

2. 運動の質的把握の方法

（1）認識方法としての直観

　運動が時間的現象であり，運動質はものとして提示できない表象であるとすれば，この運動質はいったい何によってとらえられるのであろうか。ベルクソンは，空間，すなわち物質を対象とする分析的方法に対して，時間，つまり意識をとらえる方法は直観によって可能であると述べている（ドゥルーズ，1987，p.3）。

　直観とは直接見るということだが，『哲学事典』（林ほか，1971，p.949）には「対象の全貌と本質を把握する認識作用としては悟性的思惟に優越し高次の（多くの場合最高の）認識能力と考えられる」と記述されている。しばしば誤解されることだが，直観は全体を一気にとらえるといった認識法ではない。中村（2014）は，ベルクソンの言う「直観」を，画家の眼にたとえて次のように説明している。

　われわれが外界の事物をとらえるさいには，通常は，「机」だの「コップ」だの既成の語によって分節してみている。…しかし，すぐれた画家は，そのような世界のわかりやすいわけ方ではなく，さまざまな微細で複雑な色合い，光線による微妙な輝きやくすみ，よどみや凹凸，ことばのうえではわけられている事物がずるずると連続していくさまなど，かぎりなく細かく多様で稠密なあり方を凝視する。このような画家の眼を獲得するためには，われわれは，日常のわかりやすく生活に役にたつものの見方をいったんやめ，外側を無垢な眼でじっとみつめなければならないだろう。あるいは，そのような無垢な眼を訓練によって手にいれなければならない。そうしないと対象は，真の姿をこちらにみせてはくれない。このように，常識均な見方にむりに逆行するのが，ベルクソンの「直観」という方法なのだ。だから，感情や本能などではまったくなく，意識的な努力であり，ある意味で，日常的なものの見方の「反省」であり，破壊なのだ。(中村昇『ベルクソン＝時間と空間の哲学』2014，p.40)

　したがって，直観は分析ではとらえることのできない内容を知るために，あえて獲得すべき反省の能力に基づくものである。ここでいう「反省」は"自分の軽率な行動を反省する"といった日常の行為ではなく，日常の中で慣れた見方を離れて違う視点からとらえ直すという意味である。このような反省行為を含めてものごとを見る方法が直観なのである。

　フランスのベルクソンとならび，直観を人間における本質的な認識法として位置づけた碩学にドイツのゲーテ（Goethe, J.W.v.）を挙げることができる。

　「眼の人」といわれたゲーテは，「見る」ということに特に力点を置いていたことは有名である。これに関して高橋（1982）は次のように述べている。

　ゲーテは厳密な意味での『見る』ことに対し anschauen という語を当てた。普通『直観』と訳されるこの語は，単に漠然と見ているにすぎない sehen に対し，『対象に即してよく見る』ことを意味している。つまりゲーテは，われわれは漠然と消極的にものを見るのではなく，積極的に見なければならないと考えていた。彼にとって見ることは自明のことではなく，獲得されるもの，深められてゆくものだったのである。(高橋義人『「見る」ことの哲学』理想 No.593，1982，p.87)

　こうしてゲーテ（1980，p.43）は，「生命ある形成物そのものをあるがまま

に認識し，眼にみえ手で触れられるその外なる部分部分を不可分のまとまりとして把握し，この外なる諸部分を内なるものの暗示として受けとめ，こうしてその全体を幾分なりと直観においてわがものとしよう」という衝動からモルフォロギー（Morphologie，形態学）を提唱したとされる。

（2）　直観による動きの学 "モルフォロギー（形態学）"

　形の意味を表すギリシャ語のモルフェー（morphe = Gestalt, Form；独語）の学（logos = -logie）であるモルフォロギーで扱われるのは言うまでもなく形である。機能は形に現れるといってもよい。

　生物体に対する，ゲーテのモルフォロギー的な見方について，高橋（1979）は次のように述べている。

> 生物とは生命現象であると同時に，形である。形を忘れた生物学は，大切なものを見落としているといわなければならない。しかも形は，近代科学が依拠している定量的・分析的な方法によってはほとんどとらえることができない。形を計量することによって得られるものは，もはや形ではないのである。形を把握するものは，むしろ直観にほかならない。（高橋義人『形と力 ― 形態学とは何か ―』1979，p.48）

　しかし，ゲーテのモルフォロギーで対象とされるのは，単純に外から視覚的にとらえることのできる物体の静的な形象ととらえるべきではない。ゲーテ（1980）は，形態学における形の扱いについて次のように述べている。

> 形態学というものを紹介しようとするならば，形態について語ることは許されない。やむをえずこの言葉を用いる場合があっても。それは，理念とか概念を，あるいは経験において一瞬間だけ固定されたものをさすときに限ってのことである，ひとたび形成されたものも，たちどころに変形される。（ゲーテ『ゲーテ全集14　自然科学論』1980，p.44）

　したがって，この場合の形態とは，物体の表面をなぞった単なる外形ではなく，有機体における "形成" ととらえるべきである。つまり，生物体による動的過程を内に含めた外化としての形である。この点において，わが国では医学

の解剖学のことを形態学とも呼ぶが，これは自然科学的意味合いが強く，ゲーテ形態学とは一線を画すべきであろう。

　なお，本書において，形態学，運動形態学，モルフォロギー，運動モルフォロギー，キネモルフォロギーなどの語はいずれも同じ意味で用いる。はじめて運動学を日本に紹介した岸野（1968, p.42）によって，マイネルの「モルフォロギー」は「運動形態学」と訳され，わが国でも運動学固有の概念として定着した。その後，金子は旧来の形態学という訳語をあてず，そのまま「モルフォロギー」という語を用いるようになった。それは，日本語の形態学という語は解剖学的意味で使われることが多く静的な語感を免れず，そのため生成と流転の学としたゲーテの動的な真意を損なうことを恐れてのことであると，金子はマイネルの『スポーツ運動学』（1981, p.450）を訳した際に説明している。

（3）直観の対象としての運動ゲシュタルト

　モルフォロギーでは，直観という方法によって生命体の形に関する認識を得ることが目指され，創始者のゲーテでは，動物や植物の形態形成に関する考察が行われている。

　スポーツ運動に関して，直観的把握の対象は運動ゲシュタルト（Bewegungsgestalt, 運動形態）である。運動ゲシュタルトは，音楽メロディーと同様，時間を伴ってはじめて成立する時間ゲシュタルトであることから，静止物体の形を扱うときとは本質的に異なる特性に留意しなければならない。時間ゲシュタルトに関しては巻末の補足において詳しい説明があるが，運動にしろメロディーにしろ，止めることのできない流れのなかでしかとらえることのできないものである。

　前田（2013, p.104）は，「ベルクソンの言う『直観』の対象は『持続』である」と述べているが，まさにこの「持続」こそ流れるもの，時間に他ならない。この「持続」の意味での時間の流れは，時計の針の動きのような等質的時間の経過を表すのではない。つまり，計測可能な物理時間はここでは問題とならない。

　音楽メロディーを聴いているとき，以前に聞いた音はいま聞こえる音に影響

を及ぼし，いま感じている音は来たるべき音に作用するように，相互に影響し合い，それぞれ異なる意味を持っている。篠原（2006, p.23）が言うように，「持続」としての生命ある真の時間とは「異質的で相互に浸透し合う」ものであって，等質的空間を地として数値を構成する物理時間と区別されるものである。したがって，持続としての生命あるできごとをとらえるには直観を用いるしか方法がないのである。

運動研究にモルフォロギーが不可欠であることを説いたボイテンデイク（Buytendijk, F.J.J., 1956, S.41）によれば，運動はゲシュタルトの意味において形づくられた統一として現れ，それゆえに全体に対する部分の関係や形態の類縁性，形態発生などのゲシュタルト徴表について研究されねばならない。そしてモルフォロギーの対象は形づくられた運動実施であり，それは直接直観の内に提示され，その構造徴表に基づいて研究されるべきものである。

（4）直観の妥当性

このような直観的把握の方法に対して，見るだけで学問になるのかという批判が出るのは当然であろう。すなわち，人それぞれによって見る内容が異なる，つまり客観的ではないという反論である。それゆえにこそ，だれにも明らかな数値によって示そうとする自然科学的方法が採りいれられてきたのである。

しかし高橋（1980, p.48）が指摘しているように，今日少なからぬ数の自然科学者がゲーテの自然学に対して真剣な眼差しを向けるようになってきている。その理由は，科学がますます抽象化への道を歩んでいる時代に，ゲーテ的な科学のあり方を再評価する必要に迫られてきたからである。

研究の態度において，モルフォロギー的方法と科学的分析的方法との対比について，動物学者であるポルトマン（Portman, A., 1976, p.223）は舞台劇の例で分かり易く説明している。彼によれば，ひとつは舞台裏にいる立場であり，劇の経過や劇を進行させる装置の技術などについて知ることである。いまひとつは舞台の前で見ている場合で，登場人物の関係を知り，所作やせりふの意味を理解することである。

　運動研究でいえば，前者は生理学やバイオメカニクスなどにあたり，後者が運動モルフォロギーにあたる。ポルトマンによれば，舞台裏の研究は確かに重要なものではあるが，それは眼前で演じられている特殊な生命演技を直接に把握させるものではない。

　解剖学者の養老（2003，p.130）も，生きていないものの研究から生きているものの特性を導出してはならないという見解を示し，死体を解剖しても生きているものの形は分からないと言っている。また，イカとスルメという関心を引くたとえで両者の違いを説明している。それによると，科学というのは，生きているもの，動いているものを止めてデータをとるものであるが，そのデータは生きたものではない。しかし，そのデータが科学の中心をなしている。生き物を相手にしていると思っている研究者が，本当にスルメではなくてイカを見ていることになるのかという疑問を呈している。

　運動の研究においても同様に，実際に生きている選手や生徒の動きを対象にしているからといって，それがそのまま生命事象の研究であるとはいえない。

　多様な現象を呈する具体的な運動経過から抽象によってとり出された一面的データが，実践性という観点からみた場合にはたしてどのような意味や価値をもつのかということから問われなければならない。すなわち，実際にどんな運動がどのように行われたのかが捨象されて，測定結果としての数値からのみ評価されたものが実践の場に還元されうるのだろうか。数字的序列は確かに誰の目にも明らかな形で提示されうるが，実践にとって必要なのは，その時の数値の差が運動経過全体に対してどのような関連を持っているかということである。この関連はたとえどんなに詳細に，多くの観点から測定されたとしても明らかにはなってこない。視点が多いということと全体的ということとは同じではないのであり，個別データをいくら寄せ集めても，まとまりをもった運動の全体的相貌は現れてはこない。

　データによる比較は，運動を全体として考察したモルフォロギー的知見に支えられて初めて有効なものとなる。このような意味で，運動モルフォロギーはすべての運動研究の第一歩であるだけでなく，研究結果の活用の段階においても不可欠のものとなる。金子（1977）は，運動研究における多様な視点から

の研究の必要性とその際の問題点について次のように述べている。

> 複雑な人間の運動現象について，学際的な研究を必要とする運動の研究に最も大切なのは，研究対象の共通の認識から出発しなければならないということである。運動形態学は運動現象の認識獲得の不可欠の第一のベースをなすものなのである。(金子明友『運動学からみたスポーツ』1977, p.277)

（5） 質の類型的把握

次に，運動質は具体的にはどのようにして直観によって把握されるのか，また同時にそれはなぜ量化（測定）によってはとらえられないのかについて検討しよう。

たとえば，マット運動の前転を練習している子どもたちを見て，指導者はその運動経過について，ぎこちないとかスムーズだとか，あるいは勢いがあるというように質的にとらえることができる。またある子どもの練習過程において，最初は起き上がるとき頭が後屈になり，手で支えてやっと立つことができる程度から，しだいに下体から上体への運動の伝導が明確になり，動きが洗練されていくのをいくつかの段階として確認することができる。

マイネル（1981, pp.361）はこの発達過程を大まかに「粗形態 — 精形態 — 最高精形態」に分類しているが，実際には精形態の中でもさらにいくつかに分化した発達段階をとらえることができる。しかしマイネルも言っているように，これらの間には明確な境界があるわけではない。さまざまな子どもたちのそれぞれの運動経過や発達過程は非常に多様な現象形態を示しはするが，そこにおいてたとえば，"転がりがなめらかになってきた"（床と背中の順次接触が改良されてきた）というような質的変化は新たな形態発生（Formgenese）としてとらえることができる。

この形態発生は，実際の運動現象のさまざまな変化を一定の類型（Typus）として認識させるものであり，要した時間や関節の角度の変化などによって量的に規定できる性格のものではない。このことについてヴァイツゼッカー（1975）は馬の移動形態の例で適切な説明をしている。

> 刺戟の量や機能の量を恒常的に変化させると作業の非恒常的な変化が生じる。馬の前進速度が増大すると，常歩から速歩へ，さらに駆歩へという断続的な変化が現れる。このような断続が生じるたびに，馬の歩みは速くなるだけではなくて何よりもまず違った性質のものとなる。この非恒常性は行為の断続性と呼んでよい。(ヴァイツゼッカー『ゲシュタルトクライス』1975，p.282)

つまり，移動速度が連続的に変化しても，それらの運動形態はある時点で突然現われる。量は徐々に変化していても，運動形態はある時点で突然大きく変化するのである。その変化の時点（形態の断続点）は決して量的に規定することはできない。常歩よりも遅い速歩を行うことも可能で，いつ変化するのかはスピードのほかに，その時の外的，内的状況などによって決まる。われわれが運動を質的に把握するときも同様に，量的差異からみればまったく連続的にしかとらえられないものを，ある基準に基づいて類型的に分類しているのである。

それではそのような類型的分類の基準が量的差異からは求められないとすれば，いったいどのようにしてわれわれは区別しているのであろうか。

ボイテンデイク（1977，p.236）は男性的および女性的な歩き方を類型的に考察している。彼によれば，男性的な歩行の典型的特徴は「個々の一歩一歩の終点の強調」にあり，女性的なそれは，男性的な特徴が欠けており，「活動全体の規則的で滑らかな経過」を特徴としていると言う。

よく言われるような歩幅の違いは，確かに平均値を調べてみれば若干女性のほうが短いという結果にはなるかもしれないが，それは本質的な相違点ではない。歩幅は短くても男性らしい歩き方，あるいはその逆の例は少なくないからである。

ボイテンデイク（同書，p.235）によれば，このような類型的認識の獲得には，発見しようとするものが多くの現象の中に十分はっきりと現れるとは限らないので，本質的なものが何よりも著明に直観できるような例を求めることが必要である。また類型は，たとえば“流れるような－角張った動き”というように相反する特徴として把握され，その間には多様な移行的形態があるが，いくつかの段階的まとまりとしての区別が可能であり，このことを通して運動は行う

者，状況，意味などが異なっても比較ができるのである（Buytendijk, F.J.J., 1956, S.64）。

　したがって運動の質的判断は，ボイテンデイクの意味の類型的にとらえた「典型像」と実際に行われた運動経過とを照らし合わせて行われる。この「典型像」はゲーテの言う根本現象（Urphänomen）にあたる。これはわれわれの肉眼が普通見ている経験的な現象ではなく，観念的現象である。このことについて高橋（1980, p.48）は次のような説明を与えている。

　　これは現象でありながらも超越的な性格を有している。しかもちょうど下絵の上にトレーシング・ペーパーを置いて，単純にして本質的な骨組みだけを浮かび上がらせたときのように，根本現象は経験的現象の中に透視されるのである。(高橋義人『自然と象徴』1982, 解題, p.5)

　なお誤解のないように付言しておくと，運動研究の場合のトレーシングペーパーにあたるものは，定規のようにある特定の視点からみれば一義的に測ることができるようなものではない。それは渡辺（1988, p.76）が言うように，「現象を観察するために，探索する志向を規定する知」として，つまりどのような観点から運動を見ればよいのかということの指標となる像（イメージ）としての知と考えるべきであろう。

　運動の観察におけるイメージとしての典型像は，さまざまな様相を示す具体的な運動経過を観察することによって構成され，すぐれた指導者はそれを多く，そして明確に持っていると思われる。しかしすぐれた指導者であっても，その内容を他の者に明確に伝えられるとは限らない。だからこの種の知識は指導実践にとっては最も必要であるはずのものでありながら，ひとりの経験豊かな指導者の主観的知識とみなされ，研究の場にはあがってこないことが多い。したがって，このような実践から得た知をどのようにして他に伝えるかという，その方法が検討されねばならない。これに関連する運動類型の形成過程は次章で詳しく取り扱われる。

（6）運動質の記述

　これまでの考察から運動質の把握は直観によって類型的に行われることが明らかになったが，このような把握の仕方はまず第一に観察者本人が受け取る印象のかたちをとらざるを得ない。そこで問題となるのは，はたしてその把握した内容が妥当なものか，すなわち他の者と共有できるものなのかという点である。さらにそれを具体的な研究の場，あるいは指導の実践に活かせるためには，とらえたものをいかに表すか，換言すればいかに他人に伝えうるかということが問題となる。

　ものを説明するにはその実物を提示すればよいが，"こと"を説明するには，木村（1989，p.15）によれば言葉を用いるしかない。したがって，運動そのものという実体はない以上，運動質という"事態"も同様に言葉によって記述されるべきものといえよう。

　しかし運動を言葉によって記述することは非常に難しく，ときには曖昧ささえもつ。このような問題にもかかわらず，中村（1989）は記述の正当性について次のように説明している。

　　　対象を限定し細分化する方法をとった分析的な近代科学においては単なる曖昧さや不明確さを出ないものとして退けられてきた観察や経験にもとづくことばによる記述の多義性は，世界や実在の全体性と関係系の中でかえって豊かな，しかも十分明確なものになりうるのである。たしかに，意識的な高度の対象化によって限定された部分の一義的な明確化は物事を因果関係のうちに秩序立てることには好都合であるが，逆にそこで部分として明確であったものが全体のなかで，また全体としてかえって曖昧で不明確なものになることが少なくないのである。（中村雄二郎『哲学の現在』1989，p.144）

　それでは運動質を言葉で記述する場合，運動モルフォロギーにおいては，具体的に運動の何が記述されねばならないのであろうか。マイネル（1981，p.149）も述べているように運動記述は単に運動を外面的に，写真さながらに正確に，微に入り細をうがって表現することではない。そのなかから本質的なものと非本質的なものとを区別し，運動経過のある特徴を浮き彫りにし，また

説明することである。マイネル（同書，pp.153）はそのための基礎としてリズムや運動伝導などの8カテゴリー[*3]に基づく運動質の把握を提唱している。

　前述したように，運動質は測定によって得た量的データからではなく，実際の観察を通して直観によってとらえられる"こと"である。直観によってとらえられた内容を他者に伝えるときには，情報を受け取る側が直観的に把握できるような方法を用いることが有効である。それゆえ運動モルフォロギーにおいては言葉による記述のほかに，運動経過を継時的に示す写真や連続図（キネグラム）の利用が多く行われる。

　実はそれらも時間を捨象して，運動を静止の中で扱っている点では数量的データと類似している。しかし本質的に異なる点は，それらが運動経過を全体として，力動的特性さえも含めて直観的に把握させることをねらいとしていることである。したがって一枚あるいは数枚の写真や図を提示して説明するときには，無数にある瞬間からどの局面の図ないし写真を抜き出すのかが重要となる。選ばれた局面は等質的空間・時間の単なる一瞬間ではなく，連続する運動経過においてある特定の意味をもった局面である。つまりその局面の抽出過程においては，運動に対する観察者の解釈が含まれており，この解釈こそが言葉によって記述されるべき"こと"なのである。

　それにしても確かに言葉や図，あるいは写真などだけで運動質をすべて完全に表すことは不可能である。たとえば運動のリズムを説明するとき，何といってよいかわからず"ググッと"とか"タターンと"などといって伝えたい内容を表現することは少なくない。金子（1974，p.283）は体操競技の技をコーチする際の，運動覚に基づいた説明語の重要性を強調して，「いわゆる『感じ』に頼ったコーチングを非科学的であると断じ，生半可な生理学的，力学的説明によって運動技術を教えることができると考えるのは誤りである」と言っている。また木村（1987，p.260）は，精神科医であるビンスワンガー

[*3]【運動質のカテゴリー】マイネルは，運動経過における錯綜した現象の網から最も重要な特徴を捉えるために，局面構造・運動リズム・運動伝導・流動・弾性・先取り・正確さ・調和を設定した。

(Binswanger, L.) に倣って，分裂病（総合失調症）の診断は「感じに頼って（nach dem Gefühl）ではなく，感じを用いて（mit dem Gefühl）」行うといっているが，同様のことが実際の運動指導場面では非常に大切な意味を持つことになる。

　このような言葉では表わしきれない，言語的知識以上の知識をポラニー（Polanyi, M.）は「暗黙知」（tacit knowing）と呼んでいる。ポラニー（1980, p.15）によれば，「われわれは，語りうることより多くのことを知ることができる」のである。このような知は一見曖昧でとらえようがないように思われるが，実際の経験においては非常に有用なものである。中村（1984, p.17）はこの暗黙知について次のように述べている。「この知の在り方は経験の能動的形成あるいは統合に重点が置かれる。科学上の発見，芸術上の創造，名医の診断技術などの技芸的な能力は，みな，この暗黙知に拠っている」。このような知はフィールド・ワークにおいて重要な役割を果たすので「臨床の知」ともいわれる。

　中村（1984, p.487）によれば，この「臨床の知」はパトスの知として，「私たち人間が受動的，受苦的存在であることによって，他者や自然とのいきいきとした交流をもちうることを教える」ものであり，また「環境や世界がわれわれに示すものをいわば読みとり，意味づける方向で成り立っている」のである。スポーツや体育の実践の場では，人と人との生きた交流の中から得た，またその交流に還元できる形式の知の獲得が必要であろう。

3. ま と め

　運動を質的に把握することはスポーツ指導者にとって不可欠の行為であり，それは直観を通して実施者の内在的運動体験の意味を解釈していくことによってはじめて可能となる。この現象を解釈する能力は，運動経験や指導経験をはじめ，日常の洞察的態度などに大きく依存しているが，指導者が努力して獲得していくべきものである。

　このことに関連して荻野は，「本質直観というまなこは，だれにも共通に平

等に具わっているものではなく，だからといって個別的主観的色眼鏡でもなく，普遍的客観的な事象を洞察するまなこでありながらも，修練によってみがかれていくべき性質のものである」（ビンスワンガー，1978，p.300）と述べている。それゆえマイネル（1981，p.141）も，「運動を見抜き，分析し，判断する能力は，組織的な練習と方法学的に指導された訓練によって，大きな確実さを持つまでに発達させることができる」として，運動観察の訓練の必要性に言及している。

　一般に，体育教師の養成機関では，運動の実技能力の獲得と指導方法論についての学習は行われるが，運動経過の観察法についての実習を行っているところは少ない。認知心理学の立場から人間の知覚の構造について知覚循環という概念を用いたナイサー（Neisser, U., 1984, p.20）も指摘しているように，予期図式とでもいうべき「他の情報に比べてある特定の情報を選択的に受け入れ，それによって見る活動をコントロールする，いわば準備状態」が整っていなければ，換言すれば探し方を知っていなければ，われわれの眼の前で展開している具体的な運動経過に対してたとえどれほどしっかりと目を向けていても，われわれは何も“見る”ことはできない。

　この「探し方」を学ぶことは将来運動指導に携わるものにとって不可欠の学習内容であり，単にビデオを見たり，漠然と他人の運動を見ているだけでは身につくものではない。それゆえ運動学では教師に運動の観察力を習得させる具体的な方法論の検討が緊急の課題であるが，その基礎的情報として，さまざまな運動質がはっきりと現われている典型的な運動経過を求め，それを提示していくことがスポーツにおける運動モルフォロギーの課題となろう。

第2章
運動の類型的把握の内的構造

　われわれが運動を練習したり指導するときには，行われた運動を観察し，その善し悪しを判断する活動が不可欠である。また，行われた運動はどんな運動であったのかを即座に判断することが必要なことも多い。たとえば，相撲においては，勝負がつくと同時に決まり手が発表される。フィギュアスケートや体操競技のような採点競技では，実際の運動を見ながらその運動の内容を把握し，技としての難易度を判定し，さらにその運動経過を質的に評価しなければならない。学校体育においては，子どもが行うスキップを見て，教師はそれが"正しいリズムである"とか"少しリズムがおかしい"などの評価を下し，改善の必要があればそのための助言を与えることになる。

　しかしこのような運動評価の活動は，そのつど時間を計ったり，角度を分析した結果に基づいて行われるわけではない。運動の質的内容は，判断の基準となる運動の質的イメージと照らし合わせて，類型的に把握されるのである。このような類型学的な見方は，ゲーテに始まるモルフォロギーの根幹をなすものであり，運動モルフォロギーの重要性を提唱したボイテンデイクの基本思想でもある。

　ボイテンデイク（1956，S.41）は，モルフォロギーを含む人間の運動の学は概念的・因果的分析とは根本的に異なる研究であると述べて，自然科学的考察法との相違を強調し，その著『人間の姿勢と運動の一般理論』において運動類型学を確立している。さらに，運動研究の実践性を強調して『スポーツ運動学』を構築したマイネルも，この類型学に基づいて運動質論，運動発達論，運動学習論をまとめている。「その運動発達論はバイオメカニクス的運動発達論

と一線を画し，ボイテンデイクの運動研究の精華を示す運動類型学を下敷きにしている」と金子（1990, p.114）が評しているように，運動類型学は運動を実践の場からとらえる認識の方法として，スポーツの研究には不可欠の領域なのである。

　本章の目的は，前章で運動の質的把握における類型論の意義が確認されたことを踏まえ，スポーツにおける運動の類型的把握の本質的意義を明らかにすることにある。さらに，それが自然科学的認識方法とは根本的に異なっているという認識に基づいて，類型的把握の具体的方法について論及する。このために本章では，まずはじめに「運動類型」とは何か，ついで類型的認識の内的構造に言及して，スポーツにおける運動の類型的認識において「なぞり」の方法が重要な役割を果たしていることを明らかにする。

1. 運動類型の特性

（1）運動類型とは何か

　われわれが日常の生活で体験するものはすべて何らかの区別・分類に基づいている。色の区別，動物と植物の区別，大人と子どもの区別など，分類の基準はさまざまでも，そのような区別の上で諸認識が行われている。坂本（1982）が言うように，物事をわかろうとするには，まず分けることから始まり，同時に分類の仕方が認識の仕方を決めてきたのである。そして，実際に何かを分けるときには，後から作られた人工的な基準に従うこともあるが，それよりも現実の生活では経験的に直観的に区別していることの方が多い。

　行われた運動を見ているときも，その時の運動経過について絶えず何らかの区別を行っている。"ぎこちない動き"であるというときには，そうではない動き，つまり"滑らかな動き"との区別をしていることになる。同様に，"子どもっぽい動き"，"男みたいな動き"，"熟練した動き"というように，運動をある基準から見た特性に基づいて区別することができる。

　また，ある運動に関して，経験的に「～のタイプ」と認識していることも多い。たとえば陸上競技でいえば，ある選手の走り方を評して，「ピッチ走法」

と「ロングストライド走法」が区別される。あるいは，サッカーのメッシ選手
とロナウド選手はそれぞれ固有のドリブルタイプをもっているといわれる。こ
のように運動が「タイプ」あるいは「型」として区別されているとき，われわ
れはそれぞれにかなりはっきりした運動表象（イメージ）を持っている。

　これらの例のように，われわれは実際の運動を見て，直観的にある特定の基
準に従った区別（分類）の方法を身につけている。このような分類の方法は，
量的指標に基づく分析的方法とは根本的に異なる。前述のピッチ走法とロング
ストライド走法の区別は歩幅の長短だけから一義的に決まるのではなく，運動
リズムのような質的内容から判断される。このような運動の質的内容は分析に
よって量的に規定できるものではなく，直観を通して全体的・類型的に把握さ
れるのである。

　元来，数量的に定義することが困難な対象を分類することを目的として定立
された類型学の原理を，人間の性格に関する原理として適用することについて，
心理学事典では次のように説明されている。

　　ある期間を限ってみれば，個人の行動には多くの恒常性があり，しかもそれが
　　ある一群の人々に共通に認められる。類型論の成立する基礎はここにある。（梅
　　津ほか『岩波　心理学事典』1981，p.827）

すなわち，個をみればそれぞれがすべて異なる存在であるにもかかわらず，
それらのなかに何らかの共通した特性，パターンのようなものを見いだす感性
をわれわれは利用してきたのである。

　類型について『哲学事典』には次のように記されている。

　　それ自身の内部に多数の個体を包括し，各個体にたいして普遍性をもつと同時
　　に，他の同位のものにたいして特異性を有する類概念の一種。しかし単なる個体
　　の群としての類とは異なり，その全体の本質的特徴をなす根本構造が『型』にお
　　いて具現されていることを要件とする。（林ほか『哲学事典』1971，p.1487）

　さらに竹内（1979，pp.622）は類型を特徴づけるものとして，具象性・相
対性・価値への関連性の 3 点を挙げている。この場合，類型は「直接に形象

に即して具象的統一として直覚的に把握される」ものであり，「一定の直観で
きる存在形態をもった全体像として構造化されている」ということが意味され
ている。さらに相対性によって，類型は「すべての個体や個別的事例が漏れな
くそのいずれかに配属されるような群として，きっぱりと分割されるのではな
く，ただ概括的傾向または特徴からみてそれぞれ一つの全体的表象にまとめら
れ，たがいに相対的意味においてのみわけられる」ということが特徴づけられ
ている。これに対して，類型が価値に関係づけられていることは，類型は「代
表的形態において純粋に具象化されるから，類型学的考察はそれに焦点をおく
べきであり，…他の類型に近づいた辺縁現象は度外視してさしつかえない」と
いうことによって明らかになる。

　以上のことから，運動類型とは端的にいえば，「運動経過の中に，ある価値
基準からみて類似した特性をもった運動の形式」であり，それは「多様な現象
を呈する個々の運動を質的に分類するための基準」になることが理解される。

（2）運動類型の発生

　事物を量的に分類するには，各種の測定によって得られた数量データが基準
となる。その数値の差異によって分類対象は，ある基準値によって設定された
どこかの枠に必ず入れられ，複数の枠にまたがって属することはない。この分
類の形式が自然科学的分類の基本である。このような量的差異に従った分類に
おいては，その差異を決定づける基準の確立が重要となり，判断基準はもっぱ
ら客観的に測定できる「量」に求められる。

　しかしわれわれが現実の世界で体験するさまざまな運動形態は，このような
数量的差異に基づいてその境界を設定することができない場合も少なくない。
前章で紹介したように，ヴァイツゼッカー（1975, p.282）は馬の歩行につい
て，常歩から疾走までの運動の形態発生（Formgenese）に言及している。そ
れによると，それらの歩行（走）形態は単純に移動のスピードだけの差から区
別されるようなものではなく，何よりもまず運動の形式が違ったものであると
いうことに基づいている。われわれは物理的世界の無限で恒常的な量的多様性
に対置されているにもかかわらず，この単なる量的差異であるはずのものを有

限な数の質に類型化（typisieren）してとらえることができる。

　同様に，われわれの日常的運動の世界では，歩行と走運動，そして跳躍運動の形態の区別は，移動スピードや空中局面の有無，滞空時間などの純粋な量的差異だけによってなされているわけではない。それでも，われわれは歩行・走運動・跳躍運動をはっきり区別する何らかの基準をもっていて，それに基づいて目の前で行われた運動の名称を即座に述べることができる。そのときわれわれは一体どのようにして運動の類型を区別しうるのだろうか。これに関して宮崎（1982）は認知心理学の立場から，人間がある概念を理解する場合の2通りの仕方を区分している。

　宮崎によれば，われわれが概念を理解する場合の第一の方法はブルーナー（Bruner, J.）らが提唱した「概念達成（concept attainment）の方法」である。これは明確に分離しうるいくつかの属性の集合を概念と考え，すべてに共通する属性の集合を抽出すれば概念が理解できるとするやり方であり，定義による概念理解の方法である。

　もうひとつの方法は，宮崎が「概念理解の視点的方法」と呼んでいるもので，「個別例を見ることをとおして概念を理解する」方法である。つまり視点的という意味は，「概念に対してある具体的な状況をその背景としてみて，その概念を見ている」のであり，対象に向かっている主体の視点が積極的にそこに関わっているということである。

　前者の概念達成の方法では主体とは関わりなく，むしろ主観を排除することを目標として，概念は一義的に「〜だ」的に認識される。これに対して後者は「〜のようなもの」として認識されるような性質のものであるという。つまり，すべてに共通した属性はなくても，類似した個別例を見ていくうちに，全体としてある特性を見いだすような認識方法をわれわれは知っているのである。

　運動を類型的に把握するという場合も，このような認識方法を用いていると考えられる。たとえば，"リズミカルな動き"と言うときは，"リズミカルではない動き"と区別しているわけであるが，多くの実際の運動経過を見て，リズミカルな動きとそうではない動きの間にはっきりとした境界線を引くことはできない。また柔道や相撲の決まり手が常に明確なものばかりとは限らない。

　それらの個々の事例の間には形態としてあいまいなもの，区別がつけ難いものが多く存在する。つまり，「〜のようなもの」という場合には，「〜のようだが，そうともいえない」というようなあいまいなものが当然含まれる。数量的差異で明確に区分される科学的客観性とはまったく性格を異にするこのあいまいさが類型的把握の特性でもある。

　これに関連して，『美学事典』では芸術類型を次のように説明している。

　　　類型は，「質的・個性的統一に関する概念であるかぎり，同一次元において親近関係にたつ類型相互の境界は流動的であり，その間に過渡的な中間形式の介在する余地を残す。この点に，類型による分類の特徴が認められる」（竹内ほか『美学事典』1974，p.211）。

（3）　運動類型と典型

　ゲーテの生物学的モルフォロギーにおいて重要な概念である原型は，「多くの動植物群に共通した体制の抽象的な模型」（林ほか，1971，p.425）であり，「それが具象化され差別を生じて現実の存在となる根源的なもの」（山田ほか，1960，p.293）である。原型と類似した語として，原像（Urbild），プロトタイプ（prototype），アーキタイプ（archetype）などがある。また，"典型的な"という場合の原本としての「典型」も同類の語と思われる。『哲学事典』において，「類型の概念は理想的，規範的形態の意味をともなうとき，一種の価値概念としての典型の域に達する」（林ほか，1971，p.1487）と説明されているように，典型とは類型としての特徴を最もよく示しているものを表している。

　ここで重要なのは，ゲーテの言う原型は，「悟性によってではなく直観によって認識される以上，それは抽象的な概念であるというよりも，具体的な理念であるといったほうが，正鵠を得ている」と高橋（1988，p.419）が説明しているように，これらの典型ないし原型などの語は理念としての型，観念的像であり，現実にはそのものとして存在しないという点である。

　したがって，われわれが典型的な例だと認識し提示する運動は，実際にはある類型に属する，実在しない，ひとつの抽象的な例に過ぎない。多様性の中か

ら類似する特性によってまとめられたこの抽象的な類型は，それ自体は見ることはできず，ただ具体例を通してしか見ることができないのである。

これに関してボイテンデイク（1977）は次のように述べている。

　　発見しようとしている特徴的なものが多くの現象の中に十分はっきりと現れるとは限らない。…だから本質的なものが何よりも著明に直観できるような例を求めねばならない。この典型像を一度よく見ておけば，たとえそれがぼんやりと，かすんで，あるいは変装して現れるようなことがあってもこれを見出すことは可能である。（ボイテンデイク『女性』1977，p.234）

しかしこれを言葉通りに解した場合，ボイテンデイクが言うような典型像ははたして実在するのであろうか。ボイテンデイク（1977，p.236）は男女の歩行運動の類型的特性について言及しているが，ある具体的な歩行を見て，"最も"男らしい，あるいは女らしい歩き方といったものは実在的に認識しうるのであろうか。

同様のことはスポーツ運動にもあてはまる。倒立を例にとってみれば，水平支持の姿勢から徐々に足が上方に上がり，身体姿勢が足を上にした鉛直線上に近づくにつれて，いわゆる真の，典型的な倒立になっていくように思われる。

しかし図1の（a）の姿勢を見てあまり倒立らしくないということはできる

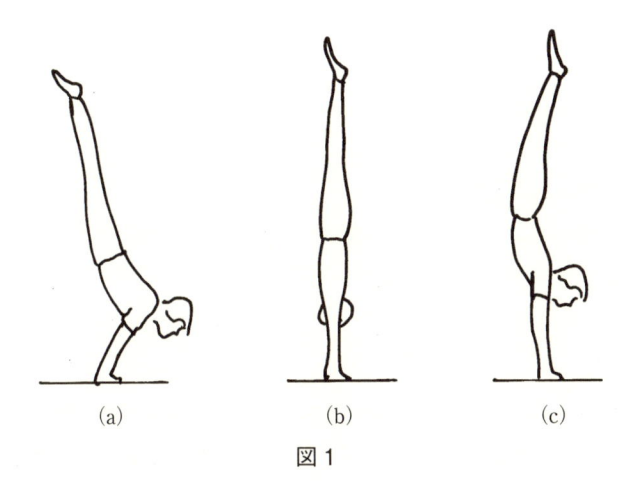

(a)　　　　　　(b)　　　　　　(c)

図1

が，(b) と (c) の姿勢を比較してどちらが"最も"倒立らしいかを区別することはできない。体操競技の専門家たちは当然 (b) を理想の倒立と考える。しかし，専門家ではない一般の人々によってイメージされる倒立は (c) のようなものが多いのではではないだろうか。

　つまり倒立らしい像のイメージというものは，観察主体の視点の置き方によって変わってくるのである。このように考えてくると，ボイテンデイクが「一度見ておけば…」と言うような典型像も，だれが見ても同じに見える1枚の写真のようなわけにはいかないということがわかる。

　確かに彼によって説明された，男性らしい歩行の類型学的特性としての「個々の一歩一歩の終点の強調」（ボイテンデイク，1977, p.236）という内容は理解でき，それなりのイメージを思い浮かべることも可能である。しかしそれは，彼が言うような「目で見ておくことができる」性質とは異なるものと考えるべきである。

　目で見るためには実像がなければならないが，前述したように典型，あるいは原型といわれるものは実物ではなく観念的なものである。たとえ，ボイテンデイクが言っているのはひとつの例としての典型的な具体像であるとしても，それを見ればただちに誰でも典型を理解したことになるとは思われない。

　それではわれわれはいったい何を見るべきであるのかという問題は，運動を類型的に認知する過程を探ることによって明らかにされる。

2.　運動の類型的認識の構造

（1）典型例による理解

　これまで述べたように，典型，あるいは原型はそのものとしては実在しない。それにもかかわらず，ある選手の運動経過を見て"～タイプの動き"だというように，われわれは実際に行われた運動をある典型的な例から理解することも少なくない。

　典型による概念理解とは，宮崎（1982, p.61）によれば，「概念を，その内容をもっともよく示しているような個別例 ― 典型 ― を通して，概念をその典

型のようなものとして理解しようとするもの」である。たとえば，宙返りという概念を考える場合，「足で踏み切り，1回転して，再び足で立つ」という典型的な運動経過を「宙返りの原型」あるいは「典型的な宙返り」と考え，それに近いものほど宙返りらしいと考えるのである。この「～らしさ」を認識することが類型的把握であるが，その「らしさ」の判定のもととなるのが原型というわけである。

　このような「プロトタイプ（原型）による認識」のしかたはアメリカの心理学者ロスら（1989, pp.37）によって研究されたものである。彼女は，カテゴリーの概念的表象は原型（prototype）の中に内蔵されており，原型とカテゴリーの境界の間には，カテゴリーの事例として最も典型的なものから最も典型的でないものまでの変化を表すような，典型性の次元（dimension of typicality）があること，カテゴリーの境界はあいまいでカテゴリーに属するかどうか不明なものがあることなどを明らかにしている。

　このロスらによるプロトタイプによる認識の研究は，共通属性の抽出から成り立つ概念達成の方法とは異なる概念理解の存在を示したという点で大きな功績を認めることができる。しかし宮崎（1982, p.62）が指摘しているように，この方式では，ある概念は常にその典型を通してのみ理解されることになり，一面的に止まらざるを得ない。

　この方式で運動，たとえば宙返りを理解しようとすれば，典型的であると思われている「足で踏み切って，1回転して足で立つ」という運動経過からしか宙返りという運動が考えられなくなってしまう。しかし，現実に行われている宙返りの実施形態は非常に多様である。たとえば体操競技の平行棒運動で行われる"後方棒上宙返り倒立"は，開始局面も，終末局面も倒立の態勢であり，一般に考えられているような，直立姿勢から再度直立姿勢になるような形態とは大きく異なっており，"宙返り"という一義的な概念規定を設けることは困難である（佐藤，1984）。

　それでは各種の体操器械で実施されているような，始まりと終わりが多様に変化した運動形態は，いったい何を基準として宙返りとみなされているのであろうか。つまり典型的な宙返りが特定されれば，それをもとに確かにある運動

が，宙返りか否かを判定することはできるが，それでは形式がまったく異なる場合には判定できなくなってしまう。そもそも典型的な宙返りは何をもとに典型的と考えられたのであろうか。

　ここでは，典型のもととなる典型が必要になってくるのである。すなわちこの問題は，宮崎（1982, p.55）が「認識の二重性」と呼んでいる過程に関わっている。それについて宮崎は，「直接的には概念の一側面としての個別例を見ているのだが同時に，それを通してその個別例を一側面としてもつ概念自体についても間接的に見ていこうとしている」と説明している。

　足で踏み切って足で立つ典型的な宙返りの運動形態から宙返りというものをみていくだけではなく，実際の多様な宙返り，あるいはそれに類似した運動経過を数多く見ることを通して，宙返りとはどのようなものかという概念をみずから形成しているのだともいえよう。

　次に，たとえ典型例が示されても，それからただちに具体例がその変形としてとらえられるわけではないという点を考えてみたい。

　図2は，専門家であればマット運動のとび前転の良い例（a）と悪い例（b）の代表的な運動経過であると考えるであろう。したがってこの2例はとび前転を質的に判定するときの，ボイテンデイクの言うような「一目見ておくべき」典型例であり，これとの比較によって現実に現れる多様なとび前転は質的判断

(a)

(b)

図2

が可能となるはずである。

　しかし，専門家ではない観察者にこの2例のような運動経過を実際に見せても，ただちにすべてのとび前転を正しく評価できるようになるとは限らない。それどころか，どの局面が重要であるかという観察ポイントを説明しても，専門家にとっては違いを見抜くことがそう難しくない技であるにもかかわらず，実際の運動実施を見て両者の違いを識別できるようになることは容易ではない。

　この場合には，運動の観察に慣れていない者にとっては，運動のスピードが速くて目が追いついていかないということも確かにあるであろう。しかしそれよりも，これら2つの典型例の間の連続性が理解されていないことに原因があるのではないかと推測される。

　なお，この“とび前転”の観察能力の分析に関しては，次章において詳しく論及される。

（2）運動類型の多面的・統一的理解

　ここではさらに図2の例を見ただけで，ただちにとび前転を技術的に正確に評価できるようにはならないということの理由を検討してみよう。

　典型例に基づく理解の場合には，その典型が固定的に考えられてしまうと，状況や事態が大きく異なった場合には判定がうまくできなくなることがある。たとえば，図3のような運動経過を評価する場合を考えてみよう。この場合，伝動技術[*4]がうまく使われているかどうかという視点からみれば例（d）がよい運動経過だということになる。

　しかし別の視点，たとえば体操競技の試合における運動の全体的評価という視点からみれば，例（c）の方がよいということもできるのである。

　つまり，典型というのは，ある概念に対して視点を据えたときに現れるひと

[*4]　伝動技術：マイネル（1981，p.190）が運動の質的カテゴリーのひとつとして挙げている「運動伝動」の省略形を「伝動」という。身体部位の動き（エネルギー）が順序よく伝わっていくことによって運動経過全体の質が上がる。

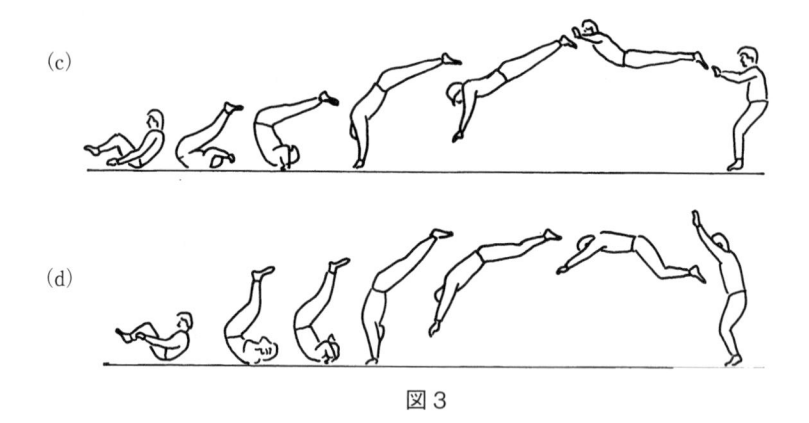

図 3

つの側面であり，概念は常に典型のようなものとして理解されるのではなく，そのときの状況，いわば文脈にふさわしい形で理解されるものなのである。

　したがって，図の 2 例の典型例をもとに伝動技術の善し悪しを判断する能力をえるという過程もまったくないとはいえないが，それよりも数多くのさまざまなとび前転を注意ぶかく観察していくあいだに，空中での姿勢や着手に入るときの入射角などが異なっていても，それぞれで伝動技術がうまく使われたか否かが判断できるようになるというのが正しい解釈であろう。すなわち運動を評価する場合には，宮崎（1982，p.64）の言葉を借りれば，「視点が多面的になる」のである。

　しかし彼によれば，視点が多面的になるだけでは概念の多面性はまだばらばらにとらえられているだけで，個別例の集合以上の概念たらしめる何かを理解するにはこの多面性を統一するはたらきが必要となる。そして，この統一は，概念に対し多数の視点を据える段階から進んで，この概念のまわりに視点を連続的に動かせるようになり，それによっていろいろな側面を連続的に見ていけるようになって初めて可能になるという。つまり，個別例の間に連続性が見てとれるようになるのである。

　前節において，図 2 のような典型例を見せるだけでただちにとび前転の質的判断ができるようにならない理由として，ひとつの典型例と別の典型例とのあ

いだにある連続性が理解できていないからだと述べたが，そもそもこの連続性が把握できていなければ，その観察者にとって図の2例は典型例まで高められていないことになる。

　すなわち，この2例を典型例として提示した側の者は，多様な具体的現象の背後にある原型に最も近い2つの個別例を選び出したわけであり，そこにはその中間に多くの連続的個別例があるという認識が背景として存在している。

　これに対して，この運動を見ることにそれほど慣れていない者にとっては，これら2つの典型例は，たまたま選ばれた2つの個別例に過ぎない。だから提示された典型像を，その変形像としての実際の運動経過と比較しようとしてもうまくいかないのである。それゆえ，この連続性のない個別の2例が典型例になるためには，多くの個別例の観察の経験が必要となってくる。三木（1996, p.198）が，原型を体得するには「同類の印象の不断の累積が不可欠の前提」だと言うのは，このあたりの事情を説明しているのであろう。

　日高（1982, p.108）によれば，このような「典型的と思われる像を見ただけで典型そのものを理解できる」という考え方の背後には，「あくまで理念としての型（Idealtypus）であるはずの原型を，実在のものと思いこむ」という原型実在思想があるという。

　このように考えていくと，典型は判断の基礎としてはじめから完全な形で与えることができるものではなく，多様な個別例の観察を通して，その観察主体のうちに形成されてくるものであるといえる。典型とは観察者の体験の中に存在するものに他ならない。すなわち，典型とは実在するものではなく，多様な変形の奥に潜むものなのである。

　ゲーテの言う「メタモルフォーゼの結果現れるフォルムの背後にある『永遠なるもの』としての理念としての原型」（日高, 1982, p.108）はこの意味に理解されるべきである。同様に，ボイテンデイクの「一目見ておけば…」という言葉の意味は，「多くの具体例の観察をとおして，その観察者にとっての典型像が形成され，ある個別例をみたときそれが理解しようとしているカテゴリーのどの位置にあるのかを連続的視点によって判断することができる能力を身につけることができれば」という制限つきで理解されねばならない。

　このような認識の上に立てば，スポーツの技能および指導経験が豊富な者によって選ばれた典型例は重要な意味をもってくる。歩行のような日常的な運動では，男らしい，あるいは女らしい歩き方の直観像は比較的容易に得ることができるが，とび前転のように日頃あまり目にすることが少ない運動形態に関しては，自然にその典型像が形成されることはないからである。

　しかし，これまでの考察からわかるように単に理想像や代表的欠点の例を提供するだけでは十分とはいえない。ホッツ（Hotz, A., 1986, S.26）が述べているように，運動を指導する者は理想的な運動形態の表象を持っているだけでなく，状況や学習者の個人的特性に応じたかたちのイメージを持っていなければならない。つまり典型例が個々の具体的事例においてどのように具現しているのか，ゲーテの言葉でいえばメタモルフォーゼ（変態，変形）のしかたについての認識が必要になるのである。

（3）「なぞり」による運動類型の理解

　典型例を示し，その特性が実際の運動においてどのように表われているかに関して説明しても，それですべてが伝わるわけではない。説明はおもに言葉によって行われるが，実際に行われた運動の徴表を完全に言語化することは不可能である。その理由について，野村（1989）は次のように述べている。

　　　同じような事象がいかにあろうとも根本的には一回かぎりのものである。そしてこの一回かぎりの事象すべてにそれぞれ言葉が対応しているわけではない。われわれはその事象の特徴をとらえ変型を認識するが，同時にそれらのなかに典型をも認識し，その典型をある言葉で表現しているにすぎないのである。したがって，この言語化の際にはさまざまの特徴が捨象されている。ここに身体的経験のすべてを言葉で表現しえないわけがある。（野村幸正『知の体得』1989, p.96）

　それゆえ，典型例に具現されている「〜らしさ」を説明するには，ビデオや連続写真，キネグラムなどの利用が欠かせないのである。

　尼ケ崎（1990, p.117）は，「ロゴス的意味や知覚的イメージは対象として認識されており，したがって，私たちはその認識内容を言葉や絵によって再現

し伝達できるのに対し，『らしさ』そのものは対象として直接意識に浮かべることができない」と言う。だから，「この『らしさ』を誰かに伝えるためには，それを受肉した具体物を見つけなければならない」のである。その受肉した具体物が運動モルフォロギーでいう典型例ということになる。

　さらに彼は，“軽い”，“流れるような”，弾むような”というような「〜らしさ」は，なぜわれわれの意識の直接の対象となりえないのかということの説明として，「『らしさ』の認知とは，対象に属する特徴の認知というより，それを経験している私たちの心身の状態の認知にほかならない」（同書，p.118）からであると述べている。つまり，これらの言葉は一見対象の特徴を形容しているように見えながら，実は観察者自身の経験の特徴を語っているものなのである。だから「〜らしさ」の理解には個人差があって当然であるし，このような特性をもつ「〜らしさ」の特徴を，明文的に，一義的に他に伝えることはできないのである。

　それでは，「〜らしさ」として，運動を質的に，類型的に把握した内容はどのようにして理解されたのであろうか。尼ケ崎によれば，「らしさ」を認知するしかたとして，「なぞり」による理解があるという。これはたとえば，行われたとび前転を見て，ロゴス的に「流動性」，あるいは「伝動性」というような概念的な言葉と結びつけるのではなく，よい実施に典型的に現われる「感じ」になぞらえて，つまり視点を変えて見直してみるという主体的な行為である。この行為はいつも観察者の意識にのぼっているわけではない。むしろ無意識的，非言語的に行われる場合が多く，ポラニー（Polanyi, M., 1980）の言う「暗黙知」の次元としてとらえるべきであろう。

　ある運動の経験が豊富な者は，他人が行ったその運動経過を見て，柔らかく回れたとか，つぶれて痛いというような感じまで理解する。また実際にその運動の実施体験はなくても，指導現場で多くの事例を注意深く観察していくうちに，同様の質的内容が把握できるようになるのである。このような感じ方は，単純な視覚的なとらえ方ではなく，中村（1979）の言う「共通感覚」による理解といえよう。このことに関連して尼ケ崎（1990）は次のように述べている。

> 「らしさ」の理解とは，共通感覚をもたらすような心身の構えの型（図式）を自ら具現してみることである。…あるものを別のものとして見るという，「なぞらえ」操作を行うとき，私たちの身体は無意識のうちに示唆された図式をなぞり，特定の身の構えによって特定の共通感覚を，対象の内にではなく，わが身の内に読みとっているのである。(尼ケ崎彬『ことばと身体』1990，p.140)

　運動を類型的に把握することは，対象としての運動経過を分類しているようにみえて，実はわれわれ自身の心的体験を語ったものといえる。つまり，"なめらかな"運動経過は，身体各部の移動軌跡が曲線を描いているから「流動的な」運動として認知されるのではない。その運動は，観察者の実施体験あるいは観察経験に基づいて，"流れるような快さ"をもった実施の例になぞらえて「流動的な運動」として類別されるのである。すなわち，単に運動経過の外的事象が類似しているかどうかではなく，それを共通感覚的にとらえ，その時の類似した感じをある「型」として認識し，それに「なぞらえる」ことを通して実際の運動を理解しているのである。

　このような特性をもつ運動類型学においては，主体に対置されたもの（Gegenstand）として運動を扱うのではなく，クレム（Klemm, O.）の意味での，主体に体験される運動ゲシュタルトが問題とされねばならない。クレムによれば，「運動ゲシュタルトとはある身体的行為であり，その行為の衝動は重なり合った固有性によって分節化された全体を形づくる」(マイネル，1981，p.74)ものである。すなわち運動類型は，このような運動ゲシュタルトの認識に基づく運動モルフォロギーからのみ研究されうるのである。

3.　ま　と　め

　運動を類型的に把握することは，運動経過の外形的特徴からではなく，実施における力動的な感じの類似性をもとに，ある「型」になぞらえて理解することといえよう。その場合，運動は時間ゲシュタルト（Zeitgestalt）としてとらえられ，静的あるいは空間ゲシュタルトとしての視覚野のすべての形態から区別される（Buytendijk, F.J.J., 1956, S.34）。この意味において，マイネルが

運動構造という概念の構成要素とみなした「局面構造」は異なる視点から論じられたものととらざるを得ない。

　運動を時間ゲシュタルト，主体に体験されるゲシュタルトとしてとらえる認識の方法として運動モルフォロギーを確立したのはボイテンデイクであり，彼はゲーテのモルフォロギー思想を土台として，意味や価値の世界で成立する人間の動きの類型学を提唱した。運動を類型的にとらえる認識の方法は，そこに主体の体験を含むという点で，自然科学とは明確に区別される。

　ガリレイ以来，実証主義的自然科学が発達するにつれて，研究およびその結果は現実の世界と離れたものとなっていった。フッサール（1974）はすでに 50 年以上も前にそのことを悲嘆し，学問は生活世界から出発してはじめてその真の意味を明らかにしうることを主張した。今日ますますわれわれの生活と科学は密接になりつつあるにもかかわらず，なぜ科学が生活世界と離れてしまっているのかという理由について，坂本（林・坂本，1984，p.202）は「科学がわれわれに生きることの意味を教えてくれない」からであると述べている。

　中村が（1984，p.186）「科学の知」に対して「臨床の知」「パトスの知」の復権を叫び，小原（1986，p.182）が「自然知」と呼んで「感性を媒介にしてわかる表象的認識などを含めた人間の認識能力を人間学の対象として考える」必要性を説いているように，今日，近代自然科学とは別の次元での，生命ある人間の行為にとって有意味な知の獲得についての学問的追及が見直されてきている。

　運動研究においても同様の指摘がなされ，ペーターゼン（Petersen, T., 1982, S.13）はボイテンデイクの機能運動学（funktionelle Bewegungslehre）を高く評価し，分析的・量的科学に圧倒されている今日の運動研究に，現象学的な認識獲得方法が再活性化されねばならないと述べている。

　客観性という一語のもとに，測定可能なもの以外はすべて捨象してしまうような一面的方法で得た研究結果は，運動を実践していく立場の者にとってはまったく貧弱な内容のものでしかない。たとえば，体育授業における運動の評価を測定された数値だけから行ったとすると，"運動の習熟度は高いのに，体

格が劣っているために記録としてはそれほどよくない”というような児童に対する教育的配慮はまったくなされなくなる。そのため，学校体育には運動の量的指標だけでなく，動きの質も観点に取り入れた複合的な評価方法が求められる（佐藤，1992a，1992b）。

このような意味で，運動を類型的に把握しようとする方法は，きわめて多様な現象を示す人間の行為としてのスポーツ運動を考察することにおいてすぐれて実践的な方法であるといえよう。

これまで，運動を質的視点から観察するときの認知構造，さらには運動を類型的に把握するときの内的構造について論述してきた。これらによって，運動指導において，最初の，しかもきわめて重要な活動である運動観察のしくみの概要が明らかとなった。しかし，認識のしくみがどんなに精緻に解明されたとしても，それで複雑な様相を示す人間の運動を的確に観察できるようになるわけではない。

静止した物体を目の前に置いて詳細に観察する場合と異なり，運動を観察し，その特性をとらえるには一定の能力が必要となる。それは能力である以上，経験によって形成されるものであるが，指導者となる者に対してはこの観察力の体系的な養成活動が必要である。

第**3**章
運動観察力の形成

　前章までにおいて，人間が行う生命ある運動は意味や価値まで含めて質的にとらえられること，さらにその質は類型として意識的，あるいは無意識的に分類されながら日常の中で息づいていることなどが確認された。

　スポーツ運動に関しては，それを鑑賞，あるいは観戦する立場であれば印象程度のとらえ方でかまわない。しかし，運動を指導する立場にある者にとっては，それではまったく不十分である。運動質の把握は，動きの欠点の改善に直接的につながるものであり，それができなければ指導者としては失格である。

　ところが実際は，まえがきで述べたように，スポーツを専門に学ぶ学生でさえ指導に必要な運動観察力を備えているとはいいがたい。このことは，教師やコーチなど，指導者に不可欠の運動観察力を習得させるためには，体系的な観察トレーニングの方法が考えられるべきであることを示唆している。

　本章の内容は，運動の観察力向上に役立つ知見を得ることを目的として，運動指導の中核である技術観察について，観察されている内実，見えるものの特性，見えるようになるということの意味などを実験的に調査，考察したものである。

1. 運動観察トレーニングの意義

　運動を学習するとき，また運動を指導する場合には，行われた運動経過の観察を通して必要な情報を得ることが不可欠であるということに異議を唱える者はいない。しかし，運動経過の観察から誰でもが的確な情報を得られるわけで

はない。そのため計画的に観察力を向上させることが，すなわち運動観察のト
レーニングが必要となってくるが，これまで具体的なトレーニング方法につい
て論述した研究，あるいは実践報告などはきわめて少ない。

　競技選手を指導するコーチたちが，選手の動きを観察して欠点を修正した
り，目標とする動きへ導いたりする活動においては，精細な感覚と知識が要求
されるのは言うまでもない。学校体育を指導する教師たちにとっては，コーチ
に要求されるような微細な動きの違いが認識できる観察力が求められるわけで
はないとしても，運動の結果しか見ることができないのでは，生徒の運動感覚
に応じた適切な指導ができるはずもない。

　マイネル（1981，p.140）は，体育授業において「多くの教師たちは，まっ
たく素人がするように，その注意をもっぱら結果に，運動の成果に向けてし
まっている」ことを嘆き，その運動における達成に至る経緯が見落とされてし
まっていることを指摘している。

　また，人間は〈美の感性〉というものを生まれながらには持っていないので，
スポーツにおいて，感性によって自ら判断できるような教育をより意識的に，
確実に発展させることが必要であり，それは可能なことだとも述べている（マ
イネル，1998，p.38）。しかし，そのマイネルも具体的にどのような方法が観
察力の形成に効果的であるかについては言及していない。

　バウマン（Baumann, H., 1986, S.7）は，「生徒の運動の『欠点を見つけ，
解釈し，修正する』という手順は，体育授業に直接関与している教師の授業行
為能力の中心的要素を構成しているにもかかわらず，運動観察による欠点の分
析をどのように行うかは，これまで個々のスポーツ種目における実践経験に基
づいた仕方でのみ行われていた」と言い，その方法によって経験的に得られた
成果はきわめて少ないことを指摘している。しかも，運動観察の方法を伝達す
るための方策については，理論的モデルも実験研究に基づく成果も絶対的に不
足しているという。その理由として彼は，スポーツ行為の多様性と観察力に影
響する要因があまりにも多すぎることをあげ，体系的な運動観察トレーニング
に関する研究の必要性を説いている。

　また，運動観察力は教師やコーチにとってのみ重要であるだけではない。

ホッツ（Hotz, A., 1986, S.22）は，運動指導にとって決定的な条件が観察力にあることは疑いがないとしながらも，観察力は「教師の特殊能力にとどまるものではなく，最良の学習プロセスにおいては，技能レベルの高い生徒にも特徴的なものである」と述べて，それが運動を学習する側の者にとってもきわめて大きな意義をもっていることを認めている。つまり，グロッサーら（Grosser, M., 1995, p.148）が，「どこに注意を向けるべきか，なぜここやあそこが重要なのかを選手がよく知っていればいるほど，それだけ正確に運動の細部を知覚することができるようになる」と言っているように，他者の運動の観察は自分の運動に対する自己観察力の形成にとっても大きな意義をもっているのである。

　その一方でヴォルタース（Wolters, P., 1999, S.123）のように，運動を観察させることの難しさを指摘した研究もある。彼女は，学校体育において主体的な運動学習を目指して生徒同士で動きの欠点を指摘させ合うことを試みた。その際，最も大事な点を前もって指示し，そこに目を向けるように言ったところ，生徒たちは重要な技術ポイントを見つけることができるであろうという予想に反して，逆に運動の全体経過の調和やリズムなどを見ることができなくなり，学習にマイナスの影響を及ぼしたことを報告している。このことは，観察ポイントの明示がただちに効果的な運動観察につながるのではないという重要な方法論的留意点を示唆している。

　一般にスポーツコーチないし体育教師の運動観察力が形成されるという場合，動きの欠点を発見できるようになることが最初の段階である。それは先ず，よい動き方と比較してどこがどのように異なっているかという理想像からのズレの把握から始まる。その場合，見るべきポイント（以降，観察ポイントという）さえ入念に指導すれば，しだいに観察力は形成されていくものと考えられている。実際にそのような指導が，たとえば教員養成大学などでは行われているものと思われる。そこでは，"指導者の観察ポイント"を学習者にも形成させるという「観察ポイントの伝達」という図式が前提となっている。

　このような図式で指導者が観察学習者に見るべきポイントを教えていくことには一定の効果は認められるであろうし，このような指導活動が何ら否定さ

れるものではない。しかし，それだけで観察の初心者に十分な観察力が形成されるというわけではないことは，実際に教師養成などに携わっている者は日頃から痛感していることでもある。

　本章のねらいは，指導者から観察学習者への「観察ポイントの伝達」が成立するための条件を探るための実験調査の結果をもとに，観察力形成のために効果的な指導方法を考える上で必要な理論的基礎を検討することにある。

2. 観察内容の調査

　この研究は，ある教員養成大学における保健体育の教員免許を取得しようとしている学生が，学校教材であるマット運動の「とび前転」の動きをどのように観察できるか実験的に調査したものである。

　調査は，マット運動におけるとび前転のビデオ映像を提示し，観察内容を図として描写させ，同時に動きの特徴を文章として記述させる方法を採った。

（1）　予備練習
1）　線画描写技能の獲得

　筆者がさまざまに変化した姿勢をとり，それを真横から見せ，そのときの姿勢を線で描写させた。これは，身体姿勢を描写する技能のない被験者に，線画描写に慣れさせるためである。描いた図を身近な仲間同士でお互いに修正させあい，描写技能をある程度獲得させた。

2）　ビデオ映像に基づく連続図の描画

　続いて，図4に示されるようなとび前転の習熟度の高い実施（A）と初心者の実施（B）のビデオ映像がノーマル・スピードで提示された。被験者はその経過を線画で描写した。その際，描写する局面として次の4局面を指定した。

　すなわち，i）踏み切り局面，ii）空中の最高点の局面，iii）マットに着手するときの局面，iv）前転に移ったときの局面である。

　この4局面を指定したのは，連続図として全体経過が概観できるようにし，空中の姿勢と着手姿勢を調査対象者がどのように見ていたのかが把握できるよ

(A)

(B)

図4

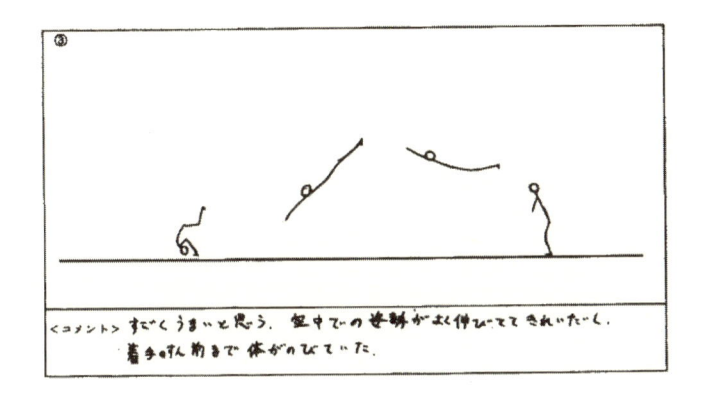

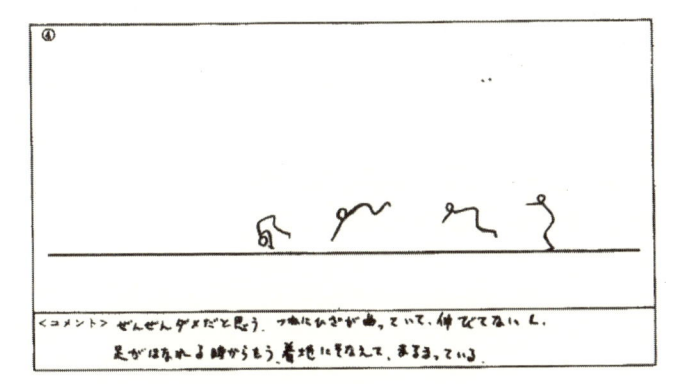

図5

うにするという理由からである。また，これ以上の数の図を描写させた場合，線描に慣れていない者にとっては大きな負担となるとともに，調査に要する時間がかかりすぎることからも，このように限定せざるを得なかった。図5は調査対象者によるこれらの局面の記述例である。

3) スロー再生および静止画像に基づく線画の修正

同じ映像を使って，スローモーション再生ならびに静止画像の提示を行い，さらにとび前転の運動技術について説明した。その際には，とくに着手局面で身体が"つぶれ"[5]ないように手で支えて，腰角度を広く保ちながら，なめらかに前転に移行することの重要性を指摘した。同時に，各自が描写した図を見ながら，ビデオ映像の動きと比較して描いた姿勢が大きく異なっている場合には修正させた。

ここまでは，多様な現象形態を示すとび前転を観察し，描写するための予備練習である。

なお，本論において「運動技術」ないし，単に「技術」と表記するときには，マイネル（1981，p.261）の概念規定による Bewegungstechnik が意味されている。つまり「ある一定のスポーツの課題を最もよく解決するために，実践のなかで発生し，検証された仕方」である。この定義はベルネット（Bernett, H., 1968, S.128）らによる概念規定に引き継がれ，「指導内容としての技術」として指導，学習の対象となるものとされている。また，これらの定義はその後も，バイヤー（Beyer, E., 1994）やシュナーベル（Schnabel, G., 1993）らによるスポーツ概念に関する事典類でも同様に説明されている。

スポーツ技術（sportliche Technik）は運動技術（Bewegungstechnik）と同義であり，「スポーツという状況で運動課題を解決する際に用いられる，一連の固有の運動（Bewegung）や部分運動（Teilbewegung）」（Röthig, P.,

---

[5]【つぶれ】とび前転や倒立前転などの転がり局面で，前方向への脚部の移動が少ない場合に現れる，動きがつまったように見える現象。下体（足やひざ）が上体（顔や胸）にぶつかり，傷害に至ることもある危険な動きである。

1983）という説明が現在の主要な定義である。

（2）　本調査

　調査対象者に，技能レベルの異なる6種類のとび前転のビデオ映像をノーマル・スピードで提示し，直後に線画描写と動きの特徴の記述を行わせた。動きの特徴の記述にあたっては，予備練習において説明した技術特性を念頭において，とくに前転の動きのなめらかさおよび安全性に関する記述をなるべく多くするように伝えた。

図6

それぞれの実施の技術的特徴は以下のとおりであった。(図6参照)

①空中で反った姿勢を示す大きな空中姿勢だが, 前転はつぶれた危険な実施。

②空中で小さく丸くなった姿勢で高さも低いが, 前転は安全で滑らか。

③空中で強い反り姿勢を示すが, 高さは低く, 前転では少しつぶれた経過。

④空中姿勢が丸く小さくなっていて, 前転もつぶれている。

⑤空中で屈身姿勢をとり, 前転がつぶれている。危険な実施。

⑥空中では軽く胸をふくんだ姿勢で, 前転も滑らかで安全。非常にすぐれた
　実施。

（3） 調査結果

　記述内容は観察者自身が運動を見た印象を述べたものであることから, その
表現の仕方はきわめて多様であった。たとえば, 明確に危険性を指摘している
ものもあれば, 前転の動きがなめらかではなかったことを表現して「つまって
いる感じがする」というような記述をしているものもある。したがって, 観察
された内容を区分するための基準を明示することは困難であった。このため,
今回の調査では言語記述の内容と線画描写とを照合しながら, それぞれの調査
対象者がどのような見方をしていたのか筆者が解釈し, 調査対象者全員の傾向
として示すこととした。それぞれの試技に対する調査対象者たちの観察傾向は
以下の通りであった。

①の実施に対しては, 危険な前転の経過であるにもかかわらず, 良い実施だ
　と評価した者が多かった。危険だと感じた者はわずかしかいなかった。

②の実施に対しては, 安全な実施であるにもかかわらず, ほとんどの者が
　マイナスの評価をしていた。つまり, 小さな空中姿勢という指摘が多く,
　良くない動きと判断していた。

③の実施に対しては, 空中での姿勢やジャンプの方向の記述が多かった。前
　転が良くないことを述べた者はほんのわずかだった。技術的欠点を見抜
　くことができずに, 良い動きという誤った評価をした者も少なくなかっ
　た。

④の実施に対しては, 危険性を指摘する者がかなり多かった。姿勢の記述は

ほとんど全員が正確であった。

⑤の実施に対しては，空中の動きと姿勢に関してはほとんどが否定的な意見
　だった。調査対象者の約 1/4 の者が前転の危険性を指摘していた。

⑥の実施に対しては，ほとんどの者が良い動きと評価していた。

　これらの結果から，「空中局面の姿勢が運動経過全体の評価を決定している」
という傾向を認めることができた。つまり，空中局面で伸身姿勢，とくに反り
身の姿勢が示された実施に対してはよいとび前転と評価し，空中で体が小さく
丸くなった姿勢を示した経過についてはとび前転の動きとしてマイナスのイ
メージを抱いた者が多かった。

　一方，空中局面から続く前転そのものの善し悪しについての記述は非常に
少なかった。事前の予備練習の時点で，空中局面からマット上に着手する局面
の姿勢の重要性について詳細な説明を受けていることから，運動技術について
の言語的理解，ならびに各運動局面に関する予備知識は得ているにもかかわら
ず，前転の安全性などに関する記述がほとんどみられないというのは，やはり
この局面の本質的特徴が観察では把握できていないことを意味していると考え
るべきであろう。

3. 指導者と学習者間の図と地の共有

　事前に重要性が指摘されているにもかかわらず，空中局面から前転へと移行
する局面の特徴を見抜くことができない（記述されない）のは，どのような理
由によるのだろうか。その局面の身体姿勢を見ていないのだろうか。このこと
は，なぜ空中局面の姿勢にばかり目（注意）が向いてしまうのかという問題で
もある。これはまた，空中局面への注意が減少すれば肝心の着手局面をもっと
よく見ることができることを意味していないだろうか。つまり，見るべきポイ
ントとそれほど注意を向ける必要のない局面との分別がなされていないという
ことである。

　メルロ＝ポンティ（Merleau-Ponty, M., 1989）は，著『見えるものと見え

ないもの』の中で次のように述べている。

> 　注意をするということは，単に先在している所与に，より多くの照明を与え
> るということではない。それはその所与を図として浮かび上がらせることによっ
> て，そのなかに一つの新しい分節化を実現することだ（メルロ＝ポンティ『見え
> るものと見えないもの』1989, p.79）

　これは，すでに存在している些細な特徴をよりしっかりと見つめるというこ
とではなくて，それまではあまり気づかなかった特徴が自分にとって新たな図
となって現れてくるということを意味している。

　見るという知覚行為において，図と地の関係は大きな意義をもっている。
そこで，今回のとび前転の観察においては，浜田が著書『「私」とは何か』
（1999）のなかで主張している「知覚における図と地の共有」という考え方に
基づいて考察を進めていきたい。

　発達心理学者の浜田によれば，子どもがことばの概念を獲得することは，大
人が英単語を覚えていく過程とは根本的に異なっていると言う。たとえば，
dog＝犬という固定的パターン（コード）を覚えることがひとつの英単語を覚
えることになるのだが，子どもにとって目の前の動物が「犬」になっていくの
は，目に映った知覚像と相応することばとの固定的結合を知ることではない。
ことばは，自分と〈意味するもの ― 意味されるもの〉の関係の他に，親など
他者の存在があってはじめて活きたことばとなっていくという「四項関係」（同
書，p.181）が重要な役割を果たしている。このようなことばの獲得の過程に
おいて，子どもと親など他者とのあいだの「図と地の共有」の重要性が説明さ
れている。この考えは，本章で扱う運動観察技能の指導法という観点からみて
共通する点が多いと思われる。

（1）　図の共有

　運動観察のトレーニングにおいては，指導者が見ている内容と，観察学習者
が見ている内容が同一になることが，つまり，指導者に見えている特性が観察
学習者にも見えるようになることが初期段階のねらいとなる。

　重要な局面を見抜くことができるということは，その局面が全体経過のなかで観察者の意識の上で浮き彫りになること，いわば「図」として背景から浮かび上がることである。この場合，背景とは意識に浮き彫りになった局面以外の動きの経過を意味している。

　したがって，「図と地」の問題は，「"意識"と"意識の地平"」という現象学的問題ととらえ直すこともできる（木田ほか，1994，p.255）。永井（1999，p.224）は「見えるものはいかに現れるか」という問いに対してフッサールの志向性を引用し，「私に対して現れる構造が志向性」であり，「志向性とはそこに対象という影＝現象が映るスクリーン」であると説明している。「図」としてわれわれが見ている現象も，「つねに『それ自身』ではなく，ある限定された視点から切り取って見られたその一側面」（同書，p.225）なのである。

　本調査の前の予備練習におけるスローモーションおよび静止映像による重要局面の説明は，観察学習者に対して知覚における「図」の設定を促すものであり，永井の言う「ある限定された視点から切り取って」きた運動の部分的提示および説明である。これによって，指導者と学習者が同一の局面を見て，同じ特徴を見抜くことができるようになれば，両者の間で「図の共有」が成立したことになる。また，典型例以外のとび前転の運動経過に対しても，重要局面の特徴を把握することが可能となるはずである。しかし，今回の調査では，このような意味で「図の共有」といえるような傾向はほとんど見いだすことはできなかった。

　このことから，ある局面の特徴を示して，それを全体経過のなかから見つけ出させるというような形式では「図の共有」は達成されないと考えられる。なぜなら，運動観察ではひとつの局面だけを絶縁的に見て判断しているわけではないからである。

　たとえば，典型的な特徴をもつ，ある運動局面を描いたトレーシングペーパーを静止画像を並べた連続図のどれかひとつにあてがって，その違いを見つけることは可能である。しかし静止した像とは異なり，姿勢の変化を伴いながら速いスピードで動いている実際の運動を観察する場合にはそのようなことはできない。つまり，観察初心者にこのトレーシングペーパーにあたるもの（典

型例）を提示して，それと眼前で行われた実際の運動経過を比較させようとしても，一瞬のうちに流れ去ってしまう運動の中で2つの画像を重ね合わせることはほとんど不可能である。

　今回の事例考察によって，運動観察における「図」とは，実体的に提示し他者に無条件に伝達できる性質のものではないことが確認された。さらに，「地」との関係も含めて，観察者のなかで図はどのように形成されていくのかについて考察が進められなければならない。

（2）地の共有

　心理学用語で「カクテルパーティ効果」（藤永ほか，1981，p.581）と言われるものがある。これは，パーティなど大きな騒音のなかでも，自分と直接会話をしている者のことばは，雑多なことばや音と区別されて，きちんとまとまりとして聞き分けられるというものである。このとき，騒音のなかで他者との間で会話が成り立つためには，お互いに相手の音声が「図」としてそれ以外の音から浮かび上がることが必要である。つまりこの場合，相手の音声以外の音は「地」となっていなければ2人の会話はうまくいかない。聞く必要のない騒音は，2人にとって「地の共有」となっているのである。

　運動観察においても同様に，重要な局面以外の多様な動きが「地」となっていなければ，肝心の局面が「図」となって浮かび上がってはこない。今回の調査では，多くの調査対象者にとって空中局面は「図」となってしまっており，それ以外の局面は浮き彫りにならなかったと考えられる。

　安全に転がることを重視する指導者にとって，空中局面の姿勢よりもスムーズな前転への移行が成就されているかどうかに対する関心が高いのは当然である。この場合，空中局面は「地」となっている。

　指導者と同じ観点から見ることができるためには，観察学習者にとっても着手局面から前転に移行する局面の方が「図」とならねばならない。ここでは，観察学習者と指導者の観察において，図と地の間にズレが生じていたといえる。観察学習者たちにとっても空中局面の姿勢が「地」となることが，運動技術的に安全なとび前転の動きの特徴を把握するために必要となる。

　しかしながら，空中局面が「地」となること，つまりそこにあまり注意を向けないことができるためには，ある程度の慣れが必要であろう。メルロ＝ポンティ（1975, p.126）も，「対象をはっきりと見ようとすれば，どうしてもその周りのものの方はぼんやりとした状態で見るように私に強いる」とか，「対象をよりよく見るためには周りのものを眠らせておくことが必要である」，あるいは「図の方で得たものを地の方で失う必要がある」「対象の一つが現れるためには他の諸対象が身を隠さなければならない」というような言葉で説明している。

　以上のことから言えることは，運動観察のポイントを指導するには，指導者が観察学習者に指示したい動きあるいは身体姿勢を「図」として提示することによる「図の共有」だけでなく，見なくてもよい（あまり注意を向ける必要がない）部分としての「地の共有」も必要であるということである。

（3）　図と地の共有

　今回の観察対象であるとび前転に関しては，指導者と観察学習者の間では異なる視点から観察が行われていたと考えられる。すなわち，「図と地」が共有されていなかったとみることができる。

　指導者の立場からいえば，学校体育で行うとび前転は安全な実施が最優先されるべきであり，その安全性の保障の上で初めて空中局面の雄大性が追求されなければならない。指導者はこのような視点からとび前転の善し悪しを判断するため，着手から前転に移行する局面を重点的に観察することになる。

　それに対して，ほとんどの観察学習者にとって，空中で大きく体を反るような姿勢のとび前転は，普段目にすることのない，非常に目新しい動きであり，その局面に注意が向かってしまうのはやむを得なかったといえる。強い印象を与える目立つできごとは，それ以外のことへの注意が減少するのはあらゆる場面で体験することであろう。

　観察する側は，それまでの運動経験や日常の観察体験など多様な要因から影響を受けて決まる特定の視点をもっており，そのパースペクティブから運動の善し悪しが判断される。とび前転に関しても，器械運動の授業ではなく，体操

競技のゆか運動という視点でみればまた別の見方をすることもできる。たとえば，前転への移行が多少ぎこちなくて，いわゆるつまった前転になっていたとしても，空中局面の雄大性の方を優先させるという場合もありうる。そうなれば，今回の調査対象者たちと同じ視点で見ていることになる。したがって，運動観察のトレーニングにおいては，最初に指導者と観察学習者のパースペクティブを一致させることが求められる。

　さらに，指導者と観察学習者のあいだで，運動の全体経過のなかで注目すべきポイントが「図」として確認されたとしても，それだけで実際の観察活動のなかで同じようにそのポイントが把握できるとは限らない。それ以外の局面の動きが「"地"化」されることが必要となる。

　しかしながら，「地」はそこに能動的に意識を向けていないから「地」であることを考えれば，意図的に「地」を形成することは不可能である。「地」にはなるものであって，作る（する）ものではない。

　図と地の関係について，斎藤はメルロ＝ポンティの著『見えるものと見えないもの』（1989）の解説において次のように述べている。

> 　「見えないもの」とは，「見えるもの」が「図」として「見えるもの」となるための「地」であり，われわれはこの「見えないもの」をも同時に見ることによって初めて「見えるもの」を見ることができる。…したがってわれわれは，「見えるもの」において，実は，「見えるもの」以上のものを見ているわけであり，「見えないもの」が「見えないもの」として身を隠す（地となる）がゆえに，「見えるもの」が「見えるもの」となり（図となり），そこに可視性が成立するのである。（メルロ＝ポンティ『見えるものと見えないもの』1989，p.96）

　したがって，「見えないもの（地）」を意識的に見るわけにはいかないので，観察学習における指導は「見えるもの（図）」を通してしかできないことになる。

　とび前転に関していえば，運動経過のバリエーションの具体例を提示して説明する指導活動が不可欠である。つまり，熟練者あるいは初心者の動きの典型的な例を提示してその違いを説明するだけでは不十分である。たとえば，空

中姿勢は丸く小さくなっているが前転への移行がなめらかな動きの例，あるいは雄大な空中姿勢だがつぶれた前転となっている例などの事例を数多く観察させ，説明していく活動を欠かすことはできない。特に器械運動に関しては，傷害につながるような危険な動きの特徴がよく現れた事例を提示し，危険性が動きの中に見て取れるように訓練することが重要である。

4. 運動観察力の形成の意味

　観察能力を向上させるには，これまで述べたようなさまざまな手段を用いて，多様な現象を示す運動経過に含まれる技術的ポイントを見慣れることがまず重要である。この点について音楽を聴く例で考えてみよう。

　音楽の素人が，知らない曲をコンサートなどで初めて聴く場合，最初からその演奏を楽しむことは難しい。木村（1994）は，人間の時間意識[6]について音楽の例で次のように説明している。

> 　われわれは決して音楽を — ましてその個々の音を — 客観的に認識などしていない。だから当然，時間というようなものに対しても認識的な目を向けることはない。われわれはむしろ自分の心の中でその音楽の演奏に参加し，その模擬的な演奏行為を通じて音楽を経験している。（木村敏『心の病理を考える』1994, p.146）

　模擬的な演奏行為ができるためには，その曲のメロディやリズムなどを知っていなければならない。運動観察においても，この模擬的演奏行為に相当

---

[6]【時間意識】この概念については，次の和田（2000, p.131）の説明が参考になる。つまり，「『時間意識』とは，『時間についての意識』を意味しない。ものを見聞きしたり，追憶に耽ったりするわれわれの経験において，今，すでに，もう，といった時間の経過を示すことばと不可分に結びついて現れる意識，あるいは未来・過去といった時間地平との相関性のもとで現れる人間に固有な意識が『時間意識』と呼ばれるものである」。時間意識についての詳細は，フッサールの『内的時間意識の現象学』（1982）を参照。

する行為ができることが不可欠であり，そのためには見慣れることがどうしても必要となる。

これに関連して湯浅（2000，p.129）は，「私は私が次の瞬間，何をいかに視，聴き，触れるかおよそ知っている」のであり，この想像的な世界がなければ知覚そのものの基礎は与えられないことを説明している。この湯浅が「世界図式」と呼んでいる認識のしかたを考慮すれば，単によい例と悪い例のパターンを提示しただけでは不十分で，さまざまに変容した動きの例を観察体験することが欠かせないことになる。

運動観察において音楽の模擬演奏行為にあたるものは，金子（1987，p.123）が運動の共感的観察に不可欠であるとして取り上げた「潜勢自己運動」（virtuelle Selbstbewegung）に他ならない。この潜勢自己運動のおかげで，“つぶれた”とび前転を見て単に危険だと思うだけでなく，実施者の痛みさえ感じることができるようになる。このような段階に至ってはじめて，人体の移動としての運動を単に視覚的に見るだけではなく，人間の行為としての運動を見る「仕方」が身についたと言うことができる。

このような見方は，鯨岡（2005）が発達心理学研究における方法的意義を強調する「関与観察」である。物事を外部から客観的にとらえようとする実証主義的観察と関与観察のあいだには，「観察者を一人の主体とみるか，それとも『見る器械』に還元して考えるかの違い，言い換えれば，観察者が生きた身体を携えた感じる主体であるところから出発するか，その主体性を括弧に入れて誰とでも代替できる『見る器械』にしてしまうかの違い」（同書，p.70）があると鯨岡は述べている。音楽を聴いたり，他者の運動を観察するときには，つねに聴いたり見たりしている人間の存在が見過ごされてはならない。

運動の見方が身につくということは，運動を覚えることと同様に，習慣としての性格をもつ。もちろんここでいう「習慣」は，“毎朝顔を洗う習慣”といった習慣行動ではなく，現象学的意味での習慣，つまり自我の関与なしに遂行できる行動を意味していることは言うまでもない。

山形（2000，p.327）はアンリ（Henry, M.）の身体論の解説において，人間の能力は反復が可能な「根源的な習慣」として現れ，人間が行為としての

運動を知るということは，「単に一回きりのその運動を実行するということだけでなく，一般的にその運動ができるということ，その運動をする能力があるということ，つまり『私はできる』（Ich kann）ということを同時に学ぶのである」と言っている。同様のことをボイテンデイク（1956，S.279）も運動の学習論において，書字の例をあげて「われわれが習得するのは運動（Bewegung）ではなく，運動の仕方（Bewegungsweise）」だと述べている。運動の仕方を覚えるのも，運動の見方を覚えるのもひとつの能力を獲得することである。

　この段階にまで至らない，たとえば「何を見ていいのか分からない」「とび前転が行われたことは分かるが，それ以上のことを見抜くことはできない」などという段階の運動観察では，視覚刺激を受け取っているだけで，積極的に見るという意識はないといえる。

　港（2001）は，われわれがものを見る行為においては，2種類の信号が介在していると言う。ひとつは，外界から網膜を刺激する光の周波数で表される信号である。そして，もうひとつの信号について次のように説明する。

　　外部から来る信号ではなく，眼という特殊な器官で「見ている」ために起こる，私たちの身体から生まれる信号である。わたしたちは見ているとき，自動的に「見えている」だけでなく，自分の眼という特殊な器官を使いながら「見ていると感じる」ことができる。（港千尋『第三の眼』2001，p.80）

　港の言う「見ていると感じる」という段階まで，つまり能動的に運動を観察できるまで学習を進めることが，コーチや教師の養成にとって必要である。このような見方は，運動学的には潜勢自己運動を通して見るという段階である。これは，他者の運動を見ている者が，あたかも自分が実際に行っているかのような感覚をもつことである。

　しかし，金子（1987，p.123）も言うように，潜勢自己運動が可能となるためには，当該の，あるいは類似の運動の実施体験が不可欠である。ボイテンデイク（1956，S.42）も，「運動ゲシュタルトは，その経過において客観的に観察されうるが，実施の体験において初めてインパルスの流れ，力動的アクセン

ト，主要なものと副次的なものの分化，本質的意味内実，表現内実を感じ取ることができる」と言っているように，運動の実施体験と観察力との間には大きな関連があることは間違いない。この両者の具体的なつながりに関する研究も今後の課題であろう。

5. ま と め

　本研究においては，運動観察力を形成する方法論のための基礎的知見を得ることを目的として，観察初心者が運動をどのように見るのかという観察の傾向を知るための調査を行った。その結果から，ある特定の運動に重要な部分（局面）を「観察ポイント」として観察初心者に指導しても，それだけでただちに本質的な動きの特性が把握できるようになるわけではないことが明らかとなった。これは，従来から一般的に行われている観察指導，つまり「理想像（動きの理想タイプ）と実際の動きとのズレを欠点として把握」させる形式では不十分であり，より効果的な観察学習法が検討されるべきことを示唆している。

　「観察ポイント」として事前に重要性を指摘されていても，実際の運動経過から動きの本質的特性を把握することが難しいのは，観察に影響を及ぼす要因の多様性にあるといえよう。つまり，ある優れた選手の全体経過を理想タイプとして，それとの対比で実際の動きを観察させようとしても，観察初心者としてはその動きの中の何を見ればよいのか理解することが難しい。指導する側としては，優れた選手の動きの中には，見抜いてほしい運動技術が内包されているという認識のもとにそれを理想タイプ（典型）として提示するわけだが，観察初心者にとってはその選手の動きはさまざまな実施のうちのひとつの例示にすぎず，典型例（タイプ，類型）とはなってこないのである。

　したがって，優れた選手のフォームをそのまま「よい動き」の典型例とすることはできない。ホッツ（Hotz, 1986, S.26）は，提示する例が固定されてしまうことの問題性を指摘し，「模範例とのズレ（Normabweichungen）がたいていは観察者の関心の中心となっているので，指導者は，理想像的な運動表象を持っているだけでなく，学習者の状況や個性に応じて変容させた運動表

象を持っていなければならない」と述べている。確かに，模範例（Norm）が
ひとつだけであれば，多様なフォームですぐれた成果をあげている野球選手の
バッティングなど説明がつかない。たとえばイチロー選手のフォームの優秀性
は誰しも認めるけれども，それとズレがあるからといって直ちに欠点のある動
きと言うことなどできないのは当然である。

　また，観察力を高める具体的な方策を考えたときに必要となってくるのは，
重要な技術を「図」として提示することの他に，前章で述べた「地化」をどの
ように形成させていくかということである。見なくてもよい局面が「地」とな
るためには，「多様性の排除ないしは単純化」が必要だと思われる。

　とび前転において，指導者側として観察学習者に最も見てほしい局面は，前
転に移行する部分であって空中姿勢ではない。したがって，まず前転への移行
局面の観察がある程度的確にできるようになる必要があり，この局面の実施上
の滑らかさを感じ取れるようになることを目指した観察訓練が最初に施される
べきであろう。たとえば，ビデオ映像を編集して，空中局面を削除してこの部
分だけを再生し，よい例と危険な例，ぎこちない例などを繰り返し観察させる
方法などが考えられる。

　この方法によって，前章で説明した「なぞり」による運動質の理解が可能
となる。つまり，運動経過の外的事象の類似性から運動質を理解するのではな
く，「よい動き」に現れる類似した「感じ」をある「型」として認識し，それ
に「なぞらえる」ことを通して実際の運動を理解できるのである。

　本質的特徴を見るのに障害となる多様な因子が運動経過に含まれていると，
初心者は何が本質的なものか区別することができない。そのため，動きの観察
にとって不必要なもの（個人的な癖などの余分な動きや，場合によっては目
立つ服装なども）を取り除いたモデルを利用するのも有効であろう。美術教材
のモデル人形を使って運動技術を説明することはよく行われているが，コン
ピューターを利用したアニメーション化も可能になってきた今日，モデル人形
を使った運動の観察学習用ビデオなどを作成すれば効果的な教材となりうると
思われる。

第I部の要約

　第I部では，運動指導において最初の活動とみなされる運動観察の構造とその能力形成の過程に論究した。

　第1章では，動きのリズムなどの運動質（Bewegungsqualität）が観察者にどのようにして把握されるのか解明を試みた。本章の考察を通して，はじめに，運動の質は数値によって一義的な形式で提示できる量的特性とは異なり，時代様式や社会的慣習などの多様な価値観，過去の経験，運動技術に関する知識などさまざまな要因から影響を受ける生きた人間による直接的観察を通して直観されることが明らかにされた。したがって運動質は，運動を分割するのではなく全体としてとらえ，身体姿勢などの空間的図形の特徴に加えて，その力動的構造までを包括的に把握することによってとらえられる。

　続いて，運動質を把握する方法として，ゲーテに由来するモルフォロギーの有用性が確認された。植物のメタモルフォーゼ論にみられるように，自然物を対象としていたゲーテのモルフォロギーに対して，スポーツにおける対象は，現象学的意味での時間化（Zeitigung）の能力に基づいてはじめてとらえられる運動ゲシュタルトである。ベルクソンの言うように運動は動いていることを本質とするのであり，静止したものは運動ではないという当たり前の特性が認識されれば，静止物体を見るときとは異なり，時間とともに現象する時間ゲシュタルト（Zeitgestalt）が扱われねばならない。

　音楽メロディと同様に，時間ゲシュタルトである運動ゲシュタルトはフッサール（1982）の意味の「内的時間意識」においてとらえられる。つまり，運動を見ている瞬間の「原印象（Urimpression）」と来るべき動きの先取りとしての「未来予持（Protention）」，さらに過ぎ去ったばかりの動きの記憶印象である「過去把持（Retention）」が総体的に今現在にまとめられる共時化（統握）の作用（＝時間化能力）を通してはじめて運動は，"動いている"ものとして理解されるのである。止めることのできない運動，あるいは止めたら運動ではないという特性は，動いているそのままの現象を全体としてとらえる運動

モルフォロギーの必要性を示唆することとなる。

　第2章においては，運動質は固定的な現象様相を示すのではなく，多様な現象のなかからひとつの類型として形成され，把握されるという視点から論を展開した。モルフォロギー的運動研究の基礎は，ボイテンデイク（Buytendijk, F, J, J, 1956）の『人間の姿勢と運動の一般理論』においてはじめて体系的に提示された。その中でボイテンデイクは，とくに人間の動作の類型論を主軸に展開している。ボイテンデイクの述べる「典型例」（Typus）や「極性」（Polarität）の概念は本章の考察においても重要な役割を果たした。

　第3章では，前章までに確認された運動質の類型的把握の構造を下敷きにして，運動観察訓練法の開発の基礎資料を得るための実験に基づく考察を行った。この実験では，運動の技術欠点の典型的な例を挙げたり，観察ポイントを指摘したにもかかわらず，観察初心者（体育教師を目指す教員養成課程学生）は，運動指導に直結するポイントの適切な観察ができないことが明らかにされた。つまり，典型的な技術欠点の事例として対極に位置づけられたもの，あるいは「典型」ばかりを見せても，運動経験，指導経験，あるいは観察経験の乏しい者は対極に位置づけられたものの間の多様な連続性が理解できなければ実践の場で適切な観察はできないのである。そのため，観察訓練では重要な動きの局面が直観できるような事例を数多く見せるという意図的反復学習が不可欠であることが確認された。

　第Ⅰ部で考察してきた運動観察は，技術的欠点を発見することの他に，動きのリズム，流動性，調和など運動経過（Bewegungsablauf）に現れた質的徴表を印象分析（Eindrucksanalyse）[7]によって見つけ出す作業であり，運動指導における最初の，そしてきわめて重要な指導者の活動である。

　しかし運動指導は，運動の技術欠点や質的特性を正確に把握するだけがすべ

---

[7]【印象分析】マイネル（1981, p.127）の用語で，現実の運動，あるいはビデオ映像における動きを目だけによる観察によって，運動経過に現れるさまざまな特徴を捉えることである。ここでいう「印象」は，単なる見た感想という意味での印象ではなく，運動徴表の把握と理解しなければならない。詳しくは，附論【モルフォロギー】を参照。

てではない。運動観察によってとらえたこれらの内容を効果的な運動指導につなげるためには，運動を実施している者がどのような意識でその運動に対峙しているかを探ることが必要となる。

第Ⅱ部　キネステーゼ理解のための志向分析

　これまでの論考から，観察によって運動特性を把握する能力の形成には，観察経験だけでなく，実技経験，指導経験，さらにその運動に関する知識などが大きな意義を持っていることが明らかにされた。

　第Ⅱ部では運動の外的経過の観察を超えて，運動を実施している学習者のキネステーゼ構造を理解していくことが，効果的な運動指導に不可欠であるということを運動発生論的視点から論述する。

　スポーツにおいては，ある新しい運動ができるようになることが練習の課題であり目標である。この運動発生は，できたという事実を意味するだけではない。その運動がいつでもできるということは，実施に必要な動きの感覚，いわゆるキネステーゼが形成されるということである。したがって学習者のキネステーゼをどのように理解するかによって指導の効果は大きく異なってくる。

　意識を持った人間が行う運動のキネステーゼを理解するには，その人間がどのように対象，つまり運動に対峙しているかを読み解く志向分析が不可欠となる。

第 1 章

キネステーゼの概念とスポーツ実践における意義

1. キネステーゼとは

『現象学事典』（木田ほか編，1994）によると，キネステーゼ（Kinästhese）は，ギリシャ語で運動を表すキネーシス "kinesis" と感覚を意味するアイステーシス "aisthesis" から合成された術語で，フッサール（Husserl, E.）による造語である。直訳すれば運動感覚ということになるが，谷（2004, p.418）が述べているように，「〈対象の運動についての感覚〉ということではなく，〈私は動く〉という感覚についての意識」である。

　金田（1980, p.158）によれば，キネステーゼは「私にできる」という能力のシステムであり，「現実に，顕勢している感覚的作用は能力性あるいは可能性のシステムとしてのキネステーゼに支えられている」とされる。

　しかしこの場合の「自分にできる」という能力は，何か運動を実施した後に示される能力を意味しているのではない。すなわち，「逆上がりができた」，「5メートルの距離を跳べた」という場合の達成能力ではなく，実際の行為を行う前の感覚の能力，一言でいえば想像力なのである。斎藤（2002, p.177）は，自分がなしうるということはまだ現実のことではなく可能性の世界に属しているのであって，想像力（可能性の空間を開く能力）によってのみ可能となった能力を意味していると言う。想像力によるものといっても，論理的に可能だといったような純粋な思考上の産物ではもちろんない。谷（2004, p421）が言うように，「身体の能力がおよぶ範囲での可能性」を意味する。だから

フッサールは，そのような可能性としての能力を表す語として，一般の「実際にできる」という意味の動詞 "vermögen" と区別して，「能力（能為）性」（Vermöglichkeit）という語を新たに造ったとされる。

　このフッサールのキネステーゼ論を継承して，運動の学習・指導の実践に適用し，わが国に新たな運動理論を発展させた金子（2002, p.2）は，これに「運動感覚能力」という訳語を充てている。さらに後には「動感」（2005a, p.24）の語を用いている。

　また，「自分にできる」という能力系と関わりながら，われわれは運動を行っているときに，その行っていること自体も意識する。これは運動感覚意識としてのキネステーゼであり，端的に言えば「動きの感じ」あるいは「動く感じ」である。

　この意味でのキネステーゼについて加藤（1983, p.120）は，人間が自分の身体運動を経験するときには「自分の内部から，自分自身が行為へともたらした運動として経験する」のであり，同時に「『私はなしうる』という能力を内発的なものとして感じている（意識している）」と説明している。また，ラントグレーベ（Landgrebe, L., 1996, p.188）が言うように，「感覚であると同時に，感覚をひき起こす運動の意識，つまり，われわれによって発動されたわれわれの運動である運動の意識」としても理解される。

　このような特性を持つキネステーゼは，運動や知覚の現出の土台として考えられるべきものであり，それ自身が学習の目標となったり，客観的認識の対象となったりするものではない。これに関して，谷（1999, p.419）は「キネステーゼ意識／感覚は［対象の］呈示を可能にするが，自分自身を呈示することはない」と述べているし，新田（2001, p.219）も，「身体運動と一体となって周囲世界の現出の条件として働く」のがキネステーゼだと説明している。

2. 能動的キネステーゼと受動的キネステーゼ

「私が自由に処理しうるもの，自由に抑制でき，自由に繰り返し演出できる」（金田, 1980, p.28）意識としてのキネステーゼは，眼前の2メートルの幅の川を跳び越すことができるというような自己意識としてとらえられる。これ

は，物理的な距離に対する判断ではなく，その幅の川を跳び越す際の自分の動き方に対する確信から来る判断である。だから，跳び越せるかどうかという可否だけでなく，「楽に跳び越せる」とか「助走をつけてやっと跳び越せる」といったように，どのような動きで跳び越せるのかという動きのイメージまで含まれている。

　また，歩くときに地面の形状や性質に応じて足の運び方を変えたり，歩行中の自分の身体部分の動きを感じるといった明確な感覚意識としてとらえられるものでもある。これらははっきりと意識している，あるいはいつでも意識のレベルに戻せるキネステーゼであることから"能動的キネステーゼ"と呼ばれる。

　さらに，その能動的キネステーゼを根幹のところで支えている"受動的キネステーゼ"を見のがすわけにはいかない。それは，山口（2001，p.213）が，「動くにしろ，動かされるにしろ，それに気づく以前に，つまり，自我がそれに能動的に対向する以前に，先構成されている段階のキネステーゼ」であると説明しているように，フッサールの発生現象学における鍵概念である。山口（同書，p.213）は，「フッサールの受動性の現象学は，意識に上らない，気づく以前，自覚する以前の受動的綜合（たとえば受動的キネステーゼ）が常に働いていることを開示しえた」と述べ，意識を伴った自我が関与する以前の深層構造を知ることが発生の分析において不可欠であることを指摘している。

　なおここで言う「受動的」ないし「受動性」は，「能動」という語に対置するという意味で用いられており，一般に使用される意味の「受け身」を表しているのではない。端的に言えば，「自我の関与」がないということである。同様に，「能動」も積極的というような意味はまったくなく，自我が関与しているというだけの意味である。だから山口（2002，p.116）はこの受動性について，事が自ずから起こるという意味の「事発的」という用語を用いることを推奨している。したがって，フッサール（1997，p.222）が自身でも言っているように，「無意識的」と言った方が理解しやすいのかもしれない。

　ただし，「無意識」という語には注意が必要である。稲垣（2007，p.138）が，「フッサールにとっての『無意識（Unbewusstsein）』とは，『意識が無い（bewusstlos）』というよりは，『自我が無い（ichlos）』もしくは『自我が機能

していない』，『自我が気づくことのない』ということを意味している」といっているように，あくまでも本書では「自我の関与がない」という意味に限定されることを指摘しておきたい。単純に言えば，自分の意思からそうなったのではなく，知らない間にそうなっていたということである。

　われわれの行動や意識では，表立った現れの土台としてつねにこの受動的キネステーゼが作用している。何気なく歩いている動作を支える受動的キネステーゼとしては，「自分の足を前に移動させることができる」「その足の上で自分の体重を支持することができる」などという無意識，あるいは暗黙の層が隠れている。これらによって，歩き出す以前から，つまり歩こうとする意図や歩行中の動きの自覚といった意識の前に，すでにその場の状況などと特定の関わりが生じているのである。新田（2001, p.36）の表現を借りれば，「経験の根柢では，原初の世界邂逅が『いつもすでに』起きている」のである。

　このあたりまえの無意識層も，ひとたび状況が変われば意識の層へ浮かび上がってくる。普段は意識などしない自分の歩き方が意識の場に引き出される事態は，たとえば川の中に点在する石を渡って歩く場合などを考えれば容易に理解できる。石と石の間の距離が大きいときに，大きく脚を開きだして向こうの石の上に安全に乗り移れるかどうかは，いったん熟考してみて初めて分かることである。自分のジャンプ力に加えて，限定された着地位置に立ち止まることが可能な脚力やバランス能力など，多様な観点から目算を試みなければならない。その際には，以前のさまざまな運動経験に基づいたキネステーゼ・アナロゴン[*8]を駆使することは言うまでもない。このときに，自分にできそうだと考える能動的キネステーゼの土台には，無意識的な受動的キネステーゼが自ずと前もって作動しているのである。この受動的キネステーゼによって，人間が運動を学習する際の地平が形成されているといってもよい。

[*8]【キネステーゼ・アナロゴン】直訳的には運動感覚的類似物であるが，「運動想像力に基づいて，まだやったことのない新しい運動を表象したり，投企（運動投企）しようとするときに，そのための素材として役立てられる類似例」（金子・朝岡編，1990, p.254）を意味する。

　ここで，受動性に関して補足しておきたい。

　われわれが拠り所とする現象学における受動性は，外部からの受け身を意味するのではなく，「自我の関与がない」ことを表していることはすでに述べたとおりである。しかし，自我の関与がないという事態もさまざまな場合が考えられ，中山（2013，p.32）は，「没自我的で無意識的な原感性としての受動性と，自我の働きの無関与性としての受動性」とに区分すべきことを述べている。

　たとえば，記憶しようと意識していなくても，たった今起こった出来事は，たとえ無意識的であっても記憶に残っている内容があるといった「過去把持」などの時間意識は受動世界の働きである。また，自転車の操作など習慣化した行動の際には自分が行っているという能動的意識が存在していないという場合もある。これらは同列に置くわけにはいかない。

　稲垣（2007，p.139）によると，時間意識などは「『能動性に先立つ（vor）受動性』であり，これは『根源的に構成し，しかも唯一，先構成する時間流の受動性』」とされ，一次的受動性とか原受動性といわれる。

　それに対して，熟練した技などの無意識のうちに行う運動は，「反復される自我の自発的行為が過去意識へと沈殿[*9]することによって，既知性の地平を自我の『習性』として形成する」（稲垣，同書）ものであって，これは，「二次的受動性」とも呼ばれる。それゆえこれは「能動性における（in）受動性」ともいわれる。

　本書においては，運動の観察過程や，運動に取り組む学習者の意識などに関して主に一次的受動性（原受動性）が問題とされるが，後半の「熟練者の運動感覚意識の覚醒」の問題などにおいては二次的受動性が考察の対象となる。

---

*9【沈殿】ヘルト（1997，p.54）によれば，沈殿とは，「過去把持の『無意識的』続行」である。われわれの体験においては，過ぎ去ったできごとについての意識の大半は明確な記憶とはならずに消え去っていくが，まったく消滅するのではない。ヘルトは，「過去のものは，いわば〈変わることなくその時間位置に固定されたもの〉として『眠っている』のであり，それゆえ，準現在化する自我によって，ふたたび『覚醒』されることができる」（同書，p.53）という。つまり「沈殿」して存在しているのである。

3.　スポーツ実践におけるキネステーゼ理解の定立意義

　運動感覚図式の発生（ある特定の運動実施に必要な固有の運動感覚の形成化，あるいは実施の感覚を安定して保持すること）を目指す運動学習において，学習者のキネステーゼはきわめて大きな意義をもっている。同時に，指導者が学習者の能動的および受動的キネステーゼをどのように把握するかによって，助言や練習手段など指導の方法も大きく変わってくる。

　金子（2000b，p.88）は，次のように述べて，スポーツの運動学習におけるキネステーゼ理解の意義を高く評価している。

　　　日常生活の中でよく習慣化された運動は，〈できる・できない〉（Können-Nichtkönnen）が意識されはしない。頭が痒ければ，的確にその場所に手が伸びて掻くことができる。それは特に意識してなくても，〈動ける〉ことを私の身体が了解しているからである。ところが，スポーツにおける運動では，怪我によるトレーニング中断後も含めて，新たに身に付けなければならないことばかりである。それだけに〈できる・できない〉という意識は，常にキネステーゼ意識と関わりをもち，その都度のいま・ここの動きかたを生み出す工夫に重大な関心が寄せられる（金子明友『身体知の形成　下』2000，p.88）。

　さらにスポーツにおいて，キネステーゼは個人的運動学習の場面だけで問題となるわけではない。他者とともに集団で活動する球技においては特に重要で，個々の選手同士がお互いのキネステーゼを理解し合うことなしにフォーメーションプレーを行うことは不可能である。サッカーの一流選手は，味方選手の最適な場所へ正確にパスを送ることができるが，それは自分のパス技能の把握と同時に，パスを受ける選手の走力やボール処理技能などすべてのキネステーゼを身体的に知悉している場合に限られる。

　このようなトップレベルのスポーツ選手の動きの洞察にとってだけでなく，学校体育の授業ないし日常のスポーツトレーニングにおける初心者への運動指導においても，キネステーゼの把握は指導者にとって不可欠である。とくに体

育授業で問題となる初心者に関しては，「できる」というキネステーゼ意識が
どのように形成されているかという洞察と同時に，どんな時に「できない」と
身体的に判断しているのかという点を理解しておくことが必要である（佐藤,
2003a, Sato, 2005）。

4.　発生論的モルフォロギーの研究方法

　前項では，運動の学習・指導におけるキネステーゼの重要性について述べて
きたが，キネステーゼが論じられるのは運動の発生（Kinegenesis）が問題と
なるときである。したがって，ここで運動の発生論に関して，その概念, 対象,
研究方法を確認しておくことが必要であろう。

（1）　運動の発生

　運動の発生とは，それまでできなかった運動が生まれること，つまりできる
ようになることである。しかし，できるようになるということの内実はそれほ
ど単純ではない。

　自転車に乗れるようになったり，泳げるようになったりすることは，当人に
おいて新しい運動が発生したことは間違いない。それでは鉄棒の逆上がりが1
回できたとき，それでもって運動発生が見られたと言えるだろうか。その後の
試みでもうまくできるのであれば問題はない。しかし，実際によくあることで
あるが，その後は何度試みてもうまくいかないことがある。この場合，運動の
発生とみなすことはできないであろう。あるいは，小さな子どもが鉛筆で遊ん
でいるとき，乱雑に書かれた線の一部に円形の図形が認められたとしても，こ
の子に円の描写に必要な手の動きが発生したとは言えない。つまり，運動発生
に関しては物理事象としての身体部分の移動過程が問題となるのではない。

　われわれが考察の対象とする運動発生においては，その運動を行おうとす
る意図があり，動きの全体経過が分かり，その実現に必要な力動的感覚を備え
ていることが条件となる。ここで重要なことは，これらのことは常に明確な意
識のうえで行われるのではないということである。俊敏な反応が求められる球

技で出現する動き，たとえばサッカーのオーバーヘッドキックは，それを行おうと意識する前に身体はすでに動いている。またキックした後の着地状態まで考えているわけではないが，自分の身体はすべてそれらを了解している。身体知として機能しているのである。このように，状況に応じて適切な動き方が再現性を備えて出現するようになったときに運動発生として認められる。これをシュトラウス（Straus, 1956, S.263）は「動き方（Bewegungsweise）」の習得と呼んでいる。

　このように，運動発生とは，身体の位置移動としての物理的運動の偶然的出現ではなく，その運動を行うために必要なキネステーゼ感覚を獲得することである。したがって「キネステーゼ発生」を意味する。

　初めてクロールが泳げるようになったときのように，運動発生を外形的にとらえることができる場合は，その発生の瞬間を特定するのにそれほど困難はない。しかし，そのときのキネステーゼ感覚の発生はいつも目に見える形として現れるわけではない。

　走り高跳びでベスト記録を1センチ更新したとき，あるいは短距離走で0.1秒短縮できたとき，そこにキネステーゼ発生があったかどうかは，結果から判断することはできない。まったく同じ意識で，普段と同じように行っても記録は向上することは珍しくない。その逆に，新しいコツをつかんだと感じたときに，必ずしも記録の向上を伴うとは限らない。それどころか，普段と変わった動きを試すわけであるから，記録が低下することさえある。結果としての達成記録は，動き全体の影響のもとで実現されるのであり，ある部分のコツの手応えを感じていても，その他の部分でうまくいかないところがあれば，結果的に記録低下につながることは十分に考えられることである。結果（記録）とキネステーゼの発生は必ずしも直結するものではないという認識が必要であろう。

　指導者に求められるのは，生徒や選手が運動を練習するなかでどのようなキネステーゼ感覚が発生したのか見抜く能力である。記録の向上や低下だけを単純に喜んだり嘆いたりするのではとても専門能力を備えた指導者とはいえない。

（2） 目的発生論的運動学の立場

　できなかった運動ができるようになったり，それまでとは異なる動きの質が現れること，いわゆるシュトラウスの意味での「動き方」が身につくということは，実施者のなかでキネステーゼ感覚が構成されたことになる。ここで言う「構成」は，「多様な認識作用を貫いて持続する対象的同一性の構成，形成」（木田ほか，1994，p.143）を意味する。運動発生に関して言えば，一回ごとに異なる運動体験の繰り返しの中から，そこに共通する，同じ意味をもったキネステーゼ意識を作り出していくことを意味している。それゆえ，運動発生論とは運動感覚（意識）の意味核 *10 の発生に関する理論である。

　この場合，キネステーゼは物体のように即自的存在としてとらえることはできないし，測定可能な神経活動のように生理学的機序として説明することもできない。現象学において「キネステーゼ」は，人間の運動遂行の意図に作用する形而上学的概念である。したがって，因果律に支配されている自然（物）を対象とする科学の範疇では扱い得ない。そのため，運動の発生は目的論的に説明されることになる。

　　目的論とは，「事物や事態を目的という観点に従って説明する方式」（廣松ほか編，1998，p.1592）のことであり，その秩序の形成原理は「物体間の秩序を形成する『因果性』ではなく，『動機づけ』である」（木田ほか，1994，p.448）ので，「因果性，決定論，還元主義を契機とする機械論あるいは数学的自然観」（同書，p.448）に対する対立概念の位置を占めている。

　自然科学は，物的事象における原因と結果の因果法則を解明することを目的とした学問である。因果関係を論じる場合，原因は結果よりも時間的に前にあることが前提である。あたりまえのようだが，"原因" というものの存在が条

---

*10【意味核】メルロ＝ポンティ（1976，p.57）は，われわれが手慣れた動作を行う際には，運動の志向（Entwurf）がまず始めに核として与えられ，次にそこから運動の全体が分化していくと言う。また，動きのコツを身体が了解した，あるいは習慣が獲得されたと言われるのは，「身体が一つの新しい意味づけによって浸透されたとき，身体が一つの新しい意味の核を同化したとき」（同書，p.57）だと述べている。

件であるともいえる。

　ボールゲームでパスを出す場面を想定してみよう。どの方向に，そしてどのくらいのスピードで，またどのタイミングでボールを投げる（蹴る）か決定するのは，味方がそのパスを受ける状況の予測に基づく。つまり将来のこと，まだ存在しないことに基づいている。これは前述した存在条件の前提からいって原因とはなりえない。

　本来的に，因果関係は物体に関することに限定される。換言すれば，生きているものには適用できない原理なのである。もちろん人間もさまざまな物質から成り立っており，その意味では因果決定論に従って説明できるできごとは無限にある。

　しかし，科学は完了したものを止めて観察可能となったものだけを研究するものである。生物学者の福岡（2011，p.118）は，生きた細胞を殺し，時間を止めて観察したものには，前後の比較から一対一の因果関係があるように見えているに過ぎないと言う。そして，「生命の動的平衡を見失い，生命は機械仕掛けだと信じてしまう」ことへの警鐘を鳴らしている。

　分子生物学の専門家が，生き物では分子レベルのことであっても因果関係は存在しないと言っている。ましてや，意識をもった人間の行動を，状況や前後の脈絡を捨象して考察することに実践的意味は見いだせないであろう。

　このような事情から，スポーツの運動における因果関係について研究しても，実践に有用な成果は出てこない。それゆえに目的論の視点が必要となってくるのである。

　人間の動きのかたち，つまり運動経過（Bewegungsablauf）は，動く部分のスピードや力から決まるのではなく，主体が何を行おうとするか，その目的に応じて動き方が選択される。だから運動の発生について研究する場合，ヴァイツゼッカー（Weizsäcker, V.v., 1975, p.213）が言っているように，有機体の運動を「意図を持たぬもの」として理解してはならない。

　この意味の発生論および目的論の理解から出発して，金子（2005a, p.83）は，バイオメカニクスのような機械論的運動学との差別化のために，動き方を発生させることを目的とした「発生目的論的運動学」という名称を提唱してい

る。「目的論」という名辞を省略して「発生論的運動学」あるいは「発生運動学」と言うときも同じ意味である。

（3） 運動感覚論的分析

　因果決定論と対極の立場にある発生目的論的運動学においては，人間の運動は向こう側において客観的に眺める対象ではなく，主体が積極的に関与しながら見る方法が必要となってくる。この問題に関連して，金子は，1998 年にライプツィッヒ大学で開催されたマイネル生誕 100 年記念スポーツ科学シンポジウムにおいて，「マイネル教授の感覚論的モルフォロギーの意義」（"Zur Bedeutung der ästhesiologischen Morphologie von Prof. Kurt Meinel"）と題した基調講演を行っている。そこでは，マイネルの遺稿『動きの感性学[*11]』（マイネル，1998）について紹介され，金子（Kaneko，2000a，pp.130）は，その遺稿のなかで展開されている感性学（Ästhetik）は，シュトラウスやフッサール，あるいはメルロ＝ポンティの感覚論（Ästhesiologie）[*12] の意味に理解されなければならないことを指摘し，さらに，自己の運動の内観分析法（Introspektive Analytik zur Genese eigenen Sich-Bewegens）と他者の運動の移入的分析法（Transjektive Analytik zum Sich-aneignen-lassen der Bewegungsweise des Fremden）からなる運動の学習・指導に固有の感覚論的運動分析法（ästhesiologische Bewegungsanalytik）を提示している。こ

---

*11【感性学】マイネルの遺稿『動きの感性学』（マイネル，1998）の翻訳の際に，金子がÄsthetik に対して充てた訳語である。金子によると，これまで「美学」と訳されてきたÄsthetik は，語源的には「感性的認識論」を意味しており，美学と訳してしまうと，「生き生きした動きの発生と構造を研究するモルフォロギー的地平が背景に沈んでしまう感じさえある」（同書，p.5）ので，あえて一般的ではない「感性学」なる語を用いる必要があったという。

*12【感覚論】Ästhesiologie の訳語で，『現象学事典』（木田ほか，1994，p.321）では「知覚論」と訳されている。また，『イデーンⅡ－Ⅰ』（フッサール，2001，p.78）では「感性論」とされている。フッサールは，心の学である心理学に対し，身体についての学を身体学（Somatologie）と名付け，物理学的身体学と知覚論的身体学を区別した（木田ほか，1994，p.321）。

の場合の感覚論的運動分析法とは，「運動の生起する周界との『場の意識』も含めて，今ここで動きつつある私が，運動感覚能力によって，どのような意味構造をとらえるかを記述する」（金子，2002，p.204）方法である。

　ここで使われている「移入」（Transjizieren）という用語は，金子がヴァイツゼッカー（Weizsäcker, V.v., 1995, p.127）の『生命と主体』から引用したものであるが，木村（同書，p.129）によれば，元来あった語ではなくヴァイツゼッカーによる造語である。この場合，移入とは，モナド間の出会いに際して働く作用を意味し，われわれがある生きたものに対峙したとき，対象化（客観化）したり，超越したりするのでは不十分であり，「私自身をその中へ置き移さなければならない」（同書，p.127）のだと言う。因みに，「移入」（transjizieren）という語は，主体（主観）の“Subjekt”，客体（客観）の“Objekt”に対して，それらを「越えて，通過して」という意味を表すトランス（trans-）を付加した“Transjekt”という語を造り，それを動詞形にしたものである。

　フォルガー（Volger, B., 2005, S.37）は，「運動指導と効果の関連について」と題した論文において，この金子による運動感覚論的分析法の論考を高く評価し，なかでも移入的な関与の仕方が，効果的な運動指導のためには不可欠であることを強調している。

　言うまでもなく，ここで言う感覚論は生理学的意味での感覚の理論とはまったく異なる。滝浦らによれば，感覚論とは，「感覚的経験の位相における身体を研究する立場」（メルロ＝ポンティ，1989，p.447）であり，この立場から構築された運動感覚論的分析法は，すでに述べた発生目的論的運動学（モルフォロギー）の主要な研究法とみなされる。

第 2 章
学校体育におけるキネステーゼ把握の意義

　前章において，運動指導者は学習者のキネステーゼを把握することが不可欠であることが確認されたが，とくにそのことが重要視されなければならないのが学校体育である。

　一般に，体育教師はスポーツが得意な者がなっている。一方で，教師がもっとも注意を向けなければならないのはスポーツが苦手な児童・生徒である。この両者の能力的ギャップから，教師の側からは「運動神経が鈍い」という冷笑と指導放棄が，また生徒の側では練習しても上手にならないという諦めから学習意欲の減退などの問題が発生することが少なくない。

　そこで教師には，子どもの立場に身を置いて学習活動を考えていくことが要求される。しかしそれが，運動ができない子どもへの単なる同情だけであっては運動習得に役立つ助言は生まれてはこない。共感的理解とか移入的洞察などの言葉を唱えることは簡単だが，実際に他者のキネステーゼを的確に理解し，それに応じた処方を施すことはだれにでもできることではない。

　本章では体育授業に焦点を当てて，教師が児童・生徒のキネステーゼを理解することの意義を検討し，現代の学校体育授業における問題点を指摘する。さらに，うまくできない子どものキネステーゼを共感的に理解する能力の獲得が教師にとって不可欠であることを明らかにする。

1. 生徒のキネステーゼを理解することの今日的意味

（1）キネステーゼ世界の狭小化

　現代の子どもたちは，さまざまな運動経験が大幅に減少していることは言うまでもない。そのため，かつては遊びを通して身についていた基礎的運動能力が低下し，学校体育における教材としての運動を習得することが困難になっている児童・生徒が多くなっている。このことが体力の低下を招いていることに疑問の余地はないが，運動学習に対してキネステーゼの観点から大きな問題を指摘することもできる（佐藤，1993a，2003a，Sato，2005）。

　運動の経験が乏しい場合には，自分には何がどの程度できるのかについて判断する能力も乏しい。たとえば，自分が跳び越えることのできる川幅が身体的了解としてどの程度の精度で把握されているかについては，昔と比べて現代の子どもたちは大きく下回っていることは否定できないであろう。跳び越すことができる川幅は，物理的距離として知っているのではなく，キネステーゼに基づく身体知として把握されるからである。だから，身の安全に対する意識が関わってくるので，川縁が土の場合とコンクリートの場合とでは跳び越せる幅は異なってくる。

　因みに，ここでいう「身体知」とは「新しい出来事に対して適切に判断し解決できる身体の知恵」（金子，2005a，p.2）のことである。つまり，「今ここに居合わせている私の身体がわかり（発生始原の身体知），私が動くときのコツをつかみ（自我中心化の身体知），カンを働かせることができる（情況投射化の身体知）という働き全体」（同書）を意味している。村上（1992，p.102）がメルロ＝ポンティの身体論の紹介として説明している，「身体だけが知っている『暗黙の，あるいは沈黙した知識』」という表現も適切な理解に有効であろう。

　身体知としての自分に跳べる川幅の査定能力は，一度経験すれば身につくというものではなく，自分の体力などの要因によって変化するものである。老人が若かった頃の筋力を当てにして，いま自分が跳べる川幅を判断することはで

きない。つねに，実際の運動実施の経験を通して更新されていくのである。

　何がどの程度できるのか身体で知っていない子どもたちが増えてきた今日，学校の体育授業におけるカリキュラム論においても再検討すべき点は少なくない。運動の習得・改善，つまり新たな運動感覚図式の発生を主題とする運動学習においては，キネステーゼのありかたがとくに大きな意義をもっている。とりわけ，指導者が学習者の受動的キネステーゼをどのように把握するかによって，助言や練習手段など指導の方法も大きく変わってくる。

（2）　体育授業における問題性

　現代の学校体育において，授業の流れはいわゆる「めあて学習」といわれる方式に沿って組み立てられたものが多い。細江によれば，「めあて学習」とは正式な名称ではなく，平成7年に文部省から小学校指導資料「新しい学力観に立つ体育科の授業の工夫」が刊行され，その中で自発性の重視という観点から，「めあての自己決定性と課題解決プロセスを重視した学習指導の方法」（細江，1997，p.19）として提示されたものである。その後，このいわゆる「めあて学習」に対する批判はさまざまなところでみられるが，教育現場ではなお授業形式として採用されているのが現状である。

　高橋（1997，p.17）は，「めあて学習」の授業の分析から得た結果として，子どもの「意欲・関心」や「学び方」の次元の評価得点は高くなるが，「成果」次元で低くなる傾向が見られたことを報告している。児童・生徒の自発的学習は教育学的な視点から重視されるのは当然ではあるが，そのことのみが強調されて，子どもたちの技能の向上が阻害されるのでは体育という教科にとって本質的欠陥である。

　めあて学習の欠点は，学習の目標，つまり「めあて」としていくつかの技がその運動構造や運動感覚的系統性を考慮することなく例示されていることにある（佐藤，1996，p.35）。たとえば，めあて学習では，マット運動のめあてとして前転や後転，側方倒立回転などが並列的に位置づけられているために，開脚前転を練習している子どもは一度も側方倒立回転の経験をすることがないという事態も珍しくない。

　めあてとなる運動を提示したとき，それをやってみようと思う子どもがいないという場合，単に子どもの嗜好上の問題だと考えてしまう教師も少なくない。子どもの自主的な選択が重視されるべきだという主張を非難するものではないが，この場合の子どもの選択を単なる心情だけの問題として考えてしまうところに問題がある。

　手だけで支えて体を移動させるような運動，倒立の経験，逆さになる経験などがまったくない子どもが，側方倒立回転の模範や連続図などを見せられても，すぐにやってみようと思うことはない。やってみようと思うにはキネステーゼ的レディネスが必要である。したがって，めあてとなるさまざまな技に取り組む前に，そのキネステーゼ・アナロゴンとなりうる基礎的な運動が体験されていなければならない。しかし，そのような観点から体系的にキネステーゼ指導がなされることは少ない。また，動き方を指導することが誤りであるかのように考えている教師も少なくない。

　側方倒立回転の学習を進めるためには，倒立の練習が必要である。倒立そのものの習熟度が低くても側方倒立回転は可能であるが，倒立の練習を行った経験がなければ，手を支えとした脚の振り上げや，逆位体勢での頭の保持の仕方（頭位姿勢）の感じなどはつかめない。逆に言えば，若干の倒立練習さえ行っておけば，側方倒立回転は容易に習得できる教材なのである。

　しかし，全員に同じように倒立練習を課題として与える一斉授業形式を間違った教育と考える教師もなかにはいる。その種の教師は生徒全員にレディネスを整えさせるような指導はしない。その結果として，すでに必要な感覚を持っている者だけが側方倒立回転に挑戦し，習得していくことになる。それ以外の子どもたちは，自分には無理な課題だと考え，試みようともしない。側方倒立回転に挑む子どもや単純な前転しか学習しない子どもが混在していても，それを個性に応じた教育と決め込んでしまう。このような状況が，めあて学習の大きな問題点といってよいであろう。

　学習の前提となる基礎的運動経験を積ませないまま，唐突に高度な目標技を提示し，自主的に学習するように言うだけの教師の活動は単なる放任でしかない。

　永島（1996, p.23）は，めあて学習の学習指導の理論と方法を，「特別な教師のためではなく，より多くの普通の教師（一つの目安は，小学校でいえば50代半ばの運動の知識も技能もほとんど身についていない教師）が，これならば取り組めると喜んで受け止めてくれるもの」としている。確かに，既成の技を羅列し，子どもに好みの技を選ばせ，その取り組み方に評価の中心を置くような方式は，だれにとっても可能な，容易な指導法ではある。

　小学校の教師は原則的に全教科を教えることになっているため，運動指導の専門家ではない。しかし，体育以外の教科の授業の場合，その教科の「知識も技能もほとんど身についていない」状態でも指導できると考える者などいない。すべての教師が運動指導について高度な専門的知識を備える必要性はないが，ある程度のレベルまでは指導できるだけの知識や技能は習得すべく努力するのが当然であろう。永島が言うような，「知識も技能もほとんど身についていない」，いわば怠慢な教師に合わせた指導手段を，体育授業の主流の指導法に据えることの不毛性が問われるべきである。

　しかし本来，子どもたちが主体的に運動を学習していく方式に誤りがあるわけではない。学習者の技能レベルに合わせて体系的に発展していけるような技，および練習段階を工夫し，習得に必要な基礎技能を教師が将来的見通しをもって指導していけば，児童・生徒が自分の技能を確認し，最適な段階から目標技の練習に取り組んでいく学習活動が可能となり，効果的な，同時に主体的な授業となりうるはずである。そのような学習の場を工夫したり適切な助言を与えたりすることができるには，子どもたちのキネステーゼを理解する能力，技能が不可欠である。

2. 運動学習の前段階におけるキネステーゼ発生の把握

　ポルトマン（Portman, A., 1961, p.60）が「生理的早産」動物と呼ぶ人間が，生得運動系として持っている運動形態は他の動物に比べてはるかに少ない。生まれつきできる運動は，吸うこと，飲み込むこと，叫ぶことだけだと言うフェッツ（Fetz, F., 1979, p.82）の言葉を借りるまでもなく，われわれ人

間はほとんどすべての運動を練習して身につけなければならない。すなわち，取り組む時期の違いはあっても，あらゆる運動は誰にとってもはじめて行う運動だといえよう。

　誕生以来，さまざまな体験を通して多様な運動形態が獲得されていくが，子どものときにできるようになった多くの運動はどのようにしてそれを覚えたのか記憶にはあまり残っていない。そのため，遊びなどのなかで覚えた運動は一般に"自分にどこまでできるかという範囲"など細かく意識されてはいない。しかし，そのことを自分の身体が知らないわけではない。湯浅（2000，p.23）は，「一定の運動に慣れてくると，その身体部分は意識内で目立たなくなり，その運動様式は運動的身体図式の底位に沈下し，呼吸運動のようなごく日常的，習慣的運動となる」と述べて，これを「自己投企の根拠として，信頼して己れを委ねている当の場」という意味で「自然としての身体」と呼んでいる。

　このような「自然としての身体」あるいは深層的な運動感覚の基盤としての「受動的キネステーゼ」を土台として，体育授業やスポーツ活動の場ではスポーツ固有の運動形態が学習されることになる。

　新しいスポーツ運動形態を習得しようとする際には，まず覚えようとする運動がどんなものか理解し，実際にやってみることが必要である。その場合，やってみるためには"自分にもできるのではないか"という了解が，意識的にあるいは無意識的に働いている。これはとくに失敗した場合に身の危険を伴うような運動を想定してみれば容易に理解できるであろう。

　どの程度まで自分にできるのかという可能性の範囲が自分の身体で了解されている場合には，たとえ初めて行う運動であっても，類似の運動経験をもとに自分の運動の可能性に関しておおよその判断が下される。この"〜までは自分にできる"という感覚ないしは意識としてのキネステーゼは，それがどこまで拡がっているかによって運動実施の際の可能性の判断に大きな影響を及ぼす。

　ある初めての運動に対峙したときに，運動経験の豊富な者にはそれが自分にできるかどうか大体分かるものである。このように実際の行動の前にできるかどうか分かる「キネステーゼ能力」の発生構造は，運動指導を考える上で不可

欠の研究領域である。これは運動がどのように上達していくかという習熟論とは別の視点から検討されなければならない。

　マイネル（1981, p.374）は習得した運動がどのように上達していくかという動きの質的発達に基づいた学習位相論を展開しているが，その内容は運動指導の理論に多大な貢献を果たしている。しかしこの理論はある特定の運動をなんとかできるという「粗形態[*13]の獲得」を出発点として構成されたものであり，粗形態の獲得以前の習得過程については詳しく述べられていない。

　学校体育においては教材としての運動を初めて学習する初心者がほとんどであるので，運動の粗形態の獲得に至るまでの過程についての研究が必要である。とくにとび箱やハードル走，水泳など，初心者にとって恐怖感を抱きやすい種目に関しては，運動の外形的発達過程だけでなく，それを実施する際に生じるキネステーゼ意識の分析が不可欠となる。

　これに関連して，金子（1988, p.63）は，マイネルの学習位相の認識だけでは学習の前段階，つまりできるようになるまでのプロセスが十分に説明できないとして，運動を「知る」段階から「できる」段階までのプロセスについて詳細に検討している。それによれば，「わかるような気がする」段階と「できるような気がする」段階という二つの運動学習の前段のキネステーゼ意識の発生プロセスには，それまでの類似の運動経験に裏付けされた潜勢自己運動が決定的な意義をもっているという。

[*13]【粗形態】マイネル（1981, pp.374）が，運動学習の進行度を表すために設定した3段階の位相の最初の位相の運動経過。粗形態（Grobform）は，「無秩序な反応と違って，あるまとまりをもった運動の始まり」（同書，p.379）であり，練習を経て運動の協調が進むと精形態（Feinform），さらに定着と安定化を特徴とした熟練段階の最高精形態（Feinstform）へと発達する。

3. キネステーゼ理解のための住み込み能力の獲得

　キネステーゼは運動感覚としての能力であるから，外的徴表として記録したり，数値によって表したりすることはできず，本質的に認識の対象とはなりえない。つまり，木村（1998，p.267）が「認識可能なもの，それは身体次元のものであれ精神次元のものであれ，すべて観察対象となりうるかぎりでの実在（リアリティ）である」と言っているように，認識は終わったものしか対象としない。しかし前章で説明したように，本来的にキネステーゼとは実際の行為を行う前の感覚の能力であり，自分がなしうるということはまだ現実のことではなく可能性の世界に属している。だから金子（2002，p.39）は，キネステーゼの和訳語として，「私が現実的直観に移行させる可能性をもった能力に裏打ちされた運動意識」という意味の「運動感覚能力」という新語を充てている。

　また，やろうとする意図や明確な意識を伴った実施感覚であれば，本人から自己観察内容を聞き出すことも可能である。しかし，フッサールの言う受動的キネステーゼの次元であれば，実施者本人の意識に上らないことがその本質であるため，直接的聴取などは不可能である。したがって，学習者のキネステーゼを理解するには，そのための特別な能力が要求されることになる。

　この能力は，学習者の動きを外的に眺めるだけで獲得されるものではない。金子（2002，p.463）が「承け手の運動感覚世界に共に住み込んで，運動感覚交信できることが指導者の促発能力の一つになる」と言っているように，意識的に他者の内部へ入り込んでいく努力が必要である。このような能力を金子は「住み込み能力」と呼んで，「あらかじめ収集された運動感覚的素材を自らの運動感覚世界で十分に身体化しながら，学習者が新たに図式化しつつある運動感覚世界に共生すること」（同書，p.527）と説明している。

　教師がとくに理解する必要があるのは，スポーツが苦手な児童・生徒，具体的には教材としての運動がうまくできない者のキネステーゼである。つまり，「指導者が承け手の『できない』という運動感覚的理解に達したときに，初めてその運動感覚世界に共生し，そこに住みこむことができる」（同書，p.528）

のであり，できない生徒の指導には教師ができない生徒の感覚世界に意図的に住み込む努力をすることが必要となる。

　このように，体育授業では運動がうまくできない児童・生徒のキネステーゼを理解し，運動感覚的交信，ないし共感することが不可欠であることが理解されるが，そのような活動は実践の中ではどのように進められているのだろうか。共感とか感覚的理解などの標語を掲げていても，具体的な内実が伴わなければ意味はない。指導者は具体的にどのような活動を通してそのような理解に達することができるのか，その構造の解明が求められる。

4. 体育教材とキネステーゼ指導

　体育授業では，児童・生徒たちが教材としての運動をどのように見て感じるか，すなわち自分の学習対象としてどのように了解するかという初期の段階の指導が重要である。

　小学校の授業では，学習目標としての運動を模範や図示によって提示すると，すぐにやってみようという衝動に駆られて動き出そうとする子どもたちが多数いることに気づく。一方で，まったく動き出そうともしない，無気力と思われるような態度を示す子どももいる。

　教材として提示された運動にすぐにとびつく子どもたちは学習意欲にあふれ，練習も活発に行う。しかしそれとは逆に，何をやっていいのかわからない子どもは，学習意欲もなく，学習態度も怠慢とみなされる。体育教師が問題としなければならないのは後者であることは言うまでもない。

　金子（2002, p.246）は，人間がある運動を学習しようという気持ちを積極的に起こすことができるためには「なじみの地平」が必要だと言う。これは，さまざまな要因から形成されるけれども，受動的キネステーゼが大きな意義を持っていると考えられる。

　以前に類似した運動経験がある場合には，そのキネステーゼ・アナロゴンをもとに新しい運動の感覚を想像的にとらえることは比較的容易にでき，学習におけるなじみの地平に立つことができる。しかし，類似の運動の経験がない場

合には，やってみたいという願望，さらにやってみようという意欲が湧いてくるためには，意識の深層にある受動的キネステーゼを基にして触発を受けることが必要である。手で身体を支えたり，逆さになった経験が乏しい者は，側方倒立回転の示範や連続図などを見ても触発を受けることはない。

　人間は多くの複雑な行為を他者の模倣を通して習得するが，ボイテンデイク（1956，S.288）によれば，他者の行為を見たときにそのイメージが模倣に有効に作用するのは，運動経過全体を内的に，つまり，潜勢的に力動的ゲシュタルトとして体験することができた場合のみである。フォルガー（Volger, B., 1995，S.171）も模倣が成立するためには，観察者が「自分も一緒にやっているかのように動きを感じながら（Seh-Fühlen）」見ることが必要であることを述べている。

　また浜田（2002，p.96）は，模倣について「人は相手のするのをただ〈見たとおり〉に真似るのではなく，むしろ〈したとおり〉に真似る」と興味深いことばで表現している。つまり，対象の動きを視覚だけで表面的に理解したことに対してではなく，自分と他者のパースペクティブを重ね合わせ（同書，p.255），相手がしたことにわが身で同調したことに対して模倣が行われると言っている。これは，自分の受動的キネステーゼを土台にして触発を受け，能動的キネステーゼによって潜勢自己運動として行いながら見ていることを表している。「触発とその受容は受動的総合の次元から能動的総合の次元へ移行することを意味する」（木田ほか，1994，p.228）からである。だから，体格や動きの感じが大きく異なる教師が示範を見せるよりも，運動感覚能力の似通った同じ年代の子どもに示演させた方が動きの感じが伝わりやすい。キネステーゼ共振が起こりやすいと言ってもよいであろう。

　模倣に限らず，ある運動をやってみようと思う能動志向の背後には，そう思わせるような無意識的世界が広がっているということから言えば，課題だけを提示して選択させるめあて学習は，このようななじみの地平の存在などをまったく無視した指導法といえる。つまり，それまでにすでにできていた運動や，類似の運動体験を持っている子どもは新しい技の提示を受けて，なじみの地平に立つことができるが，そうではない子どもたちは挑戦意欲など湧いてくるは

ずはなく，最初から敬遠してしまう。他のやさしい技を学習するのだからそれで良しとしてしまう教師は，このような受動地平の存在など考えもしない。

このような観点から学校体育における運動教材に関して考えてみれば，高度な目標を課題として与える以前に，その基礎を形成しうる易しい運動を学習させることの重要性が再認識されねばならない。めあて学習の欠陥はすでに指摘したが，すべての運動学習において，その運動に取り組む土台として受動的キネステーゼの形成が考慮されるべきである。

ひと目見ただけで痛そうな公式バレーボールを使用していては，初心者のパスの学習活動においてなじみの地平が形成されるわけがない。あるいは固い地面の上に設置された鉄棒で，できるかどうか分からない技に挑戦するのは勇気を要する。たとえ勇気のある子であっても，落下の危険性を意識していたのでは，肝心の動き方へ注意を向けることはできない。このような用具などの学習環境の改善も，学習者の受動的総合の視点からみても運動の習得にとってはきわめて重要なことである。

さらに，運動発達の連続性という点に考慮されねばならない。つまり，前述したように，貧困な運動経験しか持たない現代の子どもたちに対しては，難易度が非常に低い運動から計画的に教材に取り入れていく必要がある。

小学校の教材でいえば，低学年の「基本の運動」において，将来のスポーツ種目の基礎となりうるキネステーゼを体系的に養成しなければならない。やさしい運動を数多く経験することで，次第に実施意識はなくなっていき，やがて習慣化される。この習慣化された運動感覚は，「第二の受動性として，より高度の能動的総合の土台」（木田ほか，1994，p.218）となって，いっそう難しい運動でも作動するようになる。

このような理論的裏付けのもとに体系的な教材選択が計画されないと，基本の運動や，近年取り入れられた「からだほぐしの運動」などは単なる遊びと同類となり，体育という教科の存在意義まで疑われることになる。

第**3**章

キネステーゼ意識の発生とキネステーゼ・アナロゴン
― 倒立練習における事例考察 ―

　運動の学習は易しいものから難しいものへと進められるのが常道であり，目標とする運動が学習者にとって難しすぎる場合には，動きが類似した若干易しい予備運動が前もって練習される。これは後述されるように，キネステーゼ・アナロゴンを利用した運動学習法として，今日ではわが国の学校体育においても一般的に用いられてきている。

　このような運動技術の系統性に則った学習活動を展開することによって効率的でしかも達成感が得られる体育授業やスポーツ実践を実現できることは言うまでもない。しかし，このような視点から考えられた運動学習の系統性も，いわば運動を外から見た認識内容に基づいたものであることが多い。それは動きの仕組みという観点からとらえた構造的特性であり，運動方法論の構築に寄与しうるものではあっても，それによって設定された運動達成への道筋をすべての学習者が同じようにたどっていけるわけではない。ある者にとって易しい運動が別の者にとっては逆に難しいという例を探すのに苦労はしない。つまり，特定の個人が実際に運動を習得していく過程を研究するには，金子（1995, p.26）の言う発生論的モルフォロギーの視点が不可欠となってくる。

　本章では初心者の倒立の練習を事例として取り上げ，どのような過程を経て倒立を習得していったのかという点に関して，発生論的モルフォロギーの視点から検討するとともに，指導者（筆者）がその過程をどのような現象として認識したのかという点について，とくに学習者のキネステーゼ意識との関わりから検討する。具体的には，運動の学習および指導場面では，指導者が自分の運動経験に基づいて学習者の側のキネステーゼ意識を一方的に解釈することがど

のような問題につながるのか，言い換えれば，学習者個人のキネステーゼの発生様相を移入的にとらえることの不可欠性について事例を通して明らかにすることにある。

1. 事例対象者

（1） 対象者のプロフィール

ここでは，大学の教員養成課程で専門実技として行われている「器械運動」の授業における事例を考察対象とした。この授業は，小学校ならびに中学校における器械運動の教材に挙げられている技の技能習得ならびに教師として必要な指導方法の習得を目標としたものである。

考察の対象となったのは女子大学生であり，小学校教員を志望している。専攻は保健体育ではあるが，全般的に運動能力は高くはなく，他専攻の一般学生と比較してもむしろ低いくらいである。スポーツの課外活動は行っていない。

器械運動は彼女にとってとくに苦手な種目で，子どもの頃から嫌いだったと言っている。身長に比して体重が少し多めで，そのことが技の習得を困難にし，器械運動嫌いの一因になっていると思われる。また，小学校以来，器械運動の授業は非常に少なかったため，技の習得に向けて努力した経験はあまり記憶に残っていないとも述べていた。

嫌いで苦手な種目ではあったが，小学校教師をめざしているため，指導力をつけたいと思い，この授業を選択し受講したと言っている。授業においては，他の学生と比較して技の習得に相当の遅れが目立ったが，設定された課題達成のために必死に努力していた。自分にできない運動を学ぼうとする意欲は高かったと考えられる。

（2） 選定の理由

今回の考察対象者に選んだ理由として，彼女が器械運動が苦手であるにもかかわらず，技の習得に積極的（たとえ授業単位の取得が主たる目的であったにせよ）であったことが挙げられる。学習意欲は，指導者からの指摘の意味を理

解し同時に自分の動きについて熟考する主体的学習にとって不可欠なものだからである。これが欠けている場合には，意識内容などに関する学習者の言表への信頼性は保証されないであろう。

　また，彼女は大学生ということもあり，自分の考えを表現する能力は十分に備えており，意識内容などに関する質問に対しても正確な返答が期待できると考えられた。

　さらに，今回の授業は教員養成のための専門科目として開講されているため，当該学習者を比較的長期間にわたって観察・調査することが可能であった。

2. 倒立の練習ステージ

（1） ステージ1（1人であるいは補助者をつけた壁倒立の練習）

　まず補助者をつけないで壁に向かって倒立を試みる練習を行った。しかし図7に見られるように，踏み切り脚（左脚）は腰の高さ程度までしか上がらず，倒立にはほど遠い実施であった。

　次に恐怖感を減少させるために補助者を1人あるいは両側に2人立たせて同様の練習を行った。これらの補助者は危険な場合に備えて立っているだけで，積極的に脚を持ち上げたりはしていない。しかしこの練習の結果は補助者がいないときと変わらず，振り上げは非常に低いままであった。

図7

　この直接的原因は，倒立姿勢に至るだけの脚の振り上げの勢いがないことである。そのため，脚の振り上げを強くするように助言したが，ほとんど改善は見られなかった。

　ここまでの練習において動きがまったく改善されなかったことから，学習者は恐怖心を抱いていると推測された。彼女に質問をすると，「壁に背中をぶつけそうで怖い」という返答があった。筆者はその言動から，"背中をぶつけそうな気がするのは，倒立姿勢で十分な支持ができなくて，前に倒れてしまうと思っているからだ"と推察した。

　そこで，壁にぶつかることに対する恐怖心を除去するために，壁にソフトマットを立てかけて同様の練習をさせた。たとえ壁（マット）にぶつかっても痛くはないので安心して練習するように指示したが，動きの改善は見られず，彼女は「やはり怖くてできない」と述べていた。

（2）ステージ２（足を持ち上げて支えてもらう倒立練習）

　ステージ１で行った練習ではまったく進展がなかったことから，この学習者には倒立姿勢のイメージができていないので，倒立姿勢の保持の感じをまず体得させることが重要だと考え，外力を利用して倒立姿勢になる練習をさせた。つまり図８のように，腕を伸ばした伏臥姿勢から補助者に足を持ち上げても

図８

らって倒立姿勢になる練習である。これによって，徐々に倒立姿勢に慣れ，腕でからだをしっかりと支える感じを学習すればよいと考えたのである。

　しかし，この練習を実施していた時の学生は倒立姿勢になりながら（させられながら）非常に怖そうな面もちをしていたし，腕も震えていた。両側から足を持って支えているのでまったく危険はないことを伝え，倒立姿勢で自分から意識的に腕をしっかり突っ張ることを指示した。それにもかかわらず，彼女の表情あるいは動作には怖がっている様子がはっきり見て取れた。そこで，この練習法で何が怖いのかを尋ねると，「腕の力が抜ける感じがして，腕を突っ張れる感じがしない」と言った。その言表から筆者は"倒立姿勢に慣れていないので，なにかを意識しようと思ってもまだできないのだな"と考え，早くこの姿勢に慣れるためにもっとこの練習を積むように指示した。しかしその後，彼女がこの練習に取り組む様子は見られなかった。筆者も，強い恐怖感を持つ練習法をこれ以上強要することはしなかった。

（3）　ステージ３（独力で倒立を経過してソフトマットに倒れ込む練習）

　他の学生が倒立前転の練習を始めたので，彼女もマット上で倒立前転の練習を始める。倒立から前に転がる位置にはソフトマットが置いてあり，痛くないように用具に配慮をしてあった。

　ソフトマットの手前で倒立をして前に倒れ込んで前転をするのだが，彼女に不安な様子は見られない。練習は補助者なしで独力で行っていた。脚の振り上げの勢いがあり，完全な倒立姿勢ではないが，それに近い姿勢を経過してから前転に移行していた（図9参照）。腕も自分から伸ばそうとする意欲が感じら

図9

れる。何よりも，彼女自身がこの練習に対して躊躇することなく積極的に取り組んでいる態度が印象的であった。

　この練習は怖くないかという質問に対して，彼女は「前に倒れても痛くないので全然怖くない」と答えている。そこで，この練習を通して足の振り上げを強くすることと，腕をしっかりと伸ばすことを注意し，倒立の姿勢を自分で確認してから前転に移るように意識することを指示した。

図10

　この練習を進めている間に，徐々に倒立姿勢が明確になり始め，倒立前転の運動経過としてはかなりの習熟度となった（図10参照）。ただし，倒立姿勢での静止局面はまったくなく，瞬間的に通過するだけである。

　この学生の練習過程の観察を通して筆者は，"壁に向かって行う倒立練習さえも怖いのだから，倒立姿勢を経過して前に倒れる動作を独力で行うことは一層怖いはずだ"という先入観の誤りに気づいた。つまり筆者には，倒立姿勢になれない者が倒立前転に挑戦するということは考えられなかったのである。

（4）　ステージ４（補助者をつけた壁倒立の練習）

　その後，壁に向かってではなく，マット上で倒立姿勢を保持する練習を行った。これは，足を振り上げてちょうど倒立になるあたりで補助者が足をつかんで倒立姿勢を保持する練習である。実施者は動きによどみなく倒立まで振り上げることができるようになった。足を支えてもらった倒立であれば，倒立姿勢そのものに対する恐怖心も薄らいだように見られた。ただし，壁に向かって行

うのはまだぶつかる気がして怖いと言う。

　ここまでの時点で授業期間が過ぎ，倒立の練習も終了した。

3.　各ステージの解釈

（1）　原因指摘の指導からの脱却（ステージ1に関して）

　運動が達成できないときには必ずその原因がある。倒立姿勢まで脚を振り上げることができないのは，それに必要な振り上げの勢い（スピード）が不足しているためである。つまり因果関係としての原因と結果には時間的に明確な前後関係がある。

　したがって壁倒立ができない原因に基づいてその指導を考えると，脚の振り上げの勢いを増大させるように指摘することになる。倒立になるときに「脚をしっかり振り上げなさい」と言うようなことばかけは日常的に行われている。今回の授業においても，最初の指摘はこの種のものであった。

　このような「原因 ― 結果」という因果関係に基づく指導だけでも，それによって上達していく学習者は少なくない。脚の振り上げの勢いをつけるように指摘された学習者が，言われたことばを自らの動きの感覚に置き換えて身体操作をしていくような場合には，教師の指導（ことばかけ）の効果は十分あるといえよう。

　その一方で，今回の授業で見られた学生のように，この種の指導ではまったく改善が見られないことも珍しくはない。前述したように，彼女は壁に向かって倒立の練習をしようとする際，壁に自分の背中がぶつかるような気がすると述べていたが，そのようなイメージを持っていたために思い切って脚を振り上げることができなかったのである。つまり，この事例は実施した後の事態を潜勢的に行ってみた結果から生じた，渡辺（1991）の言う「探り」あるいは「抑止」の現象ととらえるべきである。いわば将来のことから影響を受けているのである。

　このような人間に固有の現象の特性を無視して，前述のような因果関係の意味での「原因と結果」に従って運動を指導しても，実際には動きの改善にはつ

ながらないことが多い。つまり人間の運動の外面だけからとらえた特性をもとに処方を考えても，その効果を期待することはむずかしい。そのような因果律的な運動理解からは，倒立になる際に「振り上げの勢いをつけなさい」とか，とび箱が跳べない子どもに向かって「助走のスピードをつけなさい」といったような見かけ上の欠点の除去だけをめざした，いわば対症療法的な指摘しかできない。ボイテンデイク（Buytendijk, F.J.J., 1956, S.8）が言うように，人間の運動を原因と結果の「過程」としてとらえ，それが「どのように行われたか」を考えるのではなくて，主体と環境の関係から発生する「機能」としてとらえ，そこで「何が生じているのか」「何が行われているのか」について問うことが必要なのである。

（2） 外形的類似性に基づく予備練習の問題性（ステージ２に関して）

「壁にぶつかる気がして怖い」という学習者の言表に対して，"倒立姿勢に慣れていない"ために "倒立のイメージができていない" と指導者（筆者）が考え，その対策としてステージ２のような練習をさせた。

指導する側としては，両側から脚を支えているのでまったく危険はないので，学習者も怖がるはずがないと考えていた。恐怖心さえ除去できれば，腕の支持を意識したり，逆位体勢の感覚を養成するのにそれほど時間は要しないと予測していた。筆者のそれまでの指導経験において，実際にこの練習によって上達した学習者も多かったからである。

しかし今回の学習者においては，この練習の際に腕が震え，目もしっかりと開けていられないほどの強い恐怖感を抱いていた。彼女は，「脚を持ち上げられて逆さにされると，からだの力が抜けていくような感じ」がすると言い，「怖くてとても腕の突っ張りなんて意識できない」と述べている。これらの言表が意味しているのは，この倒立練習では彼女がそれを自ら行っているという能動的意識がまったく欠如していたということである。

金田（1980, p.158）によれば，「すべての空間性は，運動の中で，客観自体と自我の運動の中で，しかもこの運動によって与えられる方位づけの変更を伴いながら，構成され，与えられ」，この運動の中で空間を構成していく能力が

フッサールの言うキネステーゼと解されると言う。この意味では，彼女の場合には自分のからだがこの空間構成の原点あるいは「方向づけの零点」（木田ほか，1994，p.90）となっていなかったと考えられる。

金子（2000a，p.146）は，フッサールの意味での「実存的パースペクティブ[14]」（existentielle Perspektive）を把握する能力が運動学習においてきわめて重要であることを強調し，指導者として学習者の感覚論的身体の絶対極限点（absoluter Limespunkt des ästhesiologischen Leibes）を知る必要性を述べている。この観点から見れば，当該学生は自分の実存的パースペクティブにおける感覚論的原点としての自分の身体をまったく持っていない状態だったと言うことができる。

なお，「方向づけの零点」「絶対極限点」「感覚論的原点」は，いずれもフッサールに由来し実存的パースペクティブの中心を意味する語である。自分自身を中心にして上下左右，前後などの方向の定位や時間的前後，あるいは時間間隔などを備えたわれわれの生活世界が成り立っていると言った方が理解しやすい。普段，われわれはこのような身体の感覚的原点など意識することはない。無意識のうちに身体的に了解しているものである。その保持が崩れたときにはじめて気づくことができる。

道を歩いていて，突然後ろから来た車にはね飛ばされ，身体が空中にさまよっている事態を想定してみると（体験した人はあまりいないので想定が難しいかもしれないが），自分が今どのような状態に置かれているのかわけが分からない様子が想像できるであろう。自分が中心（原点）であった世界が崩壊した状態である。このような極端な事態でなくても，たとえばマット上で前転を数回した後に目が回った経験を持つ者は少なくないが，これも同様な事例である。子どもは，その場でくるくる回るなど意図的にめまいを起こして，感覚的原点の崩壊を楽しんで遊ぶ。

---

*14　生命ある主体が生きている現象身体にとってのパースペクティブ，つまり視界，眺望あるいは観点であり，運動経験や技能，関心などによって個人ごとに異なる。誰にとっても同一の物理・幾何学的なパースペクティブと対比される。

　今回紹介した倒立練習の事例においても，学習者の感覚的原点の把握という観点が抜け落ちていたといえる。足を持ち上げられ，強制的に倒立にさせられるような受動的な運動実施は，感覚的原点の喪失につながっていた。

　したがって，アナロゴンとして行う予備運動も，たとえそれが目標とする運動と外形的に類似してはいても，状況によっては効果が上がらないばかりでなく，逆に恐怖心を植え付けてしまうことさえある。外的運動形態の類似性と実施者のキネステーゼの類縁性とはいつも同一なのではないことに留意すべきである。

（3）　学習者のキネステーゼの解釈（ステージ３に関して）

　ステージ３における倒立前転の練習を彼女が恐怖心ももたずに意欲的に取り組んでいたことは，筆者にとって予想外であった。それは，補助されていても非常に怖がっていた倒立を，補助者なしで独力で行っていたからである。さらに倒立を満足にできない者が倒立前転を練習することは，運動習得の系統性からいっても理解し難かったからである。

　しかし，このような先入観は，筆者の狭い指導経験だけに依存した結果であろう。問題とすべきは，この学習者がどのようなキネステーゼ意識に基づいてこの練習を行っていたのかという点である。

　ここでは，彼女の「背中が壁にぶつかる気がして怖い」という壁倒立の練習

図 11

における言表と倒立前転の練習における積極的態度から，彼女のキネステーゼ意識について以下のような解釈を行うことができる。

まず，自分の身体を倒立姿勢に保持する運動イメージないし「運動表象」（Bewegungsvorstellung）は，彼女のキネステーゼ世界のなかには存在していなかったものと考えられる。そこで指導者は，彼女のキネステーゼ形成のために，補助者に脚を持ち上げてもらって倒立姿勢になる練習を行わせた。しかし，この練習法がまったくの誤りであるとはいえないものの，彼女にとっては効果的ではなかった。

その理由は次のように考えられる。まず彼女には，身体の逆位，つまり頭より脚が上になるような体勢になる場合には，図11のように前に回転する動きのイメージしか存在していなかったものと思われる。言い換えれば，脚を上に振り上げるときには常に続いてすぐに前転を行うことが「できる」というキネステーゼ意識を持っていたのである。そのため，強制的に脚を持ち上げられて倒立姿勢にされることは，自分の持ち合わせの運動感覚図式から大きくはずれたことになり，彼女自身が自らそれを行っているという意識がまったく生じなかったと考えられる。そのことは，彼女の「力が抜けていく感じがした」といったことばが証明している。自ら行っているというキネステーゼ意識が欠如した状態で，「腕をしっかり突っ張れ」と言うように自分の動作に注意を向けるように指摘されても実行することは不可能だったのである。

それに対して，壁に背中をぶつける心配のない倒立前転の練習では，彼女には前転を安全に実施できるというキネステーゼ意識が明確であったため，腕の伸ばしなどの指摘に対して対応できたと考えられる。倒立前転の練習は，彼女にとって安心して実行でき，動きの先行きもある程度分かっているものである。それゆえ，練習の過程で「今のはよかった，悪かった」などが感じ取られて，その反省が次の練習内容のプランに役立っている。

このような動きの善し悪しの評価に関連して，トレベルス（Trebels, A., 1990）は，クリスティアン（Chirstian, P., 1963）の意味での運動の「価値意識（Wertbewusstsein）」が運動学習において大きな意義をもっていることを強調し，価値意識によって「自分の運動の達成を評価することは運動の習得過

程に影響を及ぼし，内的イメージを明確化することにも役立つ」（トレベルス，1994，p.76）と述べている。

　このような実施者の価値意識と指導者の観察内容の差異は，補助のあり方ないしは動きのアナロゴン形成のための予備練習のあり方に関して重要な示唆を与えてくれる。

4. キネステーゼ・アナロゴンとしての適格性

　目標とする運動がまだできない場合，その動きに類似した運動を練習することによって目標とする運動の感覚を形成することができる。この目的で練習に用いられる類似した運動がキネステーゼ・アナロゴンと呼ばれる（金子，1996，p.245）。この場合には，アナログなのは何か，つまり何が類似しているかについて検討することが必要である。

　一般にこのような場合には，「運動構造」（Bewegunsstruktur）が動きの類似性いわゆる「運動類縁性」（Bewegungsverwandtschaft）を確認するための基礎とみなされる。マイネル（1981，p.154）によって発展させられた運動構造の概念に従えば，それは局面構造と運動リズムから成り立っている。動きが似ているということはこれらの間に類似性が認められるということであるが，一般にこの両者に関する類似性は外的に，つまり他者が外から視覚的にとらえた内容から判断されることが多い。特に局面構造の類似性についてはその傾向が強い。このような立場から運動を見れば，補助者に脚を支えてもらって行う倒立練習は，目標技である壁倒立の最終局面を体験するという意味ではまさに最適のものと言うこともできる。

　しかし前述したように，この練習は，本論の考察対象者の場合には，実施者本人のキネステーゼの形成という点から見てまったく不適切な練習内容であった。そこでは，絶対安全だと言われて高いがけの上からいきなり突き落とされたバンジージャンプの場合と同じことが生じている。自分の意志で，自分の力で飛び降りたのであれば，強い恐怖心に襲われながらも何らかの意識を働かすことはできる。しかし，他者から突き落とされて空中に投げ出され，自分の身

体がどうなっているかも分からない状態で何か特定のことを意識するように言われても不可能である。

　運動経験が豊富な者であってもしばしば次のような思い違いをする。つまり，ある運動を行う場合，何が安全で何が危ないかを自分の経験からよく知っていて，この経験知を他の学習者も最初から知っている，あるいは話せばすぐ理解できると思いこんでしまうという思い違いである。練習の積み重ねによって形成されたものがいったん身についてしまうと，その発生過程を忘れてしまって既成のものとして扱ってしまうのである。

　倒立がある程度熟練した者にとって，壁倒立と脚を支えてもらった倒立の間にキネステーゼ的に大きな差はないかもしれない。しかしこれからその運動を習得しようとしている初心者にとっては，形態的に類似している運動がまったく別のキネステーゼに支えられていることは珍しくない。キネステーゼは，フッサール（1997, p.28）が「私が自由に処理しうるもの，自由に抑制でき，自由に繰り返し演出できるものであり，根元的に主観的な現実化として経過する」と言っているように，あくまでも個人の内部の問題である。それを他者が想像的に理解しようとしても，完全な形で把握することは不可能である。

　このことから，動き方あるいは感覚の発生に関する考察は，すでにその動きを獲得した者から得た認識内容からだけでは不十分であると考えられる。そのために金子（2000b, p.77）は，われわれの有意味な行為としての運動は，感覚論的発生問題圏と類型学的構造問題圏という2つの運動分析論のもとで考察が進められることになると述べて，従来の構造モルフォロギーのほかに発生の問題を扱う意義を説いている。これは，すでにできあがっている意識などの構造について考察する「静態的現象学」に対して「発生的現象学」を提唱したフッサールの理論に相応するものと考えられる。

　以上の点を考慮すれば，キネステーゼ・アナロゴンとなりうる「予備運動」（Vorübung）は，つねに実施者が自ら行っているというキネステーゼ意識を保持しながら行うことができるものでなければならない。換言すれば，自分の実存空間を確認しながら実施していけることが必要である。それには，目標とする運動と予備運動とのあいだでキネステーゼ感覚の連続性が保証されていな

ければならない。

したがって，系統的な運動学習を展開するために考慮されるべき運動類縁性
は，運動形態の外的類似性ではなく，実施者のキネステーゼの類縁性に即した
ものでなければならない。このことに関して金子（1996, p.9）は次のように
述べている。

> 現有のキネステーゼ体系でも対応できる〈類縁性〉をもつ動きを見つけ出さな
> ければなりません。しかも，動きの全体構造を破壊しないで，新しい動きのかた
> ちに近づけるようなキネステーゼ・アナロゴンを用意しなければなりません。（金
> 子明友『教師のための運動学』1996, p.9）

このような適切なアナロゴンを見つけ出し，個々の学習者に処方できるかど
うかにおいて指導者の力量が計られることになる。学習者の意識的，主体的な
練習はキネステーゼ意識に支えられてはじめて可能となる。

5. 観察対象としてのキネステーゼ

これまでの考察から，学習者に最適のキネステーゼ・アナロゴンを見つけ出
すことが指導者にとって重要な活動であることが示唆されたが，そのためには
学習者のキネステーゼ感覚を読みとることがまず必要である。

キネステーゼが運動感覚であるからといっても，それが運動を実際に行う前の
感覚までも含めた内容をもっているということからいえば，それを筋電図などを
用いて知覚器官において発生した電気信号として取り出すことは不可能である。

また，キネステーゼが「自ら行っている」，ないしは「自分にできる」とい
う意識としての運動感覚である以上，それを外部から客観的に観察することは
できない。つまり，「観察」を視覚的に取り込んだ光学的刺激の範囲内に限定
するなら，キネステーゼは観察対象とはなり得ないということになる。しか
し，言うまでもないことであるが，単に光を取り込むことだけで「見る」とい
う行為が説明できるわけではない。

長滝（1999, p.27）はメルロ・ポンティに倣って，「視覚は眼による触知で

あり，触覚の『注目すべき異本（variante)』となる」と言っている。これは，目で見るということが単純に光刺激を受け入れているだけではなく，対象物を想像的に（無意識的であるにせよ）手で触ってその感じをつかんでいるということであるが，触覚だけでなく多様な感覚を総動員して「見る」という行為が構成されているというべきであろう。たとえば，われわれが梅干しを見て酸っぱさを感じて唾液まで出てくることは，潜勢的に舌で梅干しをなめていることの表れである。

　しかし，このような見方（感じ方）は，目を向けているときにはいつでもそうなっているわけではない。そこでは「注意を向ける」あるいは「心が引かれる」という状態になっていなければならない。そうでなければ，われわれは店頭の梅干しを何気なく見るたびに唾液を流さなければならないことになる。

　港（20001，p.80）は，対象物をただ見るのとデッサンしながら見るのとでは大きな違いがあると言ったポール・ヴァレリー（Valéry, P.）のことばを引用して，「デッサンを通して，私たちは見るという活動の能動性を思い知らされ，さらには観察という行為の身体性を知ることになる」と述べ，観察とは身体を通して行われ，知覚，判断，経験が含まれる総合的な行為であることを指摘している。

　デッサンが単に物体の輪郭を正確に写し取るだけではないのと同様に，動きを見る場合も人体の物体的移動を視覚的に取り込むだけではない。指導者が行う運動観察は，学習者のキネステーゼの把握なしには意味をなさない。そこでは，金子がその意義を重視した潜勢自己運動の役割を見逃すことはできない。指導者が眼前で行われている生徒の運動を見るとき，あたかも自分が行っているかのように見るという潜勢自己運動は，いわば仮想のデッサンをしながら動きを見ていることを意味しているのである。

　またフォルガー（Volger, B., 1995, S.155）は，運動は多くのことを表現してくれるひとつの物語（Erzählung）であり，それをどう読み込むかがスポーツ指導者にとって重要な問題であることを指摘し，それを的確に読み込むには動きを「見ながら，一緒にやっているかのように感じる（teilnehmendes Seh-Fühlen)」（同書，S.171）能力が必要であると言っている。これも，観察

者である自分を他者の動きの中に移し入れて観るということの意義を強調した
ものである。

6. 現在形のキネステーゼの把握

意識をもった人間が感覚しつつ動いているときのキネステーゼを把握する
には，完了した運動の記録としてのデータ分析とはまったく別種の考察法が求
められる。つまりここでは，生命ある人間の運動現象は，それを対象化（客観
化）したり，超越したりするのでは不十分なのであり，私自身をその中へ置き
移して理解されなければならないとして「移入」（transjizieren）という語を
創ったとされるヴァイツゼッカー（1975，p.281）の洞察の仕方こそが問題と
なる。これに関連して木村（1998）は次のように述べている。

> 行為を対象的に言表すれば，それはもはや生きた行為ではなくなる。行為を行
> 為として捉えるためには，行為の中で行為に寄り添わなくてはならない。（木村
> 敏『あいだ』1998，p.42）

運動指導における観察の重要性に関してはいくら強調してもしすぎると
いうことはないが，まったく外部からの観察だけで他者のキネステーゼ意識
のすべてを把握できるわけではない。そのため，他者のキネステーゼを理解
する方法として，金子（2000b）は，第1章で紹介した運動感覚論的分析法
（ästhesiologische Bewegungsanalytik）を提唱している。これによって，他
者のキネステーゼ分析は格段に精度を上げることができるものと考えられる。

因みに，ここで言う感覚論的分析法とは，測定データから因果要因を特定す
るために自然科学で用いられる研究方法とは本来的に異なる分析法である。感
覚論（Ästhesiologie）とは，『感覚の意味 "Vom Sinn der Sinne"』を著した
エルヴィン・シュトラウス（Straus, E., 1956）が，生成の学として提唱した
理論である。

シュトラウスは，生理学などで行われる測定対象としての「感覚」と生命
的・時間的現象としての「感覚すること」を区別した。具体的にいえば，刺激

に対する反応の過程はニューロンなどでの電流測定によって物質的記録として確認される。一方，「いま何を，どのように感じているか」という内容は物質的記録とはなり得ない。木村（1992）は，この両者の違いを時制の視点から次のように説明している。

　　「感覚すること」としての感覚は，現在的でありながら，つねに「生成する現在」として，将来へと方向づけられている。この点でそれは，生理学の扱う感覚がすべて「感覚された感覚」（das Empfundene）として，「なされたこと」（Faktum ＝事実）として，完了形的な性格をもっているのと対照的である。実生活においては，感覚はいつも「これから」へ向けての行動の一部である。（木村敏『生命のかたち／かたちの生命』1992, p.187）

　つまり，物理学や生理学でのいわゆる科学的認識の対象はすべて終了したことしか対象とはなりえない。データ（所与）とは「すでに与えられたもの」を意味している。だから，自然科学は現在や未来を論じる手段とはならない。このことは，科学の欠点なのではなく本質的特性なのである。

　これらの区別が具体的にどのような問題につながるのか，木村（同書，p.186）は条件反射理論に関して説明している。われわれにも学校教科書でなじみの深いパブロフの条件反射理論は，イヌを使った精密な実験に基づく重大発見であったと思われている。しかし木村によれば，その実験は条件付け等に決定的な欠陥があると言う。端的に言えば，当のイヌは日常の生活の場面とは大きく隔たった環境で実験が行われ，（動物にもこの語が使えるなら）実存のなかでのできごとではなかったとされる。したがって，ベルの音を聞いて唾液が出るのは，実は，法則的な条件反射ではなく，イヌが肉を食べたいという欲求に起因する反応だと言うのである。確かに，反射であるというのならどんなときにも同一の反応が現れるはずであるが，実際には状況などによって多様に変化する。

　シュトラウスの「感覚」に関する理論はそのまま「運動」にも該当する。つまり，完了した物理事実としての「運動」（Bewegung）と生成としての「動くこと」（Sich-Bewegen）の区別である。位置移動した身体部分の軌跡はデー

タとして残すことができるが，動きつつある人間の内実，たとえばコツをつかむ過程を客観的データとして取り込むことはできない。両者はそれぞれ別の方法論が必要となる。人間の学習過程を条件反射で説明しようとしていた時代はそれほど古い話ではない。

7.　ま　と　め

　本章では，倒立を習得しようとする初心者の練習過程を事例として，学習者のキネステーゼ意識の発生と構造について，それに向き合った指導者（観察者）の把握内容との比較に基づいて検討が加えられた。

　本論の考察によって，他者，とくにすでに当該の運動に習熟した者のキネステーゼに基づいて設定された予備運動が誰にでも通用するキネステーゼ・アナロゴンとなるとは限らないこと，そのため個々の学習者のその都度のキネステーゼ意識を把握することが必要であること，予備運動は実施者のキネステーゼ意識の連続性を保証しながら設定すべきこと，さらに適切な予備運動を設定するには，指導者が学習者のキネステーゼを把握できる能力を持っている必要があることが明らかにされた。

　指導者に求められるこれらの行為を適切に行うためには，学習者の動きを入念に観察することが土台となっている。しかし，入念な観察とは動きの微細な特徴や違いを見つけることではない。金子（2000b，p.157）はマイネルの「他者観察[*15]」に関して，「マイネルの偉大な功績は，『運動を見る目』と『運動の共感能力』を印象分析にとって不可欠の能力として重視したこと」だと述べている。行われている運動を観察して，"できる"，"行っている"という学習者の能為のシステムとしてのキネステーゼを把握できるようになることが運動の指導者に求められるのである。

[*15]【他者観察】文字通りに読めば「他者の動き」を観察することであるが，マイネル（1981，p.128）は，運動を単に外部から見るだけでなく，運動を共感的に見ることが重要であることを説いている。

第4章
運動指導における志向分析

　前章において，学習者のキネステーゼ意識の発生過程を把握することが運動指導には不可欠であること，一般的通念，あるいは指導者の一方的な判断だけでは誤った理解に至る可能性があることなどが明らかにされた。

　本章では，学習者のキネステーゼを理解する場合に，指導者はどのような解釈，分析を行っているのか，あるいは行うべきかという点について，とくに学習者の運動志向性の観点から論究する。

1. 運動の志向性と志向分析

　ブレンターノ（Brentano, F.）は，「現象界の全体は物的現象と心的現象に大別されるが，その心的現象を物的現象から区別する積極的な徴表」（木田, 1970, p.29）を志向的内在として特徴づけている。その思想を受け継いだ現象学の祖とされるフッサールは，「意識はすべて『なにものかについての意識』Bewusstsein von etwas であるという意識の基本的性格を『志向性』という概念でとらえ，これを主題的に問い深めることによって，認識作用の主観性と認識内容の客観性を橋渡そうとした」（同書, p.31）と言われる。そして，「志向的体験の分析をもって現象学の中心問題とした」（林ほか編, 1977）のである。

　この志向性には，われわれが日常の中で何かを見たり，聴いたり，過去のものを思い出したり，現実には無いものを想像したりといったような，あらゆる意識現象が含まれる。われわれは生きている限り，「表象，判断，感情，意志，

感情・その他いかなる性質の志向作用もすべて，それぞれの仕方で何らかの対象に向かっており，そして通常その対象はそのつどの志向的体験の中で〈目標として狙われ〉思念されている」（木田ほか編，1994，p.178）のである。

われわれが運動を行う場合にも，これから行おうとする意図や，動きながら行う自分の動きの自己観察とそれに基づく動き方の修正，あるいはすでに行った動きについての反省など，多様な形式で運動に立ち向かっている。とくに，本章で対象とする志向性はこのような明確な意識現象だけにとどまらず，われわれが何かあるものに対峙しているときの態度や状態なども含めた広い意味でとらえられるものも扱われる。というよりも，本章ではむしろそこに視線を向けて考察しようとするものである。

2. 志向分析の意義

体育教師は，学習対象としての運動がうまくできない児童や生徒に対して，それができるように指導していかなければならない。その際，うまくできない原因を考え，それを取り除くようなアドバイスを生徒に与えて改善を図ることになる。

その場合，動きの技術的欠点を指摘し，理想とされる運動経過に近づくように指導するのが一般的である。しかし，前章で例証されたように，このような運動の外的経過だけに基づく指導では，できないままで学習活動が終わることも少なくない。

ヴォルタース（Wolters, P., 1999, S.52）は，体育授業において運動学習が効果的に行われないのは教師の行動や場の設定に原因がある場合が多いことをさまざまな事例から導き出した。そして，「体育教師は運動の外面ではなく，構造の深部に手を入れるべきであり，外的な結果，つまり"欠点"だけを治そうとするのではなく，除去すべき原因がどこにあるのかが診断されねばならない」と述べている。またフォルガー（Volger, B., 1995, S.171）も，運動の外面的現象だけに基づいて指導したり，学習事象の作用と結果を短絡的に結びつけたりすることを戒め，そのような方法では「欠点の概念が固定されてしま

い，表面的なフィードバックしか対策がとられなくなり，生徒は運動をどのような感じで行えばよいのか分からなくなる」と述べている。両者に共通しているのは，運動の外面的理解だけでは生命ある人間の運動を指導するにはまったく不十分であり，実施している人間の内的過程を探る必要性があるということである。この内的過程が志向性であることは言うまでもない。

わが国においても，高橋（1991，1997）や深見ら（2000，2003）によって，体育授業における教師の行動のあり方について研究が進められ，学習者と教師の相互作用の重要性が指摘されている。その相互作用における主な活動として，とくに技能に関するフィードバックの質を高めることの必要性が説かれている。児童・生徒の学習状況に即したフィードバックを可能にするには，学習者の運動感覚の内実を共感的に解釈できる能力が必要である。運動指導における「運動共感」（金子・朝岡編，1990，p.257）の重要性についてはこれまで絶えず指摘されてきた。しかし，どのようにして実施者のキネステーゼ世界に踏み込めるのかといった具体的な方法ないしは手順について述べられたものはない。

人間の運動は，単なる物理事象として生起するのではなく，過去の経験や運動感覚，意欲，恐怖心などさまざまな意識的，無意識的要因を背景にして現出する。そこに焦点をあてることによって初めて姿勢や動きの本質的意味が理解される。それが志向分析に基づく運動の解釈である。本章は，運動の指導において志向分析が不可欠であるということを現象学的視点から明らかにするとともに，その方法ならびに条件について検討し，同時に，分析結果を実践に活用する方策としての事例研究の意義を確認するものである。

3. 能動的志向性と受動的志向性

われわれはボールを見てその大きさや，硬さ，滑りやすさなどのさまざまな特性に関して推測することができる。また，見えている側の反対側も同じような材質でできていること，前面と同様の丸みを持っていることなど，無意識のうちにそれらのことを想像しながら見ている。ボールからの光学的刺激を媒介

としながら，それよりはるかに多くの内容を無意識のうちに「見て」いること
になる。このことから，われわれがものごとに立ち向かっている場合に，知覚
してはっきりと意識できる内容と，無意識のうちに自ずと了解している内容と
があることが理解される。前者のような明確な意識対象に関わる能動的志向性
に対して，後者のような，はっきりとした意識にはのぼらないが主体の意識や
行動に影響を与える志向性をフッサールは受動的志向性と呼んでいる。

　すでにキネステーゼの説明（第Ⅱ部第1章）の際にも言及したように，ここ
で使われる「受動」と言う語は，「能動」に対置する語として用いられており，
一般に使用される意味の「受け身」を表しているのではない。「自我の関与が
ない」「知らず知らずのうちにそうなっている」という意味である。

　運動を行う際にも，はっきりと意識にのぼる能動的志向性だけでわれわれの
運動を理解し尽くすことはできない。むしろその能動性を浮き立たせる地平と
しての受動的志向性が重要な意義をもっている。フッサール（2004，p.91）は，
志向分析の「本来的な仕事は，意識の顕在性のうちに含まれている潜在性を露
呈することである」と述べている。このことは，「意識としての思うことはす
べて，広い意味で思念されたものについての思念ではあるが，それぞれの瞬間
に思念されたものは，それぞれの瞬間に顕在的に思念されたものとして現前し
ているものより以上のもの（より多くのものをもって思念されたもの）」（同書）
であることから，運動実施における無意識的（受動的）な意識の層を取り出し，
目に見えるようにすることがここでの中心的テーマとなる。

　人間の動きは，道具としての身体を精神によって制御するものとしてとらえ
ることはできない。ボイテンデイク（Buytendijk, F.J.J., 1956, S.30）が「運
動は，人間の精神と身体の統合のなかで行われるが，これはふたつの異なる現
実性の内的共同とみなされてはならない」と言っているように，たとえば生徒
が目標の運動ができないという場合でも，運動の外面的特性としての技術的欠
点と内面的特性としての心理的欠点の合成から成り立っていると考えるべきで
はない。

　ここでは肉体と精神の統合体としての身体，いわゆるメルロ＝ポンティ
（1976，p.233）の意味での「現象的身体」が問題となってくる。つまり「身体

は，物理的世界に決して還元することのできないような独特の世界のなかで，有意味的な行動を行うものとして現れてくる」（木田ほか編，1994，p.137）ので，ある運動が怖くてできないという場合には，励ましの言葉をかけて解決できるような純粋な心理的問題だけが生じているのではないし，現れた動きの欠点の修正の際に機械部品の一部だけを取り替えるような即物的な方法を適用しようとしてもうまくいかない。

　このような特性をもつ人間の身体運動は，明確な意図だけから生まれてくるのではなく，過去の運動経験やその運動に対する学習意欲，その日の体調，その場の状況など多くの要因から影響を受けながらアクチュアルな動きが成り立っているのであり，そのような学習者の動きのアクチュアリティを決定づけている志向性を体系的に把握することが運動の志向分析なのである。

　なお，ここで「分析」という語にも注意が必要である。一般には，たとえば自然科学において物体を対象とした「分析」と言われる時には，ある物質を要素に分析，分解することを意味する。しかし，志向分析の対象は生きた人間の意識であり，フッサール（2004, p.90）が「意識の生は，単なる意識の『与件（データ）』を寄せ集めた全体ではなく，したがって，自立的であれ非自立的であれ，その構成要素に『分析可能』— 広い意味で分解可能 — なものではない」と言っているように，自然科学と同じ意味では扱えない。梶尾（2014, p.5）が，「志向性とは，正確には，志向的体験がもつ（作用・意味・対象）という構造を表すものと考えるべきなのだ」と言うように，志向分析においては，人間が対象（運動）に対して行う作用の意味を記述することが主題となる。これが，分けた（分解した）部分を測定することによって因果関係を解明する自然科学と比較して本質的に異なる点である。

　運動の志向性を考えていくうえで最も重要な概念がキネステーゼである。運動指導における志向分析ではこのキネステーゼ，とくに受動的キネステーゼを把握することが重要であり，その方法が検討されねばならない。

4. 志向分析に必要な知の形成

　運動観察において，実施者の能動的・受動的キネステーゼを考慮しながら，動きの意味を解釈していくには，専門的知識に支えられた一定の能力が要求される。この能力は，自分の実技経験ならびに指導経験を通して洗練させていくべきものである。それは，志向分析の方法がデータや図形と照合して違いを見つける認識方法とは根底において異なっているからである。

　木村（1994, p.30）は，科学が対象としているのは完了形で固定できるリアリティだけであり，「現在進行形のアクチュアルな非物質的生命に着目するためには，私たちは科学以外の目を必要とする」と言う。それゆえ，アクチュアリティをキャッチするためには，「つねにそれに即応した動きのなかに入り込んで，自分自身の心の動きによってそれに参加しなくてはならない」（同, p.36）と述べている。

　また野村（2002, p.5）は，原因と結果をリニアルな閉じられた関係のなかでとらえる因果論的法則性を前提とする「認識の理論」に対して，開かれた状況の中で展開される人間の行為の生成を現在進行形的，未来志向的に考えていこうとする「行為の理論」の意義を強調している。そこでは，従来の心理学は「行為を対象化し，しかもそれらを外から観測し，概念的にとらえ，そしてその普遍性を追求してきた」（同書, p.66）と述べて，その方法論的不備を指摘している。同時に，対象化の視点をとるのではなく，ある方向性をもって観望しながら相互作用に不可避な同定と識別行為を行う「内部観測」の必要性を説いている（同書, p.67）。

　このように，運動を実施している者の志向性を把握するには，外的事象の変化だけではなく，実施者を内から見ていくための知が求められる。この知は，いわゆる科学の知とは別種のものである。

　中村（1999, p.288）は，科学的知の普遍性・論理性・客観性は，実験データや数式によって目の前に答えを出して見せることにあると言い，それを「瞬間証明主義」と呼んでいる。それに対して本論で対象とするのは，「個々の場

所や時間のなかで，対象の多義性を十分考慮に入れながら，それとの交流の中で事象を捉える方法」としての「臨床の知」（中村，1992，p.9）であることは言うまでもない。

　なお，ここで言う「臨床」とは，医療現場などでの行為すべてを指すわけではない。鷲田（1999，p.53）は「臨床哲学」という新しい視点から，治療において「問題をともに抱え込み，分節し，理解し，考えるといういとなみをつうじてそれを内側から超えでてゆくこと」の意義を強調し，治療者と患者の相互の関係を臨床の基礎とすべきであると述べている。また，精神病の治療の立場から，「『患者のこころ』は治療関係の中で，治療行為を通じてしか見えてこない」と言う木村（2000，p.101）の臨床論も，治療者から患者への一方的な作用では解決できない世界の存在を指摘している。したがって，医師などが匿名的な態度で患者を物的対象として一方通行的に扱う限り，たとえ人間と人間が関わる治療行為の場所であっても，本論の意味での「臨床」とはいえない。

　われわれが問題とする体育授業の現場においても，生徒の動きを対象として，つまり向こう側に置いて眺めていたのでは見えない内容が存在する。運動指導という行為を通して初めてとらえることができる専門知がある。

　しかし，これまで学問の世界には，このような臨床の知を排除する傾向があったことは事実である。その理由のひとつとして，中村（1999，p.46）は，そのような知を身につけるには長い歳月を要することを挙げている。金子（2002，p.457）もまた，「科学的運動分析がだれにでも客観的に公平に解放されているのに対し，発生論的運動分析というものは，運動感覚意識の発生に関わることのできる特殊な能力をもっている人にしか開かれていない」と述べて，分析能力の獲得の必要性を指摘している。このように分析者の能力が問われる点が，志向分析の重要な特性である。

5.　実践知の伝達としての事例研究

　志向分析能力を支えている実践知を獲得し，それを伝えていくために必要な
ものが事例研究である。中村（1999，p.288）によれば，われわれが生を営ん
でいる現実の世界におけるものごとへの接近方法や検証方法には，自然科学的
手法によるよりも日常生活のなかで多くの人が永い間かかって観察して評価す
るというやり方がより広く使われていると言う。そして中村は，そのやり方が
方法化された学領域として，「自然言語を使って事象そのものを記述する現象
学的方法と，言語的記述による文化人類学のフィールド・ノートや精神医学の
症例研究あるいは臨床ノート」を挙げている。その理由として，われわれは自
分の知らない分野の事柄についての知識や評価を，抽象化された限定的内容し
か示さない測定データよりも多くのことを表現できる自然言語によって記述さ
れた文章に依拠していることが多いからだと言っている。

　ここで言う「記述」とは，単なるできごとの事実を書き記していくことを超
えて，現象学的意味での「本質の記述」（木田ほか，1994，p.85）まで高めら
れる必要があることは言うまでもない。鷲田（1997，p.4）が言うように，「記
述とは，何かを模写することでも記録することでもなく，その中ではじめて事
象があるプロフィールをもって現れてくることになる場を拓くということ」だ
からである。

　しかし，本質を記述するといっても何が本質なのかについては入念な考察
が必要である。単にできごとを書き連ねたり，その中から重要と思われる内容
を抜き出したとしても，それが即座に本質を表しているとはいえない。そこで
は，後述されるように，あらゆる場合を想定し，どんな場合にも妥当しうる者
だけを本質として取り出す「本質観取」あるいは「本質直観」の作業を経たも
のだけが本質として記述される資格を持つことになる。

　このように，本質観取とか本質直観というと大仰な作業であるかのように思
われるが，現実の生活のなかでもわれわれはつねに行っているものでもある。
たとえば，ヤカンを見るとき，それは水を入れるもので，だから水が漏れ出な

い材質でできていて，注ぎやすいように口が付いていて（この点でバケツと区別される），などというようにヤカンとして欠くことのできない条件を無意識のうちに考えている。だから，われわれはものを見るときには「本質を見ている」とも言えるのである。しかし，運動の意識などの心的事象，概念などは具体的に目に見えるものではないため，本質を取り出すことがより複雑であることは言うまでもない。

　本質観取（直観）の作業を通して得られた本質が記述された事例研究は，単なる個別例の報告の域を超えて一般妥当性を備えたものとなりうる。河合（2003，p.301）は，ひとつの事例は一例で終わっているのではなく，事例を聞く側が自分の体験を考えていくことによって普遍性をもってくると述べている。そして，その普遍性は自然科学がねらっている普遍性とは違うものであるということを明確にしながら，研究の価値を確認していくことの意義を説いている。

　また，稀少な症例から普遍的知見を引き出すことの好例を示したブランケンブルク（Blankenburg, W., 1980, p.54）は，「個別例から一般的な妥当性のあることは何も引き出せまい，と考えるのは偏見である」と述べ，同時に，本質分析の証明として量的尺度を持ち出すことの愚を戒めている。

　したがって，多様な事象の中から現象の本質が説明できるようなサンプルを選び出すことが事例研究において最も重要な点であろう。

　人間の発達論研究における事例としてのエピソード記述の意義を主張する鯨岡（1999，p.163）は，このような観点から選ばれ提示された事例は，単にひとつの理論を立証する代表例であるだけでなく，「観察者＝研究者がおのれの理論を語るための『道具』にもなり得る」と述べている。

　妥当性を備えた説得力のある事例を選び出すことは研究者の専門能力であり，きわめて積極的な活動なのである。

第Ⅱ部の要約

　第Ⅱ部では，第Ⅰ部で論究した運動観察を通して，指導者が学習者のキネステーゼを理解していく過程と方法について探った。

　まず第1章において，本論の主題であるキネステーゼに関して，能動的キネステーゼと受動的キネステーゼの区別と関わり，およびこれらの分析の実践的意義について言及した。その際，本研究が立脚する発生論的モルフォロギーの土台として金子の感覚論的運動分析法（ästhesiologische Bewegungsanalytik）が援用された。

　第2章では，主として学校体育授業におけるキネステーゼ理解の意義と今日的問題性について言及した。

　近年の子どもたちは，運動遊びの減少傾向と相まって体力の低下が著しい。同時にキネステーゼ世界の狭小化も促進され，かっては遊びのなかで自然に習得していた基礎的運動技能も，今日ではあえて授業教材に取り入れていかなければスポーツの運動学習に進んでいくことができない事態も現れてきている。

　児童・生徒だけでなく，自分自身の運動経験が少ない教師も増加してきている。そのような生徒のキネステーゼを理解する能力がほとんどない教師は，子どもに運動をどう教えていいのか分からず，指導法のマニュアルを求めることになる。それに呼応するかのように，体育の専門家たちが，指導力のない教師のための授業マネージメントマニュアルを作成し，生徒の主体性の涵養という名目のもとに，見栄えよく進行する授業形態の普及を図ろうとしている。そこでは技能習得は犠牲になってしまっていて，授業数はこなしているが成果が上がらず，体育授業の意義が疑問視されてしまうという事態さえ生じている。

　一方で，生徒のキネステーゼ意識に響く的確なアドバイスを与えながら動きの習得を促す促発能力[16]を備えた教師も少なくない。そのような教師の場合，

---

*16【促発能力】金子が『わざの伝承』（2002, p.460）において初めて定義した用語で，「他者の運動感覚能力を図式化させていく指導者の能力」を表す。これに対して，「私の運動感覚の類似図式を統覚して，私の動きかたの形態発生を可能にする」能力は「創発能力」と呼ばれる。

何が生徒の運動習得を阻害しているか，どんな基礎技能をどんな順序で身につけさせるべきかなど，たえず生徒のキネステーゼを理解しようという努力を怠らない。結局は，主体としての学習者ならびに指導者が間身体性の原理のもとに動きの感じを伝えようとするなら，ヴァイツゼッカーの意味での移入的態度（Transjizieren）が不可欠となる。

　第3章では，学習者のキネステーゼを理解しようとする場合，指導者が認識している動きの困難性と学習者のそれとが一致していないことの問題性が，初心者の倒立練習の事例を通して明らかにされた。

　このような不一致の大きな理由は，学習者のキネステーゼはきわめて多様な要因の上に成り立っているにもかかわらず，指導者が自分の経験や若干の指導例だけに基づいて，学習者の志向性に関して決まりきった状態を想定してしまうことにある。

　このような問題を解決するには，指導者は特定の運動の難易性について一切の先入見を括弧入れするという現象学的判断停止を行い，そのうえで，動きの外的特性を把握するだけでなく，学習者の言表やしぐさ，表情などから，そこで生じている学習上の困難がどのようなキネステーゼの欠陥に起因しているかについて解釈しなければならない。

　第4章は，運動指導における志向分析の意義に関する論述である。ここではとくに，人間の運動習得における「受動的キネステーゼ」のはたらきについて考察した。

　自我がまったく関与しないという意味での受動的キネステーゼは，その特性上，学習者に内容を尋ねることはできない。したがって，指導者の解釈行為に頼ることになるのだが，その場合に問題となるのが解釈内容の妥当性である。指導者による解釈が，自分の体験だけに基づいた印象という程度のものであっては指導に有用なものとなるわけはない。動きの外面的特性の把握を越えて，学習者のキネステーゼ意識まで理解していくためには，固有の知に支えられた移入能力の獲得が必要とされる。

　また，志向分析の成果は，自然科学的分析と異なって数値データで表すことはできないことから，その信憑性は，提示された事例考察の妥当性としてし

か判断され得ない。そのため，厳密な現象学的検討を経た事例研究が要求される。

第Ⅲ部　志向分析に基づく指導事例

　第Ⅱ部までの論述において，学習者のキネステーゼを理解すること，およびそのための志向分析の必要性を説明してきたが，ここではそれらの実践例を紹介する。

　ひとつめの事例は，学校体育の基本的教材であるマット運動の後転がうまくできない生徒に関して，現れた欠点の志向的内実をプロレープシスという現象学的意味での先取りの視点から解明し，指導方法論を考案，処方したものである。プロレープシスの見方が分かると，運動実施で現れる一見不可解な現象の理由を理解することが可能になってくる。

　もうひとつは，誰でも普段から目にしている運動現象でありながら，その本質的特性は理解されていなかったという事例である。「小さな子どもは遠投ができない」ということばを聞いて素直に受け入れられるだろうか。幼稚園児，あるいはもっと小さな子どもでも普段から跳んだり投げたりして遊んでいるのを見れば，にわかには信じられないのが一般的であろう。ところが実際にできないのである。その理由は，運動の外観だけをどれだけ入念に観察しても理解できない。しかし，抽象的空間の構成という動感志向性を考察することによって，その不可解な現象は説明が可能となる。その理解によって，子どもの運動発達に対する見方は大きく変わってくる。同時に，運動指導において考慮すべき方法論の問題も示唆される。

第 1 章

プロレープシス原理からみたできない運動の理解
― 後転の事例 ―

　前章において論述された志向分析の意義と内容，ならびに事例研究の不可欠性を踏まえて，本章では，目標とする運動ができない現象について実施者の志向分析を行い，さらにそれに基づいた指導法を例示する。これによって，運動の外的経過の指摘による一般的な指導法と志向分析に基づく指導法との相違点が浮き彫りになると思われる。

　ここで取り上げる事例は，マットで後転ができない女子学生の例（図 12）である。

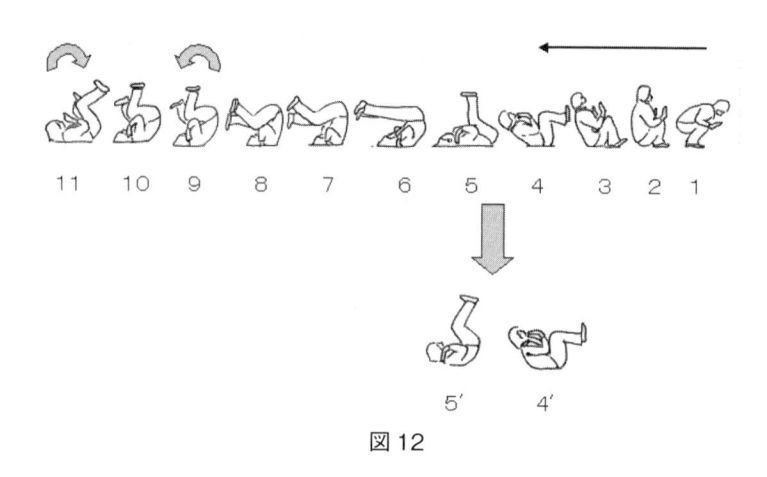

図 12

1. 動きの外形的徴表

　この学生は，後方への頭越しの回転ができないため，逆位の体勢（10 の局面）まで転がった後，もとの方向へ戻ってしまう。その際，首に全体重がかかった状態になるため，首に強い痛みを感じると言う。この痛みのために後転は最も嫌いな運動のひとつだと述べていた。

　後方に回転し始めた局面 4 で背中が伸びて，首が背屈されている。本来はこの局面では 4' のように背中と首が丸くなっていなければならない。この間違った姿勢のため，背中の順次接触が妨げられ，なめらかな回転運動になっていない。局面 5 のあたりで転がり運動がとぎれてしまう。またこのとき，背中と手，後頭部がマットに接触するのがほぼ同時となっているため，後頭部に強い衝撃を与えている。これによって後方への回転がさらに抑制されている。

2. 動きの意味と志向分析

　ここでは，この事例のように背中が伸びきってしまう欠点が現れるのはどのような能力の欠損によるものなのかについて考察を行う。そのためにまず，うまくできる者はなぜ背中を丸くし，首を腹屈することができるのかという理由を探り，次にこの事例に現れた動きの欠点の意味の解釈を試みる。

（1）　できる者のキネステーゼ構造

　後転が容易にできる者にとって，背中を丸くしたり首を復屈にすることはその都度考えて行う行為ではなく，無意識的に行っている動作である。しかし，われわれ人間にとって転がるという動作は生まれながらに備わった生得的技能ではなく，日常生活や遊び，あるいは体育授業の中で習得した技能である。

　そのことを考慮すれば，過去に類似した運動の経験が少ない者が，背中を丸くして転がるという動作をうまくできないのは当然である。むしろ後方に回転するという動作を空間的に考えてみれば，あごを上げて後ろを見るような姿勢

をとることの方が自然であると言えよう。

　うまくできる者がそのような自然な姿勢をあえてとらないで，体を丸めて首を腹屈するという不自然な姿勢をとるのは，その姿勢の方が実施しようとしている運動，つまり後転にとって好都合であることを体験的に知っているからである。これは，これから行おうとしている運動の全体経過が先取りされていることを意味する。この場合の先取りとは，意識としての先取り（先読み）というだけでなく，運動の最終結果に応じて途中の運動経過がそれに合わせて調整されるという運動のプロレープシス（Prolepsis）の原理に基づいている。

　プロレープシスとは，「有機体の運動は，その最初の時間部分からすでに，作業全体を，もっと正確に言えば作業の図形を先取りしている」とヴァイツゼッカー（1995, p.25）が説明しているような法則的なふるまいである。つまり，人間が行う運動は，実際に身体の物理的移動が始まる時点ではすでに前もって全体経過が先取りされ，それに適した力動性，スピードで行われるのである。端的に言えば，われわれが何か運動を行おうとした場合，行う前からすでにその運動の終わりまでが感覚的に先取りされ，それにふさわしい動き方を実行するということである。

　物的なたとえで考えてみよう。木に仏像などを彫る場合，彫る前から彫る人間にとって木の中にめざす仏像は見えているはずである。そのように，まず目的があって，それに合わせて適切な行為が行われるという図式で考えると理解しやすい。もちろん，運動は物ではないので本質的に次元の異なる話である。

　マット運動の後転の場合には，背中を丸めるといっても，単に脊柱を湾曲させた固定的姿勢をとるのではなく，マットと接している背中の部位や回転度に応じて湾曲の度合いやタイミングを先取りし，絶えず調整しながら経過することになる。

　このようなプロレープシスが，本章の主題となっている志向性に基づいていることは言うまでもない。後転を容易に実施できる者はその都度背中を丸めようという明確な意識をもつわけではないので，背中を丸める動作は無意識的，受動的レベルでの志向性に支えられているにもかかわらず，それが自ら行っている動作であることには気づいていないというだけなのである。

なお，プロレープシスの原理の詳細は附論を参照してほしい。

（2）　志向分析による欠点の意味の解釈

　できる者のキネステーゼ構造から推察すれば，本項で示した事例のように背中の伸展動作という欠点が現れるのは，転がる動作ならびに頭越しの局面での姿勢や動きが運動感覚的に先取りされていないことに起因していると考えられる。これは，「運動をやろうとするときに，あらかじめそれを可能なものとして心的に体験する運動表象」（金子・朝岡編，1990，p.263）としての運動投企（Bewegungsentwurf）が行われていないことを意味している。それが「背中の順次接触」および「頭越し局面に必要な背中を丸める動作，ならびに首の腹屈動作」がうまく行われないという欠点につながっていたのである。

　シュッツ（Schütz, A., 1998, p.126）が，「投企は行為（action）そのものを予期するのではなく，結果としての行為（act）を未来完了時制において予期する」と言っているように，運動投企はその運動の終末状況，つまり時間的に後のことの予期である。そのため，それが可能となるにはその運動の全体経過が分かっていなければならない。したがって，ある運動ができない者にその運動が完了した状態を予期することを期待しても無理である。メルロ＝ポンティ（1975，p.233）が，「われわれが自分の身体をある対象にむかって運動させることができるためには，あらかじめその対象が身体にとって存在しているのでなければならない」と言うのも，この運動投企の存在を強調しているからに他ならない。

　これらのことから，この事例の女子学生にとって必要なのは，たとえ大まかにではあっても後転という運動の全体経過の動的イメージが形成され，適切な運動投企が可能となることである。したがって，次項ではその欠点の改善のための練習法が処方されることになるが，その前に，ここでは前記の欠点とその原因をどのような手続きで導き出したかを明らかにしておきたい。

　まず筆者は，本事例で取りあげた学生の動きの模倣を何度も試みた。同時に，筆者自身にとってはまったく容易なこの運動を自分の普段の感覚で実施し，学生の動きの感じと比較してみた。それによって，いつもは特に注意を向

けることなく行っている多くの動作の存在が確認できた。その例としては，後ろへ倒れるときには背中を丸めて滑らかに転がることができるようにする，回転のスピードをつけるために腰角度を広げたり狭めたりする，頭越し局面では首の前屈を強めるなどを挙げることができる。

　もちろん，これらの動作は，後転の運動技術としてすでに確認されている内容ではある（たとえば，金子，1982，pp.97）。しかし，それらの図式技術[*17]が，実際に自分のからだでどのように具現されているかを知ることは，動きの感じをとらえようとする指導者にとって非常に重要な作業である。

　これらの，普段は無意識のうちに行っている自動化された動作は，あえて注意を向けて確認しなければその存在にさえ気がつかないことが多い。たとえば，回転加速のための腰角度の増減動作は，それをしないように意識しながら実施してみることで，その存在が確認できる。これは，金子（2005b，p.42）の言う「コツの消去法」に該当する手法である。

　このようなコツの確認作業を経た後，筆者はそれらのコツが体現された合理的な動きがうまくできないのはどのコツが欠落しているのかを推測した。とくに，特別な意識を向ける必要のない容易な身体操作であっても，後転がうまくできない初心者にとっては計画的に練習しなければならない内容のものはないかという点に留意して，欠落したコツの探索が行われた。

　なかでも，後ろに倒れる際なぜ背中が伸びて首も背屈してしまうのかという点については次のように考えることができる。つまり，後転という運動全体の経過を考えないで，たとえば無重力の宇宙空間で，あるいは水中で後方へ回転する状況を想像してみれば，首を背屈して後ろを見やすい姿勢になる方が自然であることが分かる。普通は，後ろに回転するときに前に首をまげることはない。そうだとすれば，背を丸め，首を腹屈姿勢にすることは，後転の全体経過

[*17]【図式技術】課題達成に成果をあげた個人技術は，他の選手たちにもその成果が試され，有効性が検証されると，一般妥当的な運動技術として認められるようになる。これは指導の対象となる動きの理想モデル（グロッサー／ノイマイヤー，1995，p.2）となり，誰にでも適用可能な運動形態の図式化が行われる（図式技術の定立）。

が自分のからだの動きとして先取りされてはじめて可能になる特殊な動作であることが理解できよう。したがって，この学生には，後転の全体経過の先取りとそれに基づく運動投企の能力がまだ身についていないと仮定してみれば，この事例のような不都合な動きが生じる理由が理解できるのである。

3.　志向分析に基づいた指導実践

本項で取りあげた事例に現れている欠点は運動投企の欠如に起因することから，実施者が運動の「全体」を運動感覚的に前もって構成できるような類似の動きを探すことが必要である。その動きの練習が「キネステーゼ・アナロゴン」となって，目標技である後転の習得につながっていく。本事例の学生は，次に述べるような練習を経て，後ろに回ることができるようになった。

後転の技術的ポイントは，後ろに回転するための勢いを得ることと頭越し局面での身体操作にある。したがって，これらの課題を達成するための方法論的措置が必要である。

（1）　回転スピードの創出

後ろに回転する勢いを得るには，上体から下体へと，「人間の連鎖システムの中で運動量が伝達される」運動伝導（Bewegungsübertragung）（Röthig, 1983, S.76）が重要である。さらに，背中がマットに接触する際には，腰から肩へと順序性をもって行わなければならない。本事例では，この順序性が欠如していて背中全体が同時にマットに着いてしまっている。

これらの技術的課題を解決する技能は，背中をマットに着いたまま前後に揺れる「ゆりかご」[*18] と呼ばれる動作を予備運動として行うことによって養成される。この予備運動によって，背中を丸くしながら上体を先行させてその勢い

[*18]【ゆりかご運動】マット上で背中を丸くした姿勢をとり，前後に揺れるようにする予備運動。腰角度の増減によって勢いを得る。例として，『器械運動の授業作り』（高橋・三木他編，1992, p.42）を参照。

を下体に伝える感じが習得される。この練習では運動伝導の感覚をつかむために，背中を丸く固定してしまうのではなく，上体で下体を引っ張るような意識が必要である。それには単に前後に揺れるだけでなく，後ろで首倒立になるなどさまざまな課題を設けて多様な形態のゆりかご運動を経験させるようにすると効果的である。

この練習を通して，初めのうちは腰のまげ伸ばし動作などを意識的に行っていたものが，やがて無意識のうちに背中を丸め，転がる勢いをつけることができる動き方が体得され，受動的キネステーゼの形成へとつながっていくのである。

（2） 頭越し局面の体験

後転ができないということは頭越しの局面を通過できないということと同義である。この局面を通過するときの感覚が欠けていたのでは全体経過の運動投企などありえない。ここでは頭越しの局面を体験できる練習方法について考察を加えていきたい。

後転ができない者は頭越しの局面で首に大きな負担がかかり，痛みが生じる。したがって，この局面をできるだけなめらかに通過でき，首への負担が軽減される方法が考えられるべきである。

そのための手段としては，マットに段差をつける方法がある。図13のように，肩を支える部分と後頭部を着く部分の高さに落差があると，両肩をマットが支えるかたちとなるため，首への加重は非常に少なくなる。同時に，後頭部がマットに着いたときに生じる回転へのブレーキ作用がなくなり，回転力が少

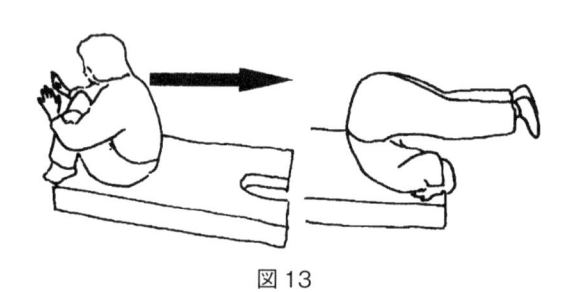

図13

なくても後方への回転が容易に行えるようになる。

　この練習では首への負担なしに頭越しの局面を経過することができるため，この局面の実施感覚を養成することが可能となる。これによって後方に1回転するという技の全体経過を感覚的に知ることができ，初心者にとって運動投企の形成という点で非常に効果的である。さらに，この練習では独力で後方に回転することができるという利点がある。自分の力で行うことは，自分にできるという運動感覚能力としてのキネステーゼの形成にとってきわめて大きな意義をもっている。なお楢山（2003）はこの方法を実際に小学校の授業で実践し，その有効性を実証している。

　この他にも頭越しの局面の通過を容易にする方法はこれまでもいくつか実践されている。たとえば坂を作って転がる方法もよく行われる。しかしこの方法は，高いところから低いところへ転がり落ちることから，初心者は恐怖心を持つことが多い。あるいは，教師などの幇助によって頭越し局面を通過させる方法もある。前述したように，この方法は他者の力を借りて行うので，キネステーゼの形成という点では劣るといえよう。坂を利用する方法ならびに幇助による方法のいずれにおいても，首を着く位置が悪かったり幇助の力を加える方向が間違ったりした場合には，頸部への加重が増して危険なこともある。

4．プロレープシス原理による運動理解

　プロレープシスの作動様式の見方が分かると，運動実施で現れるさまざまな現象の理由を理解することが可能になってくる。

　ここでは，本章のはじめに触れた，とび箱が跳べない生徒に現れる典型的な欠陥として，手を遠くに着くことができない現象について考えてみたい。

　述べたように，この欠点を直接指摘しても改善の見込みはない。跳び箱の上に，手を着くべき位置をマークするなどしてひと目で着き場所が分かるようにしてもまず無理である。跳べる者にとっては何の苦労もないと思われるが，跳べない者には大変な課題である。プロレープシスの理解がない者には，この課題の難しさが分からない。

　手を遠くに着くことができないのは，踏み切り後に身体を斜め前に投げ出すことができないためである。上体が垂直に立ったままでは手が前には出ない。そのため，踏み切り板の前に柔らかいウレタンマットなどを置いて，飛び上がってその上に斜めに跳び込むような練習をさせることがある。しかし，仮にそれがうまくできるようになったとしても，跳び箱を前にしたときに同じように飛び出すことができるかは疑問である。この練習をさせる指導者は，実際に跳び越すときとは本質的な相違があることに気づいていない。

　ウレタンマットの場合は，その上に跳び込めば運動はそこで終了する。一方，跳び箱の場合は，斜め前に跳んだ後，着手－つき手による回転方向の切り返し－着地とつながっていかなければならない。この着手後に待ち構えている局面での自分の動作が，前もって身体的に了解されていないと斜めには飛び出せない。

　したがって，次のような練習法が勧められる。
①低めの跳び箱の手前に立ち，身体を前に倒しながら手を跳び箱の表面をさするようにして前に伸ばし，なるべく遠くに手を着く。
②着いた手を支えにして，開脚動作とともに跳び箱の上に座る。
③できればその支えで跳び箱を越える。

　この練習では，踏み切り前の助走を行わないことである。上の②あるいは③が楽にできるようになったら1，2歩の軽い助走をつけてみる。

　この練習を通して，斜め前に上体を倒して着手し，その後に自分の身体がどのような体勢になっているか分かるようになることが重要である。それが分からないうちは思い切って跳ぶことなどできない。

　プロレープシスはすべての運動の実施の際に作動し，それによって適切な行動が可能となっている。だから，運動指導においては，プロレープシスがどのように学習者の動作に影響を及ぼしているのか読み取る必要がある。たとえば，走り高跳びの助走を全力で走ったのでは，身体を最適な方向に上げることのできる踏み切りはできない。勢いがないからといってむやみに助走スピード

を上げるように指摘することの方法論的誤りが考えられねばならない。

5. 志向分析に求められる移入的洞察

　人間は生後ほとんどすべての運動を練習して身につけなければならない。体育教材の運動に授業で初めて対峙する生徒も多い。教師は，運動の練習に取り組んでいる生徒がうまくできない場合には，さまざまな手段を施して上達を促すことになる。そのときに必要となるのが，運動を実施している生徒の志向性を分析する能力である。志向分析は，運動経過を媒介として生徒の内部でどんな意識が生じているかについて解釈していく，すぐれて人間的な活動といえる。

　一般に，運動指導は動きの技術的欠点を指摘し，その改善を促進させることを中核とするが，それは動きの外形的指摘だけで十全なものとはならない。人間の動きは，"そのようにしよう"とする意図だけに基づいているのではなく，実施者の志向性に応じて"そうなっている"ことが多いからである。とくに，意識に上ってこない受動的キネステーゼを把握することが志向分析では不可欠である。

　ある運動が容易にできる者，たとえばその運動の技能がマイネル（1981，p.401）のいう自動化のレベルまで達している者にとって，初心者の受動的運動感覚まで理解することは難しい。そのため，意図的に生徒の内面にわが身を置き移して考える，ヴァイツゼッカー（1995，p.127）の言う「移入」（Transjizieren）的洞察が求められる。その重要性についてはこれまでも指摘されてはいたが，どのようにしてそれが実現されるのかについて言及されたものはあまりなかった。今回の事例では，指導者自身の内省的分析に基づいて学習者のキネステーゼ構造を理解するという手法を用い，それによってできない者に欠けているキネステーゼが確認され，必要なキネステーゼ形成のための動きのアナロゴンが考え出された。

　「子どもの目の高さになって考える」という含蓄のある言葉があるが，これはできない生徒に同情することだけを意味するのではなく，受動的キネステー

ぜまでも含めて生徒の志向性を理解するという意味に解されるべきであろう。できてあたりまえと思われる動きの現象について疑いをもつ，言い換えれば，現象学でいう判断停止（エポケー）を行い，その現象の意味の本質を考えていくことによって探り当てられる知がある。本章では，きわめて難易度の低いマット運動の後転を例に，一般にはできて当然のこととしてあまり目を向けられることのない局面に作用しているキネステーゼについて検証したが，今後は，個別の例証によって事象一般を説明できる現象学的意味での本質を記述していく事例研究を多くの運動について進めていくことが求められる。

第 2 章

子どもの運動発達の見方

　子どもの運動発達を的確に把握することは，指導者が運動指導を考えるうえで最初の，そしてきわめて重要な活動である。

　ある運動の発達度を査定しようとする場合，最も一般的な方法は，跳んだり投げたりした距離，あるいは一定の距離を移動するのに要した時間の計測などの達成記録に基づく量的基準法である。また，それだけでは体格差や身体成長度に即した運動発達の査定には不十分であるため，行われた運動経過の特徴に基づく質的査定が行われることもある。

　これらの査定法によって，年代間や年齢，地域などと運動発達の関連を比較したり，個人の経年的な運動発達特性を調査したりするなど，さまざまな特性を把握することができる。そのため，これまでも運動発達に関して，測定値による量的視点，ならびに動きの質的視点からの研究は数多く行われてきた。また，それをもとにして子どもの運動活動の必要性などさまざまな問題性も提起され，体育授業やスポーツ指導に有用な情報を提供してきた。

　しかし，量的研究にしても質的研究にしても，これらはいずれも行われた運動を対象として客観的な立場から考察したものである。換言すれば，行っている人間，子どもがどのように当該の運動あるいはその状況と対峙しているかという動感志向的内実を考察に含めた運動発達論に関する研究は見つけるのが難しい。

　本章の目的は，第一に，動きを外部視点のみからとらえる従来の研究手法では，とりわけ子どもや初心者の運動発達度の査定に関しては不十分であることを論証し，とくにメルロ＝ポンティの現象身体論を拠り所にした現象学的動感

志向分析の方法を取り入れることの意義を例証することにある。

「現象身体」とは，メルロ＝ポンティが『知覚の現象学Ⅰ』（1975, pp.125-255）のなかで，「対象的身体」との対比で説明している身体のあり方である。

われわれが身体について語るときにはふたつの側面から可能である。ひとつは，身長や体重，血液循環などで表される物的状態や健康状態，あるいは筋力などの運動能力など，測定や診断などの対象としての身体である。メルロ＝ポンティはこのような身体のあり方を「客観的身体」あるいは「対象的身体」と呼んでいる。

もうひとつは，それを生きている自分の身体である。これは，手足の位置は無意識的に分かっている，目の前の溝は自分に跳べる幅なのか判断できる，2本の木の間は身体を斜めにしなくても通り抜け可能なのかなど，いちいち測って確かめなくても分かっているような身体である。これが「現象的身体」と呼ばれる身体のあり方である。

前者は，誰にでも確実なかたちで認識できる，いわば経験の「図」にあたるものであり，その意味で「客観的・対象的」である。一方後者は，われわれのすべての行為において普通は気づかれないで機能している経験の「地」である。

このような現象身体のあり方について貫（2008）は，「『身体図式（Schéme corporel）』によって構造化され，『習慣的身体』というあり方をもち，また『運動意味』が状況との回路となる」と説明している。

第二のねらいは，動感志向性の観点から運動発達をとらえようとした場合には，連続的変化のなかに何らかの人為的な区切りを入れて発達段階を査定するのではなく，運動者の動感志向性における「転機」（ヴァイツゼッカー, 1975, p.299）の発生に基づく発達段階の査定が不可欠であることを典型事例の考察を通して例証し，これに基づいて指導者に求められる転機分析力の重要性を論証することである。それによって，これまで見逃されてきた動感志向的発達論の実践性が確立される。

1. 運動の外部観察による発達査定の問題性と志向分析の意義

（1）量的評価の問題性

　跳んだ距離や投げた距離，一定距離を走った時の所要タイム，あるいは縄跳びなどの反復動作を一定の時間内に行った回数などを測定し，その値をいくつかのレベルに分類し，そこにあてはめて評価する量的評価法は，運動発達度査定においてきわめて一般的な評価法である。言うまでもなく，この方法は誰が評価しても同じ基準で査定することが可能であり，客観性という点において有利な方法である。また，多くの子どもたちの標準を設定することができ，それをもとに達成記録を比較すれば容易に運動発達度を知ることができる。

　その一方で，数値としての達成記録を子どもの運動発達査定の指標とした場合には大きな問題性を指摘することができる。それは記録の大きな分散性である。安定した運動経過を示すことができない子どもの場合，一回ごとに測定値は大きな変動を示すことが少なくない。そのため数回の試技を通して，その平均値をとったり，数回のうちのよい方の記録あるいは最高値をもって当該者の運動達成力とみなしたりすることが多い。

　しかし，ある程度の安定性をもった実施の測定値の平均を取ることの妥当性には納得できるとしても，変動幅が非常に大きい場合には平均値の信憑性は大きく低下する。なかには記録できない試技も珍しいことではない。たとえば，投げたボールが前に飛ばずに，横方向やときには後ろに投げ出されるようなことも幼児ではしばしば見られる現象である。あえてこの試技の記録をとればマイナスの値となる。このような記録までも含めて平均値を取ることの不合理さは言うまでもない。この問題は，年少児や運動初心者の場合にはとくに考慮されるべき問題である。

（2）運動経過評価の問題性

　数値は数量を表す抽象的記号であるので，先に述べた量的評価における測定値（記録）は測定した項目以外の内容を捨象したものである。つまり，達成し

た距離や時間を測ることは，そこで行われた動きの内容を考えないことでもある。別言すれば，運動がどう行われたのかは問わないということである。それでは実用に役立つ発達査定とはならないので，行われた動きの特徴から運動発達を査定する方法も一般的である。これには2通りの評価法がある。ひとつは関節角度や身体各部の速度などを測定して，その数値から判断するバイオメカニクス的方法である。そしてもうひとつは運動モルフォロギー（形態学）的比較法である。

1）バイオメカニクス的方法

　バイオメカニクス的方法は，人体の各部の位置移動に関する物理的特性を探る方法であるため，測定による数値情報の取得を目的とする。行われた運動の物理的変化に関する事実確認であるので結果の客観的提示が可能であるが，測定項目が対象とする運動の特性を的確に表しているかどうかの検証が重要である。複数項目の測定が行われるのが一般的であるが，項目数を増やすことが動きの全体的特性の正確な把握につながるとは限らない。たとえ測定項目をどれほど増やしたとしても，それらは測定が可能な内容に限定されるからである。部分の総合が全体へ還元可能かどうかという問題はつねに残される。

　中谷（1975）によれば，自然科学とは「自然現象の中から，科学が取り扱いうる面だけを抜き出して，その面に当てはめるべき学問である」ので，対象は測定可能なものに限られる。近年では人体の複雑な動きも三次元測定法の開発もあり，かなり正確な測定が可能となってきている。しかし，どれほど正確に測定できたとしても，それは物体変化としての特性のみに限定される。つまり，その運動を行っている人間の意図，感情，過去の経験に関する記憶などは含まれない。たとえば，球技などにおけるオープンスキルの発達は相手との駆け引きが本質であり，それを機械的に測ることは不可能である。駆け引きは，自分の技能のみならず，相手の戦術力や戦況などあらゆる要因が組み込まれて機能するものであり，これらを単一の，あるいはいくつかの項目だけに焦点化して測定し，その結果から全体像をとらえようとしても到底把握しきれるものではない。このような測ることができない内容が運動発達に大きな意義を持っていることも少なくない。

2）モルフォロギー（形態学）的方法

　マイネル（1981，p.107）は，行われた運動の「空時・力動構造，運動の流動，運動の弾性など，一般に分析的研究が避けてしまう運動の徴表や固有性」をとらえる認識法として運動モルフォロギーを提唱した。モルフォロギーは「対象の全貌と本質を把握する認識作用としては悟性的に思惟に優越し高次の（多くの場合最高の）認識能力」（林ほか編，1971，p.949）である「直観」（Anschauung）を通して，運動を分断するのではなく全体的特性を把握する方法である。そのため，指導実践においては日常的に活用され，また研究においても今日ひろく取り入れられている。

　見ることを頼りとした素朴ともいえる動きの形の認識法であることから，モルフォロギーを精密科学的な分析研究の前段階ととらえてはならない。高橋（1982）は次のように述べて，モルフォロギーによる形の理解の独自性を説明している。

> 　生物とは生命現象であると同時に，形である。形を忘れた生物学は，大切なものを見落としているといわなければならない。しかも形は，近代科学が依拠している定量的・分析的な方法によってはほとんどとらえることができない。形を計量することによって得られるものは，もはや形ではないのである。形を把握するものは，むしろ直観にほかならない。
>
> 　　　　　　　　　　（『「見る」ことの哲学』高橋義人，1982，pp.86-105）

　この場合，「形」といっても静止した物体の，いわば死んだ形を対象とするのではない。モルフォロギーの祖とされるゲーテは次のように述べている。「形態学というものを紹介しようとするならば，形態について語ることは許されない。やむをえずこの言葉を用いる場合があっても，それは，理念とか概念を，あるいは経験において一瞬間だけ固定されたものをさすときに限ってのことである」（高橋，1980）。したがって，運動特性の提示にはキネグラムの連続図や静止画・写真などが利用されることが多いが，これが無作為に選ばれた一瞬，たとえば一定の時間間隔ごとの静止画などと同じ意味にとらえられてはならない。

　ベルクソンによれば，運動は「絶対的な時間的現象であり，時間におけるそ

のあり方を少しでも変えたら，例えば一瞬でも運動体を止めたりしたら，運動の様相が変わってしまう」（中島，1968）という性格のものであり，本来は運動を図や写真で表すことはできない。それにもかかわらず，われわれは一枚の絵や写真だけでも，その時間的前後の動きの様相を想像的に構成することができ，動きの意味をつかむことができる。このような能力，つまり実際の運動経過や図，写真などを見て，そこに実施者の動感も感じ取る感性的能力を土台としてはじめてモルフォロギーは機能する。

　しかし，そこには一定の能力の獲得という難題がある。つまり，「動感形態は動感化能力をもたない人には見えない」（金子，2009，p.99）のであり，マイネル（1998）は，そのような感性的能力は後天的に獲得されるものであるから計画的に教育する必要があると言う。

　運動観察における動感化能力は，運動の外的経過だけを入念に眺めていれば自然に身につくものというものではない。金子（2009，p.106）によれば，身体移入原理に裏づけられた，「自我身体の動感志向性を投射しながら他者の動感世界に潜入していく形態学特有の観察法」としての他者観察の専門能力を身につけることが求められる。それによって，運動モルフォロギーは目に見える運動経過の観察だけでなく，次章以降で取り上げられる志向分析も含んだ全体的考察法として，生命ある人間の運動発達を理解するうえで不可欠の研究法と位置づけられる。

（3）　運動発達査定における動感志向分析導入の意義

　これまでの論述から，運動発達の内実に関して，達成記録や運動経過の量的測定および運動の外部視点からの観察だけでは十全な把握には至らないことが明らかとなった。それらの研究法では，実施している人間の意識が考察に含まれていないからである。

　リハビリテーションの視点から運動発達論を論じた人見（2013）は，「発達のような形成のさなかにある者は，そこで何が起きているかさえ内的にはわからず，逆に外から観察しただけでは本人の経験に届かない」と言う。だからといって，「観察できる外的事実を放棄したのでは，発達が何であるか，発達が

どの方向に進んでいるのかということについての手がかりさえ失ってしまう（観察のパラドクス）」と述べている。

　また，次の例も発達と意識の問題を考える上で有用であろう。

　子どもがお絵かきで完全円（描きはじめと描き終わりがつながった円）が描けるようになるのは3歳から4歳とされる。これを純粋な筋肉運動と扱って筋電図などの分析を行っても，子どもの発達を探る研究としては意味がない。完全円が描けるということは，運動機能の発達ではなく，子どものこころの中の問題なのである。もちろん筋肉や神経協調の発達も必要であるが，それは運動の条件であるに過ぎない。

　皆本（2017，p.51）は，完全円は子どもの意識のなかに「空間」が誕生したことを表しているといっている。閉じた円は，子どもにはその中に何かが入る空間の枠組みととらえられると言う。このように，子どもの運動は物体としての身体運動だけでなく，意識の向かい方，つまり志向性の分析を含めて考察するものでなければ実践的意義は認められない。

　したがって，運動発達の査定においても，外的観察に加えて，それだけでは把握できない内的過程，意識体験を探る方法が必要となる。本論では，その方法として現象学的視点からの志向性（Intentionalität）の分析を取り上げる。

　現象学の祖フッサールは，「意識はすべて『なにものかについての意識』Bewusstsein von etwas であるという意識の基本的性格を『志向性』という概念でとらえ，これを主題的に問い深めることによって，認識作用の主観性と認識内容の客観性を橋渡そうとした」（木田，1970，p.31）といわれる。そして，「志向的体験の分析をもって現象学の中心問題とした」（林ほか編，1977，p.573）のである。

　この志向性にはあらゆる意識現象が含まれる。われわれは生きている限り，「表象，判断，感情，意志，感情・その他いかなる性質の志向作用もすべて，それぞれの仕方で何らかの対象に向かっており，そして通常その対象はそのつどの志向的体験の中で〈目標として狙われ〉思念されている」（木田ほか編，1994，p.178）。運動実施においても，行おうとする意図や，動きながら行う自分の動きの修正，あるいはすでに行った動きについての反省など，多様な

形式の意識活動を伴って運動に立ち向かっている。さらに，本論で対象とする志向性はこのような明確な意識現象だけにとどまらず，われわれが何かあるものに対峙しているときの無意識的態度や状況なども含めた広い意味でとらえるものである。したがってヴァルデンフェルス（2004）が，現象学用語の志向性（Intentionalität）は「私がある特定の意図をもって，特定の行動を意図的に行うことを意味するのではありません」と注意を喚起しているように，英語のintention（意図）という狭い範囲の語と同義にとらえてはならない。

　われわれがものごとに立ち向かっているときには，知覚してはっきりと意識できる内容と，無意識のうちに自ずと了解している内容がある。フッサール（1997）は，前者のような明確な意識対象に関わるものを「能動的志向性」，後者のようなはっきりとした意識にはのぼらないが主体の意識や行動に影響を与える志向性を「受動的志向性」と呼んでいる。

　なお，ここでいう「受動」という語は，「能動」に対置する語として用いられており，一般に使用される意味の「受け身」を表しているのではない。このことは，これまで現象学研究者においても誤解されてきた問題であり，十分に注意する必要があると山口（2005）が指摘している。稲垣（2007）は，「フッサールにとっての『無意識（Unbewusstsein）』とは，『意識が無い（bewusstlos）』というよりは，『自我が無い（ichlos）』もしくは『自我が機能していない』，『自我が気づくことのない』ということを意味している」と説明している。たとえば，不意に飛来してきたボールをとっさにうまくキャッチしたときなど，自分がそのように動こうと意識することなく身体が勝手に動き，事後になってはじめて自分の動きを意識することがある。その場合，キャッチの瞬間は自らの意図に基づいて行ったという明確な意識は働いていない。

　運動を行う際にも，はっきりと意識にのぼる能動的志向性だけでわれわれの運動を理解し尽くすことはできない。むしろその能動性を浮き立たせる地平としての受動的志向性が重要な意義をもっている。フッサール（2004，p.91）は，志向的分析の「本来的な仕事は，意識の顕在性のうちに含まれている潜在性を露呈することである」と述べている。

　金子（2007，p.412）は，運動を行う際に伴っている明確な顕在的意識の

背景にたたみ込まれて潜在化した志向体験の意味核を「含意潜在態」と呼んで，その分析が身体知の構造の解明に不可欠であることを一連の著作（2002，2005a，2005b，2007）の随所で指摘している。

　本論も，運動発達の進んだわれわれ大人が普段気づかずにうまく行っている運動の背景にある潜在態を取り出し，志向的意味内実を目に見えるようにすることを目的としている。それによって子どもの運動発達の本質的意味が理解されるようになる。

　ここで，運動発達査定に関してなぜ動感志向性の分析が必要なのか，その必要性を投動作の研究事例について検討してみたい。

　これまで投動作の発達に関しては多くの研究が発表されている。たとえば，宮丸（1980）は幼児の投動作を映画分析法によって研究し，動作の質的パターンの分類とともに，投てき距離・初速度・投射角・リリース位置の測定値の経年的変化を詳細に提示している。この種の研究の先駆ともいえるもので，学術的価値が高い研究である。

　宮丸は調査結果のひとつとして，加齢とともに投射角度が高くなっていくことを報告している。この傾向は他の研究でも報告されており，小学生の投動作について調査した小林ら（2012）も「投射高は4，6年生が2年生よりも有意に大きかった」と述べている。

　幼児にボールを投げさせると，前下方に投げつけるような動作を行う者が多いことから，低年齢では投射角が低く，年齢が上がるとともに高くなっていくという傾向には納得できると思われる。しかし，この傾向は測定データによって事実として提示されているだけで，その理由を論証しているものはない。

　身体の成長，筋力の増強によって，腕を振る速度も増大するので，投げ出されたボールの初速度も高まり，その結果，投距離も長くなるのは当然である。それに対してこの投射角の変化は，そのような連続的向上を遂げる性格のものではなく，実施者の志向性における大きな転換点からとらえるべき特徴なのである。幼児でも指示すれば真上に投げることさえ可能であることから，この投射角度が高くなっていく現象は成長や筋力の向上では説明がつかない。つまり，この現象の意味は従来の外的観察や量的測定によっては把握できないもの

である。どのような志向的転換点をとらえるべきかについては次章以降で明らかにされる。

発達の進んだ，いわば運動の完成形と未習得者の運動を外面的に比較するだけでは発達の本質的様相に切り込むことはできない。子どものことばの発達過程の研究でも同様の問題があり，浜田（1999）は，「できあがってしまった完態の姿を念頭に，ひたすらそこにまでいたる過程をなぞって発達段階を説くという種類の発達心理学が世を席捲している」と批判している。また山口（2011）も，人間の諸能力の発達を問う発達心理学の近年の傾向として，外部観察の対象が個体的主観から間主観的主観へ移行するに伴って被験者の体験を学問的知見に組み込もうとしてはいるが，それに応じたしっかりした方法論が欠けているためにこれまでの外部観察に対する単なる補足にしかなっていないと述べて，外部観察的研究の困難性を指摘している。

それゆえ，われわれ大人にとっては自明なものであり，取り立てて意識することのない部分に疑問の目を向けなければ，現象の本質的意味を理解することはできない。そこで，「自覚的意識とは独立に，気づいたときにはすでに成立している（もしくは解体・変容している）世界とのかかわり方の解明の技法」（稲垣，2012）である現象学の手法が必要となる。

2. 志向分析に基づく運動発達の理解

（1）抽象的空間の構成力の発達

1）走り幅跳びと遠投の運動発達に関する事例的考察

もし，「小さな子ども，たとえば幼稚園児は走り幅跳びや遠投ができない」という説を唱えられたら異論が噴出するであろう。走るのもおぼつかないほどの低年齢の子どもの場合なら頷けるとしても，実際に幼稚園で走ったり跳んだりしている子どもたちの姿を見れば，できないという見方は誤りであると判断するか，あるいは走り幅跳びという運動課題の意味を子どもたちが十分に理解していなかったのではないかという疑念が湧いてもおかしくはない。遠投でも事情は同じである。子どもたちはいつも楽しそうにボールで遊んでいるのでは

ないかと言われるのは当然であろう。もちろん，どれだけ跳べるか，あるいは投げられるかという達成力はここでは問題とされていない。あくまでもできるかできないかという問題である。

　しかし，確かに多くの幼稚園児は走り幅跳びができないのである。同様に遠投（できるだけ遠くまで物体を投げる動作）もできない。もちろん，できる子どももいるが，ここではできない子どもの存在を措定することが重要である。

　実はこの問題は幼稚園児だけに該当するのではない。小学生や，ときには中学生であっても走り幅跳びができない児童や生徒が少なからずいる。スポーツテストを行うと，助走していって，踏み切り板から前上方に跳び出すのではなく，助走の延長，あるいは少し大またになる程度の走り方で砂場に駆け抜ける生徒がいる。

　遠投でも，中学生であっても，われわれが見ると明らかに投げ出す方向が低く，遠くまで飛んでいきそうもないと思われるような結果になっていることがある。

　このような動作に対して，運動感覚の鈍さを嘆いたり，生徒のやる気を疑い，ときには怒り出したりする教師も少なくない。しかし，鉄棒の逆上がりや跳び箱が跳べない生徒に対して怒り出す教師はいない。それは，最初は誰でもできない段階があること，練習を積む必要があること，できるようになるまでの過程には個人差があることなどを経験的に知っているからである。

　では，なぜ走り幅跳びや遠投はそのように扱われないのだろうか。それは，走る動作と跳ぶ動作，およびその組み合わせができることと遠跳（できるだけ遠くまで跳ぶという課題をもった運動であり，遠投に合わせて本論ではこのように呼ぶ）としての走り幅跳びの違いが教師に理解できないからである。つまり，走る動作と跳ぶ動作ができれば誰でも走り幅跳びはできるはずだという認識に疑問を持つことは一般にはないのである。しかし，遠跳としての走り幅跳びができるようになるためには，動感志向性における大きな変化が必要なのである。このことを次の2つの事例で考察する。

〈事例1〉幼児の走り幅跳び（遠跳）

　ある幼稚園で4歳の園児たち30数名に走り幅跳びを行わせた。事前に課題の内容をていねいに説明し，助走して踏み切り線のところからできるだけ遠くまで跳ぶように指示した。また，跳び方を数回示範した。

　園児の中には，大人が行うように（図14-A），助走から踏み切り線の近くに足を置いて前上方に跳び上がるという普通の走り幅跳びを行う者もいたが，多くの子どもたちは，図14-Bに見られるように踏み切り線のはるか手前で踏み切って，着地を線の近く（多くは線を少し越えたあたり）で行っていた。つまり多くの子どもたちは，線から遠くに跳ぼうとするのではなく，線を跳び越すことを目標にしているかのように思われた。そのため，跳躍距離は非常に短く，幼児の運動資質に比して適格な測定値が得られるとはまったく考えられなかった。

　踏み切り線から跳ぶ者が少なかったため，跳躍距離の測定は妥当性がないと考え，踏み切り線から1.5メートル幅となるようなもう一本の線を引いて川に見立て（図14-C），その川を跳び越えるように指示した。その結果，ほとんど

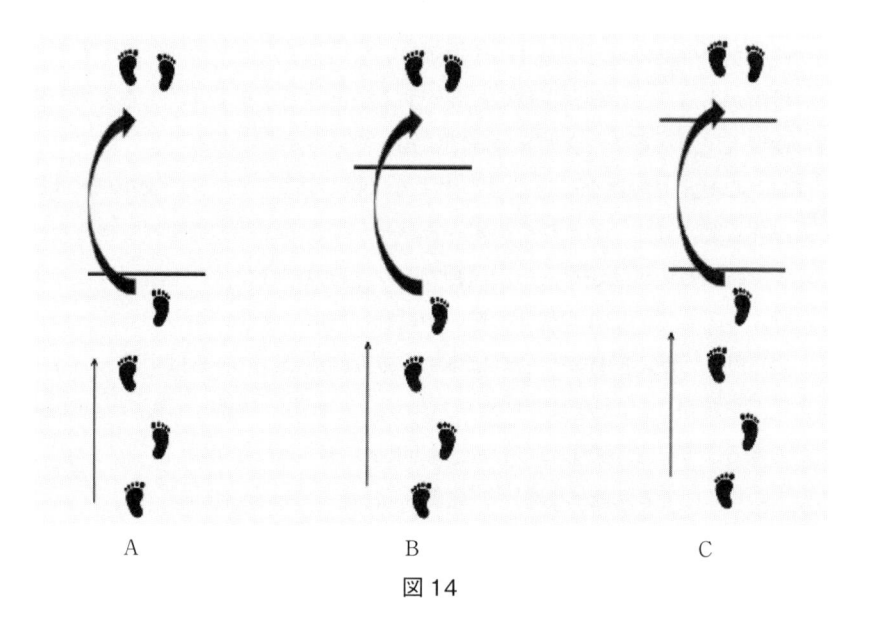

A　　　　　　　　B　　　　　　　　C

図14

の子は踏み切り線のあたりで踏み切り，川の向こう側まで跳ぼうとしていた。ただし，遠くの線まで達することができない者は全力での跳躍の意図が見られたが，線まで容易に達することができる者にとってはその線までの距離は最大遠跳距離ではない。したがって後者の場合には遠跳という課題の達成とはいえない場合もある。

〈事例2〉幼児の遠投

同じ園児たちに，地面に引いたラインからできるだけ遠くまでボール（硬式テニス用）を投げる課題を与えた。

成人のように遠くまで投げようとする子どももいたが，多くの子どもたちは自分のすぐ前の地面にボールが落ちるような投げ方をしていた。投げる際の動きの特徴としては，とくに女子では腕だけを振って投げ，全身を使った動きになっていない子どもが多かった。そのため，足を前後に開いて体のねじりを活用した動きの者は少なく，両足をそろえて投げる子が多かった。またダーツのように，投げる手と同じ足を前に出す子もいた。中には，投げる動作そのもののまとまりが崩れ，横の方や真上の方向，あるいは後方にボールが飛んでいく子どもも見られた。

遠くまで投げるという意図をもっていると感じられない子どもが多かったことから，投げる方向に何らかの目標がないと子どもたちは投げにくいと考え，最大遠投距離と思われるあたりからさらに少し離れた地点に，ボールをキャッチするしぐさをした成人をしゃがみ立ちさせた（☆印）。そうすると，キャッチしてくれる者の手の方向（⇨）にボールを投げ出す子どもが多く見られた。つまり，ボールの飛行軌道が直線的であれば相手の手に到達する投射角

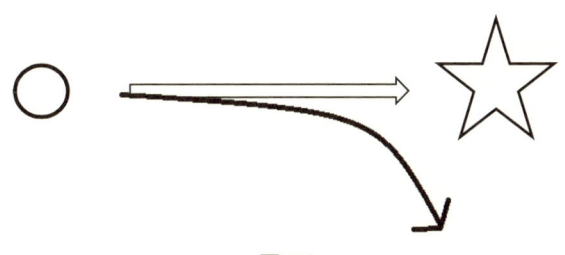

図15

度である。しかし実際には，ボールの勢いが弱いために重力の影響を受けて，図に見られるようにキャッチャーよりもはるか手前の地点にボールが落下してしまうことになる。

2）園児にとっての課題動作の志向的意味

ここで問題とすべきことは，なぜ園児たちは線から遠くに跳ぼうとするのではなく，線を目指して跳んだのかということである。そしてまた，園児は遠くまで飛んでいく角度ではなく，なぜ捕球者をめがけて投げたのかということであり，実施における志向的内実を探ることが必要となる。

われわれ成人は，できるだけ遠くまで跳ぶことを要求されれば，その課題達成のための行動を行うことができる。そのとき，どれだけ跳んだか，あるいは投げたか，その距離の長短が問題となることはあっても，出された課題に対応できるかどうかを取り立てて問題にすることなどない。だから陸上競技の投てきや跳躍種目では，同じ目的に向かって選手たちが技能を競い合い，そのときの能力差が測定値となって現れる。学校体育においても，技能レベルの差はあっても事情は同じであり，運動能力評価として距離測定を行うことに違和感がもたれることはあまりない。

しかし，幼稚園児などの子どもは，これらの運動に対してわれわれ成人と同じような態度で立ち向かうことができるとは限らない。「できるだけ遠くまで」ということばの意味が理解できないのではなく，できるだけ遠くまで跳ぶ，投げるための動き方が分からないのである。メルロ＝ポンティ（1975，p.191）は，主体に対して運動の発動を働きかけるものを「運動的意味」（signification motrice, motorische Bedeutung）と呼んでいる。幼児たちはこの運動的意味が分からないのである。あるいはわれわれが求める幅跳びとは別種の運動的意味が子どもたちに働いているともいえる。

メルロ＝ポンティの「運動的意味」について貫は，「身体図式を起動したり，組み換えたり，形成したりするもの」（2008，p.132）と説明している。たとえば，突然ボールが自分に向かって飛来してきたとする。その場合，サッカー選手であればとっさに足を出してトラップする。多少敏捷な者は身をかわして避ける。ボール遊びの経験が少ない者は縮こまるだけで避けることもできないか

もしれない。このようにわが身に降りかかる状況に対して，自分の身体図式によって行われる反応動作は多様である。つまり，同じひとつのボールでも動きを引き出す運動的意味はさまざまであるといえる。

　事例であげた幅跳びの場合，踏み切り線だけの場合と，川に見立てた2本線の場合では幼児にとって運動的意味がまったく異なっていたとみるべきである。このように「運動意味を媒介として状況と身体図式はひとつの〈状況─身体─系〉を作る」（貫，2008，p.134）のである。

　なぜ一見同じように見える行動が異なる運動意味をもつのか，その理由を考察するとき，メルロ＝ポンティの「抽象的運動」と「具体的運動」の志向的相違への洞察が拠り所を与えてくれる。

3）　具体的運動と抽象的運動

　メルロ＝ポンティ（1975，pp.179）は，戦争で頭部に傷害を負った患者シュナイダーの症例に関するゴルトシュタインらの研究をもとに，「掴む」ことと「指示する」ことの違いを説明している。

　われわれは，自分の鼻を「掴む」と「指さす」という行為の間には，接触があるかないか程度の違いしか感じない。鼻を掴む直前の指の位置は，指さす行為の指の位置と同じような場所にあることから，物理的にみればわずかな差しかないと考えるのが普通である。しかし，脳の一部に機能障害を負った患者の症例は，これらの動作の本質的相違を如実に示す。この患者は，目を閉じていても自分の鼻を掴むことはわけなくできるが，鼻を指さすように言われてもできないと言う。

　「鼻を掴む」動作は，「そもそもの始めからその終局に魔術的に達してしまっており，その目的を予料してしかことを始めない」（メルロ＝ポンティ，1975，p.181）ような「具体的運動」である。換言すれば，終わりの状態まで含めて行為全体が身体的に了解されていて，どのように動くのか思念する必要のないような動作である。われわれの日常生活のなかでは，対象物に向かって歩いたり，いすに座ったり，ドアを開けたりするなど，無数の具体的運動をとおしてさまざまな行為が進められている。これらの運動では，自分の動作と対象とが完璧に結びついている。塚本（2008）によれば，ある運動に熟達することは，

身体が「特定の『できる』において現象的に消滅すること」である。そのとき
は，「身体がいわば忘れられている存在」になっていて，ある行為，たとえば
飛んできたボールをキャッチしようと思うだけで十分であり，自分の身体の動
きに意識を向けているようではミスを招くことになる。

　それに対して「指し示す」動作は，身体の存在を忘れてできる運動ではない。
ボイテンデイク（1956，S.192）も，何かを指し示すことは，何かを掴むこと
とは性格のまったく異なった行為であり，指し示すことができるためには，主
体に向き合って安定している空間，つまり，その中で物ごとが特定の距離を保
ちながら並列的に，あるいは順序だって存在しているような空間が必要だと言
う。それに対して，掴む場合にはそのような空間は必要なく，たとえば前述の
脳に障害を負った患者は，物をうまく掴んでも，その掴んだ物体がどこにある
のか分からないと言う。

　またこの患者は，目を閉じて腕を水平に上げるとか空中に円を描くといった
具体的状況から隔離された純粋な身体運動を行うよう指図されても，すぐには
応じることができないことが確認されている。メルロ＝ポンティ（1976，p.179）
は，このような「何ら実際的状況に向けられていないような運動」を「抽象的
運動」と呼んでいる。ここで使われる「抽象的」という語は，行為をその文脈
から切り離すことを意味し，「具体的なものから離れて，『可能的』ないし『考
えられうる』にすぎないものの領域」（メルロ＝ポンティ，1976，p.106）を指
している。これに類して，他者の動きのものまね動作や，ダンスあるいはス
ポーツで他者の動きをまねようとするときなども同様の志向性のもとに行われ
る。

4）可能的空間への自己投射としての抽象的運動

　メルロ＝ポンティ（1975，p.191）が，「具体的運動の背景はあたえられた世
界であり，これに反して，抽象的運動の背景は構成された世界である」と述べ
ているように，抽象的運動ができるためには，それを実現する可能空間を自ら
作り出さねばならない。言うまでもなく，その過程は受動性の次元で進行する
のであり，その都度明確な意識が伴っているわけではない。

　物を掴むときにどのように腕や手を動かすのかあまり思案することはない

のと同様，健常者であれば，自分の鼻を指さしたり，単に腕を回したりすると
きの抽象的運動でも，腕や手の動かし方にことさら注意を向けることはあまり
ない。しかしそれは，その運動がわれわれにとって慣れた易しい運動である場
合に限られ，少し複雑になればどのように動けばよいのか戸惑うことになる。
その好例を，金子（2007, p.300）は「まぼろしのバー」で説明している。

　これは，走り高跳びで一定の高さのバーをクリアすることができる者に対し
て，バーを取り去って，バーがあるときと同じ動きを行わせるという試みであ
る。金子によれば，バーを取り去っても同じような運動経過を示すことができ
るのは，その動きのコツの身体中心化が条件となる。つまり，まぼろしのバー
を跳び越すことは，実際にはないバーを仮想的に設定して，それに自分の動
きを合わせることが要求される。その場合，メルロ＝ポンティ（1975, p.192）
が言うように，「抽象的運動を可能にする正常な機能は，一つの〈投射〉機能
であって，それによって運動主体は，自然的には存在せぬものもそこでは存
在のみかけをもつことのできるような一つの自由な空間を，自分のまえに用意
する」ことが必要なのである。したがって，バーがあると思われるあたりで，
自分はどのように動くのか，潜勢的に運動を行ってみることができない者は，
バーを取り去られると何を行ってよいのか分からなくなる。

　この「まぼろしのバー」は，すでに跳び越すことができる者に対する試みで
ある。しかし，まだ跳んだことがない，どのように跳ぶべきか分からない時点
でのバーを置かない走り高跳びであれば，踏み切りの位置関係や空中動作など
動きのきっかけをつかむことがいっそう難しい課題となる。今回の幼児たちの
場合，いわば最初から「バーのない走り高跳び」に相当する，具体的な目標の
ない走り幅跳びの動きを求められていたことになる。その意味では，まぼろし
のバーの試み以上に難しい課題であったといえるかもしれない。

5）抽象的運動としての遠跳と遠投

〈遠跳について〉

　われわれが走り幅跳びを行うときには，具体的な目標のない空間に向かっ
て，自分の動きを投企しながら跳びだしていくのであり，そのときの跳びだし
角度やスピードなどに応じた踏み切りの力動性は身体的に了解されている。金

子（2005b, p.116）が，「匿名的な動感志向性は，動きつつある身体それ自身のなかに居座っていて，その動感運動の自我意識は隠蔽されたままになっている」と述べているように，幅跳びで適切な方向に跳び上がるための手足の動かし方や上体の姿勢の保ち方というような運動の仕方は，特別にその部分に注意しない限りはあまり意識にのぼることはない。できるだけ遠くに跳ぼうと意図するだけで適切な動きを身体が選択してくれる。

　しかし，運動経験の貧困が大きな問題となってきている現代の子どもたちにとって，われわれが自明的にスポーツ運動種目ととらえている走り幅跳びはそれほど易しい運動ではない。渡辺ら（2006）は，小学生の中・高学年児童にとっても走り幅跳びの「助走 — 踏み切り」の組み合わせ運動は容易ではなく，助走から踏切のきっかけを得られずにそのまま走り抜けてしまうような傾向の子どもや助走の延長のようなまたぎ跳びになり片足の着地になってしまう子ども（両足での着地ができない子ども）が少なくないと述べている。

　跳び方に注意を向けなくても，遠くまで跳ぶのにふさわしい動きができてしまうという，動き方に対するわれわれの無自覚は，子どもにとって走り幅跳びの運動投企がどれだけ難しいことであるかを理解する妨げとなる。

　このような志向的構造をもつ抽象的運動に，前述した幼児の走り幅跳びの動きを置き重ねてみると，子どもたちの奇妙ともいえる動作の意味を理解することができる。つまり，子どもたちは具体的目標のない走り幅跳びの課題に対して，抽象的運動を構成することができないため，地面に引かれた線を着地の目標にして運動を行っていたのである。

〈ボール投げについて〉

　ボール投げに関しても走り幅跳びと事情は同じである。具体的な目標に向けてボールを投げるのではなく，できるだけ遠くまで投げるという抽象的な目的の投動作を行うことは，投げるという運動経験の少ない者にとっては決して易しい課題ではない。

　具体的目標の有無という点において，野球選手が外野の位置からホームベースに送球するのは遠投とは区別される。ホームベースまでの距離は長くても，

ホームベース，あるいはキャッチャーという目標をめがけて投げているのであり，その行動空間のなかで選手はあえて自分の身体の動かし方に注意を向けたり，ボールを投げ出す角度などを意識的に構成しなければならないものではない。

　それに対して，浜辺から大海原に向かってできるだけ遠くまで石を投げる状況にいると仮定してみると，具体的な目標のない抽象的運動の意味が実感できる。つまり，野球グランドなどでは，地面のほかに周囲の物体などの位置を拠り所として，自分が投げたボールの到達距離もだいたい分かるものだし，投げる前であってもおおよその落下地点が推測できる。しかし，眼前に果てしなく続く海面しかない状況のなかでは，投げた石の落下地点など見当のつけようがない。そのため，できるだけ遠くまで投げようとすると，全力を出すことは当然としても，石を投げ出す方向やそれを実現するための自分の動き方に意識を向けざるを得なくなる。

　その際，石やボールなどを投げる動作に慣れている場合には，だいたいの投射角度が身に染みついていて，それに応じた所作が投企される。しかし，物を投げる経験があまりない者にとっては，自分の動き方に意識を向けるのは難題である。日常の具体的空間の上にひとつの可能的空間を構成し，その中で自分の体の動きや投げる方向などを決めることが要求されるからである。だから，幼児など投運動の経験の少ない者は，近くの的に当てる「目標投げ」ではまとまりある動作がなんとかできていても，遠投になると動作全体のまとまりが崩れて無秩序に腕を振り回し，およそ投動作とはいえない動きになってしまうことは珍しいことではない。

　これは，まだ知能の発達が未熟な幼稚園児だけの問題ではない。小学生や中学生でも，投げる動作の経験が少ない生徒が体力テストで遠投を行う際，戸惑ったようなしぐさを時折見せることがある。これは，投げることが下手なことを恥じる心理的理由からだけではなく，可能空間における自分の動きの構成，つまり運動投企ができず，どこにどのように投げてよいのか分からないからなのである。

6) 学習の"迂回路"

遠跳はできなかった幼児たちが, 具体的な目標線を設置することによって, 結果的に遠跳に近い動きに発展した経緯には, 指導の観点からみれば重要な内容が含まれている。これは, 遠跳の運動習得という視点から見れば, ヴァイツゼッカー (1994, pp.108-124) が「迂回路」と呼んだ方法に該当する。

ヴァイツゼッカーは, ヒステリー麻痺によって手関節を伸展させる (手首を伸ばす) ことができなくなった患者に対して, 手首を伸ばすことを直接要求するのではなく, 他人の手や鉛筆などを握らせるという間接的な課題を与えることによって, 本来の目標である手首の伸展を可能にした症例を報告している。これは, 単に手首を伸ばすという課題は具体的な目標物への行為ではなく抽象的運動であり, その治療は物を握るという現実的 (具体的) な課題を経由 (迂回) してはじめて可能となったことを意味している。

幼児の遠跳の例も,「川跳び越し」という迂回路を経験することによって本来の目標である遠跳の動きが導かれたと言うことができる。この事例は, スポーツの指導において, 本来の目標のための練習ステップとして適切な「迂回路」を設定することの重要性を示唆している。

このことから方法論的な示唆が得られる。つまり, 幼稚園, 小学生 (あるいは中学生などであっても) の体育授業においては, 走り幅跳びを学習する前に, 具体的な目標を置いた跳び越し運動, たとえば地面に線を引いた川跳び, マットの跳び越え, 助走から片足で踏みきって低い跳び箱の上に跳び乗る運動などを行って, 川 (マット) の幅や, 跳び乗る跳び箱の高さなどに応じてどのような方向に跳べばよいのかを学ばせるべきである。

7) 遠投の学習の方法論

投げる動作に関しても, 特定の目標物のない空中のどこに向かって投げればよいのか分からないのが初心者である。だから, 多くの子どもたちは, たとえばボールをキャッチしてくれる人物, あるいは何か的になるような具体的な目標に向かって直線的に投げようとする。そうすると放物線を描く投射物の軌道が理解されていないので, 目標物よりはるかに下の方へ投げてしまうのである。

　そのような初心者の下向き投げの傾向に対して，現場の教師たちも何とか子どもたちの投能力が向上することを願ってさまざまな練習法を考案している。たとえば，高いところに張ったロープを超えるようにボールを投げる練習をすることによって高角度で投げる経験をさせようとしたり，遠投に適した角度の斜め上方に向けて細いひもを張り，それに通した筒（たとえばリレー用のバトンなど）を投げる遊びを通して，投げる方向を体得させる方法などがある。また，初心者は投げる際に体のねじり動作が利用できないという欠点の矯正のために，投げる方向の後ろから渡されたボールを受け取って投げるという練習も考案されている。こうすれば，投げる者は一度かならず後ろを向かねばならないことから，いやでも体をねじる動作が身につくというわけである。

　これらの練習や遊びが子どもの運動発達に悪い影響を及ぼすというわけではない。さまざまな運動を体験することの意義は十分に認められるが，問題は，これらの運動の考案がすべて運動の外形的類似性しか根拠としていない点にある。

　高所の目標に向けて投げる遊びは，遠投に適切な投射角の感覚を身につけるという点ではたしかに有用な教材になりうるかもしれない。しかしそれは，ある程度の投力がすでにあり，目標物にほぼ直線的にボールを届かせることができる子どもだけに限定される。つまり，投げたボールの勢いがない場合には，適切な角度と目された方向に設置された目標物に的中させようとすると，目標物のある方向と投げ出しの方向とは大きく異なることになる。また，目標に届かないような投力の弱い子どもには，練習の意味がなくなる。

　後ろからボールを受け取って前に投げるというねじり動作の強制的発生法は，うまく投げることのできる子どもが行えば，体の一層のねじれが誘発される可能性はある。しかし，本来的にねじり動作をうまく使って投げることのできない子どもがこの課題をやっても，実際に投げるときにはねじりのない体勢にもどってしまうのは明らかである。

　〈迂回路〉の原理を応用すれば，投動作の学習も跳動作と同様に，最初は目標に向かって投げる練習が行われるべきである。さほど遠くない到達可能な距離で，他者にボールや投げやすい物（たとえば幼児であればお手玉のような握

り易い物が効果的である）を投げ渡したり，的となる目標物にボールをぶつける遊びをできるだけ多様な形式で行い，そのなかで投げたい距離に応じた投射角度と力の入れ方の関係を体得する経験が不可欠である。

　日常の行為においては，どの角度へ，どれだけの力で投げたのでどの位置へ投射物が到達するのかという物理的因果関係が問題なのではない。周界との対峙関係から生まれる人間の行為では，どこへどのように投げたいのかが問題となるだけである。遊び仲間へボールを投げ渡そうとして相手の手の位置をめがけて投げたら，目標よりもはるか手前にボールが落ちてしまう結果になれば，もう少し上に向かって投げてみたり，もう少し力を入れてみたりする。その試行錯誤のくり返しによって，適切な投射角度を自分の動きのなかで学んでいくのである。

　この自分が発揮する力と投射角度のバリエーションを身体を通して理解していく過程で，自分の最大遠投距離をつかむことができる。遠投の時だけは，力と投射角度のバリエーションはなく，ただひとつの方向しかない。つまり，最大の力で45度の方向へ投げ出すことである（実際には重力が作用するので，物体の飛行の方向はそれよりかなり低くなる）。この最適の投方向を体得した者においては，具体的目標を欠いた遠投という抽象的運動が，習慣化された自分の運動となるのである。

　遠投において最適の方向へ安定してボールを投げ出すことができるのは，45度という特定の方向への投動作に熟練したのではなく，異なる力加減でさまざまな角度に投げる経験を土台として，その多様性のなかから45度あたりに投げるときの動き方を最適な動きとして身体的に了解[19]できたということに他ならない。

　この段階，つまり，なんとなくその辺りに投げるのではなく，最大飛距離となる方向を確信して投げることができる段階にある者だけに対して遠投能力の

---

[19]　メルロ＝ポンティ（1975, p.246）は次のように説明している。「身体が一つの新しい意味づけによって滲透されたとき，身体が一つの新い意味の核を同化したとき，身体が了解した，習慣が獲得された，と言われるのである」。

測定は妥当性をもつものとなる。その段階に至っていない者の実施では，試行のたびに投距離は大きく変動し，測定値の客観性などまったく意味をなさない。この段階にまで運動発達が進んでいるかどうかを，動作から読み取ることが指導者の役目である。

（2）　シンボル（象徴）機能の獲得における志向的転機

　前項において，運動経験の少ない子どもにとって抽象的運動が困難であることが例証されたが，さらにここでは，人間にきわめて特徴的なシンボル（＝象徴：以後，シンボルと象徴は同義として扱う）化能力の発達について考察する。

1）　シンボル（象徴）とは

　鳩は平和のシンボルと言うように，シンボル（象徴）は「抽象的な思想・観念・事物などを，具体的な事物によって理解しやすい形で表すこと」（松村ほか編，1995，p.1321）である。しかし，このようなシンボルマーク的なものだけでなく，シンボルの作用は非常に多様な文化諸般にわたって，いわば無意識的にはたらいている。『哲学事典』（林ほか，1971，p757）では，「質的にことなる二者がなんらかの類似によって必然的にかかわり合う」ことがシンボル（象徴）の特徴であると説明されている。これは，異なるものに同じ意味を見出すこと，あるいは同じものを異なる視点から見ることを意味している。カッシーラー（1997，p.66）が「人間を，『理性的動物』という代わりに，animal symbolicum（シンボルの動物―象徴的動物）と定義したい」といったように，人間の行動はシンボル（象徴）機能を獲得することによって動物レベルの行動を越える。

　本来，鳩と平和のあいだに関連などないように，「シンボルにおいては，その記号が意味する内容を『指し示す』だけであり，空間的にも時間的にも直接的にその対象と関わっているのではない」（齊藤，2011）。たとえばシンボル機能が現れる典型的なものにことばがあるが，ことば（音声）とそれで表されるものとの間には本来何の関係もない。あるのは意味のつながりだけである。音声と直接的関係を持つのはオウムが喋ることばである。オウムはそのことばで意味を表しているのではない。だからオウムは別の語で言い換えたり，同じ

ことばで他のものを示したりすることはできない。一方，人間は，同一物をさまざまな語で言い表すこともあるし，同一語でまったく別の意味をもたせたりすることができる。このような「パースペクティブの多様化」（メルロ＝ポンティ，1976，p.184）がシンボルの機能である。これによって人間は，動物にはない多彩な思考，行動が可能となっている。

2）行動のシンボル的形態

メルロ＝ポンティは，著『行動の構造』（1976，pp.161-184）のなかで生物の行動形態を癒合的形態・可換的形態・象徴的形態の三種に分類している。もっとも低次の行動として「癒合的形態（formes syncrétiques」があり，これは下等動物に見られるような生存と密着した本能的行動形態である。その上位に「可換的形態（amovibles）」が位置する。原（仏）語の amovible とは「取り外しが可能な，交換可能な」という意味である。またドイツ語に訳したヴァルデンフェルス（Waldenfels，1976）は「はぎ取る，交代する」ことを意味する ablösbar という語を充てている。これは，学習が可能ということを意味し，オウムのことばや棒を使う猿の行動など動物が新たに覚えた行動形態である。そして人間固有のものとして「象徴形態（formes symboliques）」を挙げている。

動物は，たとえ新たな行動を学習しても，それは状況と密着していて，別のところで類似の行動をとることはない。猿が芋を塩水で洗うことを覚えたとしても，それに倣って他の状況でも食物を洗って食べるようにはならない。動物の行動を引き起こす記号は信号であり，信号は反応と常に一対一の関係である。それに対して人間にとっての記号は，ボイテンデイク（1971，p.207）がいうように，「経験のうちに形成された関係によってではなく，記号と他の記号との結びつきが記号をもって表された事物と他の事物との結びつきに等しいがゆえに，記号をもって表された事物を現前せしめるような記号」なのである。他の動物の場合には，ある記号は対象（物）との直接的関係としての信号（シグナル）として機能するが，人間の場合には意味だけを関連づけた象徴へと上昇する。それが「象徴的形態」といわれる所以である。

この行動のシンボル形態は人間に固有のものであり，動物のように事物と

一対一の関係のなかでうまく行動できる「可換的形態」を凌駕するものである。といっても，人間のすべての行動が象徴的形態で進められているわけではない。メルロ＝ポンティ（1976，p.161）は，この3つのカテゴリーは動物が3つの群に分けられることを意味しているわけではなく，「その行動が癒合的レベルを越えないとか，シンボル形態の下位へ下ったりすることはないというような動物の種は存在しない」と述べている。つまり，人間であっても情況に応じて適切な行動をとることができず決まり切った動作しかできないのであれば，動物の可換的形態と同じレベルにあるといえる。

　なお，ここで「情況」といったのはボイテンデイクに由来する。ボイテンデイク（1971，pp.30-31）は，「動物の活動の意味は，世界の構造的部分の意味内実との関連においてはじめて開示されるのであって，そのような部分をわれわれは情況と名づける」と述べている。また，「われわれが動物や人間の行動を認識し得るのは，最初から行為を情況に，情況を行為に有意味に関係づけ得る場合に限られる」と行動と情況の一体的関係を説明している。本書でも，このように行動と意味的に切り離せない場の関係を，単なる「状況」と区別して「情況」と表現する。

　シンボルは記号で表される対象と意味的に統一されているのであり，両者の関係性が理解されている。関係が同じであれば，それを実現するには多様な方法を考えることができる。だから人間は，一見まったく異なるような行動の間にも類似の関係を見いだすことができるのである。たとえば，机の下に落ちた鉛筆を取るとき，手を伸ばすのか，手が届かないので棒を使うのか，あるいは足で引き寄せるのかなど，どの方法が好都合か思案することができる。

　メルロ＝ポンティ（1976，p.184）は，「〈意味するもの〉と〈意味されるもの〉，〈志向〉と〈その目指すもの〉との充全な合致へ向かう行為は，象徴的形態とともに現れる」と言う。また，「ここでは行動はもはや単に一つの意味を〈もつ〉のではなく，行動そのものが〈意味〉なので〈ある〉」と述べている。足で机の下の鉛筆を取るという判断行動がシンボルのはたらきによると考えることは一般にはあまりないが，メルロ＝ポンティに倣えば，それが多様な可能性の中から選ばれた一つの決断という意味で，その行動自体が「意味」なのだ

ということができる。

　ここで若干の補足をしておきたい。

　ボイテンデイクやメルロ＝ポンティなどの時代にはシンボル的行動は完全に人間固有の行動形態だと考えられていたが，訓練によって自動販売機を使う猿まで現れてきているような近年のチンパンジーの行動研究などから分かるように，人間以外の動物にもシンボル（象徴）形態に類する行動がまったく出現しないというわけではない。菅野は次のように述べている。「霊長類研究は目覚ましい進展を見せてきた。霊長類はメルロが考えたよりずっと高度な知的行動をしている，あるいはすることが可能である。メルロの否定にもかかわらず，霊長類は象徴的形態の水準における行動を行う能力の持ち主である」（メルロ＝ポンティ，2011，p.279）。したがって，正確に言えば，人間は他の動物に比してシンボル化の機能の発達が著しくすぐれていると言うべきであろう。

3）スポーツにおけるシンボル行動

　カッシーラー（1997，p.68）が人間は「シンボルを操る動物」だと言ったように，人間の行動はシンボル機能を特徴としている。しかし，われわれはそのことを常に意識しているわけではない。無意識のうちにシンボル的思考，あるいはシンボル的行動を行っている。たとえば，地図を見ているときには，実際の地形を見ているのではなく，頭の中で仮想空間を作り上げている。このような働きもシンボル機能を持っている人間だからできる活動である。動物は，たとえ渡り鳥が遠大な距離を往復する能力を持っていたとしても，それは本能にすり込まれているだけであって，われわれが地図を見ながら移動するのとは本質的に異なる活動である。このいわばあたりまえの活動としてのシンボル化の働きをここであえてスポーツ，あるいは体育の問題として取り上げるには，その意義が確認されなければならない。

　スポーツ，たとえばサッカーゲームにおいて，どの経路を通って特定の位置に移動するのがよいかという戦術行動はシンボル化能力のはたらきが直接パフォーマンスに影響する典型的な例である。サッカーやラグビーなどの球技においては，ゲーム状況を上空から見ているような感覚を習得することが重要だと言われている。この場合，「自分の外に座標軸の設定された空間」としての

「シンボル空間」（河本，2006）の中でゲームが仮想的に展開されることが必要である。このような能力に支えられてはじめて，一回ごとに異なる場面であるはずのゲーム状況のなかに一定の意味的パターンを見いだし，それにふさわしい行動を選択できる戦術力が発揮される。したがって，この能力の養成は球技コーチングにおける最も重要な課題のひとつである。

　イチロー選手が守備で見せる魔術的ともいえる頭脳的プレーを見て，高度なシンボル化能力の持ち主であることに異論を挟む者はいないであろう。しかし，このようなシンボル化能力の萌芽は子どもの動きのなかにも随所に観察することができる。

　子どもの鬼ごっこにおいて，ただ単純に追いかけたり逃げたりする初期の段階から，経験に応じて相手の動きに合わせてフェイントを行ったり待ち伏せ的な行動を取ったりできるようなレベルに発達する。これは，他者のキネステーゼ（動感能力），すなわち能力性をそなえた「私の身体性の中に息づいている〈動いている感じ〉」（金子，2005a，p.24）に即してこれから行われるであろう行動を予描し，同時に自分のキネステーゼをもとに潜勢的に運動を投企する能力が獲得されたことを意味している。つまり，シンボル化能力の獲得，すなわち視点の交換が可能となった，あるいはその能力が向上したのである。ゲーレン（1985）はボイテンディクに同調して，この潜勢運動（virtuelle Bewegung）が子どもの集団的遊技や大人のスポーツ活動においてきわめて大きな役割を果たしていることを指摘している。

　また，バスケットボールのシュート（小さな子どもでは同様の現象が運動会の玉入れで観察される）で，初めはゴールリングを直接狙った直線的なボール軌跡であったものから，放物線を描いたシュートに変わっていくのは，単純な物理的変化や力加減によるものではない。自分の力で投げたボールが，ゴールとの間で描く放物線の軌道を想定することができるようになったからである。もちろんこの想定は，たいていの場合，無意識的に，いわゆる受動性の次元で進められる。つまりこの場合，ゴールまでの距離，ボールの投げ出し角度，ボールの初速（投げる力），軌道の想定などが自分のキネステーゼとの相関の中で身体的に了解されているのである。

　このように，スポーツパフォーマンスにとってシンボル化能力はきわめて大きな意義があり，運動の自由習得ならびに体系的学習活動の中でこの能力を発展させることが重要である。しかし，現実のコーチング活動において，このシンボル化能力の発展を阻害するような指導が少なくない。つまり，固定的行動形態の反復練習，いわゆるドリル練習のみを強いる指導である。情況に応じて臨機応変に行動できることがゲームプレーの真髄であるはずが，自らの行動の意味さえ分からずに紋切り型のプレーしかできず，指導者に言われたことだけを繰り返す応用力のない選手を作り出している現状がある。このような問題は，「ほんとうの人間的シンボルは，同一性によってではなく，可変性によって特徴づけられている」と言うカッシーラー（1997，p.85）の本質を突いた言葉の意味からはずれた，運動発達におけるシンボル化能力の発生によってもたらされる運動発達の動感志向的転機に対する認識の欠如に起因するものである。

3. 指導者に求められる転機分析力

　これまでの論述から，運動指導におけるシンボル化能力の査定の意義が確認された。しかし，それを客観的に測るための装置や基準を示す指標があるわけではない。ゲーム観察において，ある選手が情況の意味を読んだうえで特定の位置に移動したのか，それとも偶然その地点に到達したのかを物理的移動の視点から区別することは不可能である。また，玉入れでかごを直接ねらって投げていた子どもが放物線軌道を予測してかごから少し離れた空間へボールを投げ出すようになる発達は，前述した遠投の投射角度の変化の例と同様に，確かに投射角度の物理的変化としてとらえることはできても，この変化がなぜ起きたのかを説明することはできない。

　したがって，物的に特定することができないシンボル化能力を把握するためには，物体を扱う方法とは異なる認識の方法が必要となる。その方法として拠り所となるのは「転機」という概念である。これは，ヴァイツゼッカー（1975）が著『ゲシュタルトクライス』の中で，因果系列からは説明のつかない生物学

的事象としての行為の統一性を叙述するために用いた概念である。

ヴァイツゼッカー（1975，p.299）のいう転機とは，「一挙に別のものとして別の世界に自己を見出すところの自我」が現れる転回点であり，消滅と生成の同時的展開である。木村（1998）によれば，有機体と環境との出会いのなかで主体性が成立し，その関係が維持されるためには出会いの根拠となっている主体の原理が無意識にそれ自身を変化させ，古い原理が捨てられて新しい原理が獲得されることによってのみ可能になると言う。このような変化の節目がヴァイツゼッカーの意味での転機である。転機を感じ取って，その前後の変化を比較する区別の仕方は，物理的連続性のなかに何らかの人為的区切りを入れて分類する仕方とは根本的に異なる区別の仕方である。

たとえば競歩という競技においては，選手の両足が地面から離れた瞬間があるかどうかで歩と走の動作が区別される。しかし，これは人為的に設定した区切り方に過ぎない。われわれは自分が歩いている状態から走り出したとき，その違いを空中局面の存在で判断するのではない。ジョギングで疲労困憊になって，空中局面のない足を引きずるような走り方になっていても，そこから歩く動作に変えるとその違いは明瞭に分かる。走と歩を物理的特性だけで正確に区別しようとしても，必ずそれぞれの中間的な特性が現れてうまくいかない。しかし，走っているのか歩いているのかを実施している本人が間違えることはあり得ない。それを見ている他者も，その転機の瞬間は把握が可能である。

しかし，転機を見抜くことがいつも容易であるとは限らない。自転車に乗れるようになったり，鉄棒で逆上がりができるようになったりすれば，そのとき大きな運動発達があったことは本人も周囲の者も間違いなく分かる。しかし，それはその運動ができたという結果からの判断であり，実施者の動感における転機をとらえたものとはいえない。動感志向性における転機，いわゆる「動感志向的転機」を見抜くことは誰にでもできることではない。そこには一定の能力が要求される。

子どもが立位から前屈して，両脚の間から後ろを見ている姿勢，いわゆる股覗きから，体重が前にかかってたまたま前に転がってでんぐり返りのようになったとする。このときわれわれは，この子はでんぐり返り（前回り）に

なったとは言っても，それができたとは言わない。運動は，偶然に一回だけ動きの型にはまったことをもってできるようになったとはいえず，ある程度の再現性をもった運動経過が必要だからである。いわゆるシュトラウス（Straus, 1956）の言う「環境に適合するための内的組織化としての動き方（Bewegungsweise）」の習得が問題となる。

　しかし，この偶然の成功をきっかけにして，同じ動作を試み，同じような結果を繰り返すうちに，その子はまた次も同じようにできることを確信するようになる。そのとき，その子にはでんぐり返りの動感が発生したのであり，その動感発生を感じ取った周りの大人もこの子はできるようになったとみなすようになる。

　この場合，最初にでんぐり返りになった時と数回後のでんぐり返りを行ったときとの間に，外的経過においてはほとんど変化がなくても，その子はコツをつかんだのであり，動感発生という大転機が訪れていたはずである。それを感じ取ったときに，端から見ているわれわれもその子が前転をできるようになったとみなすのである。その際，試みの回数によって判断するのではない。たとえ一回だけの観察であっても，見慣れた者なら「たまたまそうなった」のか「できるという確信のうえで行った」のかの判定はそれほど難しいことではない。しかし，運動指導という視点を意識していない一般の者であれば，動感志向的転機を正確に見取ることは難しい。

　シンボル化能力の発達を見抜くためにはさらに鋭敏な観察眼が必要となる。子どもの鬼ごっこにしろ，サッカーなどのボールゲームにしろ，情況判断力が向上する過程は因果的に説明できるものではない。コーチをしていれば，「あの選手は周りの情況をよく見られるようになってきた」と感じるときは誰にでもあることだが，それを客観的に証明する手立てなどないことは明白である。ボイテンデイク（1958, S.186）が言うように，「いつシンボル行動，つまり精神的，真に人間的行為が現れたのかを正確に記録することは不可能」である。それゆえ，指導者には動感の発生を転機としてとらえるための発生運動学の意味の観察能力（金子, 2005b, pp.168-191）を形成する努力が求められる。

4. ま　と　め

わが子がいつ歩けるようになったか，いつ自転車に乗れるようになったのか，たいていの親は答えることができる。しかし，豆粒のような小さな物を親指と人差し指でつまめるようになったのはいつからなのか答えられる親はほとんどいない。というより，その変化に発達上の大きな意味があることに気がつくことがない。しかし，手のひらで握って取り上げるのは乳児の頃からできるが，指だけでつまむ動作に移行するのは大きな運動発達なのである。

ボイテンデイク（1958，S.186）によると，つまむ動作というのは慎重さ（Umsichtigkeit）が特徴的に現れるしぐさでありカテゴリー的行動（kategoriales Verhalten）である。つまり，物に対して無防備な態度で臨む乳児にはこのような動作は現れない。持ち上げた後の事態を考えるようになってはじめて現れる行動である。視点を変えて情況の意味を想定するシンボル行動といってもよい。だからこのような動作は猿にはできない。猿の場合は，たとえば火のついたたばこを手に持たせ，徐々に根元まで燃えて熱くなってくると2本の指でつまむ動作が現れてくるという。猿でも現実と密着した行動としてなら可能なのである。

この例から考えるべきことは，運動発達は具体的な運動経過のなかに新しい動きのかたち，つまり運動ゲシュタルト（Bewegungsgestalt）として現れるが，それを発生させる情況との関連および主体の内的過程を探ることなしには発達の意味をとらえることはできないということである。つまり，外から確認できる物理的変化だけをどれほど正確に把握しても，その運動を実施している主体の志向性の分析を欠いていたのでは真の発達を把握することはできないといえる。機械のメカニズムを明らかにするような方法では，生命ある人間の行為の発生のしくみをとらえることはできない。

一般の両親がわが子の運動発達に対してそのような志向的分析を施す必要などない。しかし，教師やコーチなど運動を指導する立場の者にとっては，志向性の分析が不可欠であることは言うまでもない。猿と幼児とでは同じつまむ

動作が現れても，その志向的意味はまったく異なるように，スポーツ場面でも
たとえ外形的に同じような運動経過が現れたとしてもその志向的内実は多様で
あり，そこに洞察の目を向けない限り運動発達の本質的意味をとらえたものと
はいえない。

　本論では，第一に，幼児の走り幅跳び（遠跳）を考察事例にあげて，この運
動の発達過程においては単に走と跳の組み合わせの習熟だけに観点を置くので
はなく，抽象的空間の構成能力が形成されているかどうかの動感志向的分析が
不可欠であることを例証した。鷲田（2003）は，われわれが生きている具体
的な空間は組織され方位づけられた空間であり，それが経験や行為の『素地』
をなしていると言う。それに対して抽象的運動が要求されるときには，「その
ような経験や行為の『素地』としての空間の上に，諸物をそのなかにおさめる
一つの客観的な空間を重ね描きして，そのなかで自分の身体の位置や角度を確
定しなければならない」と述べている。このような観点に立つと，われわれ指
導者は初心者に対して，実施が難しい抽象的運動を求めていることの多さに気
づく。具体的運動材に支えられた地盤，つまり鷲田の言う「素地」が形成され
ていない学習者に対して抽象的運動を課題とする指導は，とくに運動経験の少
ない初心者や年少の子どもの場合には慎重に考えるべきであり，学習初期には
具体的な目標を設定して投げたり跳んだりする経験を積ませる練習過程が不可
欠であるという指導原理が導出される。

　第二に，ボールゲームなどの情況判断などにおいて重要な役割を果たすシン
ボル化能力の発達の査定法としてヴァイツゼッカーの意味の転機の概念を取り
入れることの意義について考察した。これは，シンボル化能力の査定だけでな
く，動感志向的観点から運動発達をとらえる場合に不可欠の方法である。しか
しこの転機分析能力は誰にも等しく開かれているものではなく，自身の運動経
験や指導経験などを土台として自ら高めていく努力を要求される専門能力とし
ての身体知である。

　運動発達の査定は，それが何らかのかたちで運動指導に結びつくことが重要
である。意味体系と価値体系に関わりながら達成として実現される人間の行為
（ボイテンデイク，1971，pp.79）に対して，意味や価値を捨象して絶縁的に得

られた測定データが直接運動指導につながることはない。今回の事例の走り幅跳びの例でいえば，跳んだ距離の測定だけから幼児の志向構造を読み取ることは不可能で，前述した「迂回路」のような方法論的発想は出てこない。指導につながる発達査定法を確立していくためには，機械の性能検査的な方法ではなく，人間の生命ある行為を動感論的視点から志向性を分析していく研究が必要である。

第Ⅲ部の要約

　第Ⅲ部では，第Ⅱ部で考察された志向性の分析に基づく運動の指導例と，志向分析によらなければ見えてこない現象の事例を紹介した。

　その事例研究として，第1章においてマット運動の後転ができない学習者について考察された。

　後転ができるためには，背中を丸めてなめらかに後ろに転がる動作が必要であるが，この単純な動作の実施を妨げているのは筋力などの体力要因ではなく，実施者の志向性から導出されていることが分かった。そのため，この欠点の改善には，プロレープシスの原理を適用した動きのアナロゴンを導入する必要性が検討され，その具体的な方法論が紹介された。

　運動を指導していると，それほど複雑で，理解が難しいとは思えない指摘であっても，まったく改善が見られない事態にしばしば遭遇する。そのような場合，たいていは外部視点からとらえた欠点の指摘にとどまっているものである。学習者の志向性の分析を進めなければ分からない欠点を探り，その理解の上で処方を施すことが必要であることが示唆された。

　第2章では，幼稚園児における跳・投運動に対する志向的分析の視点から，運動評価の問題性について論じてきた。とくに，メルロ＝ポンティの言う「抽象的運動」が課題となるとき，初心者の場合には大きな困難性を伴うことに言及した。

　だからといって抽象的運動そのものに問題があるわけではない。人間は状況と固定的に結ばれた具体的状況の中だけで生きているのではない。ヴァルデンフェルス（2004, p.148）が，「実際の日常において私たちは，抽象的態度の中で生きることが多く，決して現実に生じることのないような実に多くのことに対して準備がなされ，私たちは無限に多くの事物に予めの配慮を行いつつ，多くの不安を抽象的態度によって払いのけるように仕向けられています」と述べているように，われわれ人間は，抽象的運動が可能であることによって，危険な状況のなかで自分の運動可能性の査定をしたり，スポーツにおいては自らの

運動を改善したり，新しい運動ゲシュタルトを創作したりできるのである。

　しかし，メルロ＝ポンティ（1975, p.192）が「抽象的運動は，具体的運動が展開していた充実した世界の内部に，反省と主観性との一地帯を穿ち，物理的空間のうえに，一つの潜勢的または人間的空間 [20] を重層する」と言っているように，抽象的態度で臨めるのは，その地盤としての具体的運動の豊富な財産に保証されている限りである。情況に応じた多様な跳び方や投げ方が経験材として備わっていない子どもは，具体的文脈のない「無償（＝特別な理由なし）」（メルロ＝ポンティ，1976, p.105）の動きを突然要求されても対応できないのである。

　だから指導者は，ある運動課題に対してどのような志向性で向かっているのかを見極めることが肝要である。とはいっても，ある運動を抽象的態度で臨んでいるのか，あるいは具体的態度で臨んでいるのかは外から見ただけでは判定できない。物理的運動として差を見いだそうとしても，鼻を掴もうとしているのか，鼻を指さそうとしているのか，最終局面を見ないかぎり区別は難しい。具体的運動と抽象的運動の区別が可能となるのは，「対象に関係する二つの仕方，世界内存在の二つの型として考察する場合」（メルロ＝ポンティ，1975, p.210）においてだけであり，ひとたび生きた身体を対象としての条件に還元してしまえば，この区別は不可能となるとメルロ＝ポンティは述べている。だから，これらの相違は，行動の内容ではなく構造にかかわるものであり，「観察されるような何ものかではなくて，むしろ了解される何ものか」（メルロ＝ポンティ，1976, p.107）なのである。

　遠跳や遠投における問題性も，ゴルトシュタインらの症例研究，ならびにそれに基づくメルロ＝ポンティらによる抽象的運動などの現象学的概念を導入することによって初めてわれわれの目の前に現れてくるものである。客観的事実としての運動のできごとは誰にとっても同じ経過を示していても，事象の本

---

[20] 中島（1982, p.197）は，この箇所を「人為的（humain）な空間」と訳している。この文脈では，わざわざ行わなくてはならないという意味でこちら（人為的）の訳語の方が理解しやすい。

質はだれにも見えているわけではない。新田（2001）は，われわれの素朴な態度は「物事の理解の自明性を形作っているさまざまな先入見に支配されている」ので，「事象そのものとはその事象に適した方法によってしか自己を提示できない」と言う。今回の事例でも，抽象的運動と具体的運動の区別といった視点をもたない限り，運動に熟練したわれわれ大人からは，跳び上がる角度やボールの飛び出し角度が低い，視線が下を向いている，といった外的特徴しか見えてこない。そのような客観的事実だけをいくら入念に取り出しても，指導実践に生きる情報とはなりにくい。指導者には，子どもの動きを外から見た事実の確認だけでなく，現象の本質に迫る見方が必要である。その見方の視点を提供するのが運動学の使命であろう。

　第Ⅲ部においては，指導者が理解していかなければならない学習者のキネステーゼについて，志向性の視点から事例考察を通して検討してきた。しかし，学習者のキネステーゼを理解するには指導者の移入的態度が不可欠であることは随所で強調されてきたが，その具体的な方法については十分な論及がなされたとはいえない。人間が人間を教える運動指導においては，片方の特性についてどれほど深く探ったとしてもそれで事足りるわけではない。指導者の側の理解活動の内実の検討，および移入的理解の方法論が次の問題となる。

第Ⅳ部　指導実践における運動感覚意識

　これまでの考察によって，運動観察は単なる動きの外形的特徴の把握の段階を越えて，学習者の志向性まで入り込む移入的運観察の必要性が明らかにされた。

　しかし，これらはすべて他者として学習者を見たり，解釈したりする指導者の行為である。これはいわゆる他者観察であるが，その観察能力には観察する者の自己観察能力が大きな意義を果たしている。運動実施者の志向性まで分析しながら観察ができる専門能力は，自らの感覚や志向性まで分析した豊富な経験の蓄積が基礎となっていることは間違いない。

　人間学的運動学においては，指導者と学習者の相互的関係としての間主観的作用が不可欠であり，指導者側のキネステーゼが他者の運動の観察や志向分析に対してどのような影響を及ぼしうるのかが問われなければならない。

　そこで第Ⅳ部では，指導者は単に運動の構造や技術，さらに指導の方法論的知識および経験を持っているだけではなく，自ら行う運動をどのような感じで実施しているのか，そのキネステーゼの能動的構成の意義と方法の解明に重点が置かれる。

第 **1** 章

運動学習における自己観察活動の構造

　われわれが運動を習得したり改善しようとするときには，行った運動について内省する行為が不可欠である。マイネル（1981, p.123）は，「自分自身の運動を外からだけでなく，"運動覚"，"筋覚あるいは運動性分析器" の助けによって "中から" も知覚する」ことの可能性を重視し，この「自己観察」（Selbstbeobachtung）が運動学習においてきわめて大きな意義をもっていることを説いている。さらに，運動している者の実施意識は自己観察報告でしか得られないことから，運動研究の重要な手がかりのひとつとしている（同書, p.126）。

　また，近年においては，自己観察（内観，内省）に関する実践研究もみられるようになり，実践性を重視するスポーツ運動学においてはその重要性が認識されるようになってきた。人間の行為としてのスポーツ運動を習得し，改善していく過程において，自分の運動を意識し，対象化し，目標を設定しながら練習を積んでいくことは，技能の向上にとっても，そしてまた，ことばをもった人間の自己形成的意味においても大きな意義があることに異論の余地はないであろう。

　ホッツ（Hotz,A., 1986, S.109）は，学習段階や能力のレベルが上がるにつれて，運動の成果に対する認知過程の影響が大きくなり，さまざまなことを意識しながら練習やトレーニングを進めることが学習活動の質を高めることを指摘している。具体的に言えば，心眼（geistige Auge）で運動実施に関する重要なポイント（Knotenpunkt）を確認したり，自分の実施についてどうだったのかと自問自答したりするような，運動の意識的なイメージ化が重要なのである（同書, S.114）。

　このようなスポーツ活動における自己観察の価値を認識したうえで，本章

は，何がどのように観察されるのかという自己観察過程の内実について検討しようとするものである。具体的には，運動を学習していく際に，自分の運動をどのように把握していくのかという過程と，自己観察力の発達の意味について考察する。それによって，自己観察を運動の指導・学習の実践の場に活かすための方法論的基礎を提供できると考えられる。

1. 自分の運動の把握

（1）「自分の運動が分かる」ということ

　自転車に乗れるようになるということは，自転車の乗り方が分かるということである。また，歩き方がよく分かっているから，普通の道では何の造作もなく歩くことができる。

　しかし自転車に上手に乗れる者が，具体的にどのような身体操作をしているのか，その詳細を語れるとは限らない。われわれは，熟練した運動や習慣化した運動については，細かなことまで意識していないことが多い。

　たとえば，ズボンをはくという動作は一般の人にとって日常的な，容易な運動である。しかし，この動作を実際に行ってみることなく，頭の中だけで思い浮かべてみるとき，自分はどちらの足からはく習慣があるのか明言できる者は少ないであろう。といっても，この動作をどうやってよいのか分かっていないのではない。よく分かっているから，たとえズボンに爪が引っかかっても，うまくはけるように足の動きを調整できるのである。このように高度に習熟した段階では，"理屈は分からなくても，体で分かっている"といわれる。とくにスポーツにおいては，細かなことに意識を向けなくても，身体が勝手に動いてうまく調整できるような「自動化」（マイネル，1981，p.413）の段階まで習熟度が高められていることが要求される。

　上手にできるという意味でその運動が"よく分かっている"といわれるのに対して，自分の動作に関して正しく説明できるという意味で"よく分かっている"といわれる場合もある。何か失敗をしたとき，いつものうまくいっているときの運動経過と比べて，ほんのわずかなずれを正確に述べることができるス

ポーツ選手も少なくない。このような選手は、"自己観察能力がすぐれている"といわれる。

　このような自己観察力のある者と，運動はうまくできるのに自分の動きに関しては情報を得られない者とではどこに違いがあるのであろうか。

（2）　運動覚[21] と自己観察

　われわれは，運動を行っている最中に，自分の運動がうまくいくように絶えず調整を行うことができる。たとえば，スキーのターンの途中で山側に体重がかかりすぎ，そのままでは転倒することが事前に分かると，スキーを急いでからだに引きつけてバランスの回復を計るといったことが上級者になるとできるようになる。これは，平衡感覚や圧覚，筋や腱の緊張の感覚，いわゆる運動覚に基づいて自分の運動経過を調節することができることを意味している。

　自分の運動に対して，その時々の状況に応じて適切に処置を施すこのような過程は，言語的に理解されている場合もあるし，そしてまた非言語的，すなわち無意識のうちに行われる場合もある。前記の例で言えば，バランスの崩れを察知し，"このままでは危ないので支持足の位置を変えなくてはならない"というように意識的に対処することもあれば，咄嗟の場合など，まったく反射的に対処してしまうことも珍しくない。

　サッカーの選手であれば，ピッチ以外の場所でも，突然ボールが自分の方へ飛んできたとき，容易に足でそれを止めることができる。その場合，彼は自分の足をどのように動かせばよいのか考える余裕はまったくなくても無意識的にできるのである。

　このようないわゆる「体で憶える（ている）」過程について，千葉（1990）は脳生理学の立場から次のように説明している。

---

[21]【運動覚】筋，腱，関節の内部あるいはその付近にある受容器から生じる感覚であり，身体部分の姿勢，運動，緊張の度合いなどが通報される。目を閉じていても，自己の姿勢，四肢の運動やその方向を判断することができるのは，主としてこの運動覚のはたらきによる。（金子・朝岡編『運動学講義』1990，p.255）

　体の動きは筋肉の収縮が次々と重なっているものですが，前の体の動きが次の動きを誘発するという具合に組み合わされてゆきます。これは，前の体の動きの情報路が次の動きの指令路に新しい結合を作ることを意味します。その際に，固有受容器が重要な役割を果たすわけです。そして，固有受容器からの情報の大部分は意識されないので，このような新しい結合も意識されず，『体で憶える』ということになるのです。（千葉康則『人は「無意識」の世界で何をしているのか』1990，p.40）

　無意識的，反射的に対処できる能力を，ボイテンデイク（1956，S.268）は「感覚運動性知能（senso-motorische Intelligenz）という以上にうまく表現しようがない」と述べているが，この能力に長けている者が，いわゆる "運動神経がよい" といわれる人たちであろう。だから，自分の運動の様子を言語的に意識できる者が必ずしも上達が早いというわけではない。

　倒立で静止しているためには，ほんのわずかなバランスの崩れ，具体的に言えば，身体重心が手の真上にある状態からはずれた瞬間を感じ取り，その崩れができるだけ小さいうちに立て直す動作を行う必要がある。その瞬間を察知するのが大事であり，慣れてくれば無意識にできるようになる。というより，無意識にできるまでトレーニングを積むことが必要である。仮に，このバランスの崩れをはっきり意識でき，言語で明確に説明することができても，察知する時期が遅すぎて立て直す動作が間に合わないのでは，倒立の技能という点では無意味である。

　このように，運動覚がすぐれていることと，運動体験の自己観察ができることとは別の次元のことであるといえよう。本章では，この2つの能力のうち，感覚運動性知能と呼ばれるような無意識的な能力ではなくて，自分の運動体験に能動的に意識を向けた場合の意識体験について考察を加えていきたい。

（3）　自己観察の体験内容

　自分が行った運動について反省する場合，実際に記憶として脳裏に残るのはどのような内容なのか確認するために，筆者が新しい運動を習得しようとしたときに体験した意識内容を述べて考察のきっかけとしたい。運動種目はスノー

ボードである。

　筆者にとってスノーボードは初めて体験するスポーツで，初心者としての自己観察内容が把握できると期待された。ただし，筆者はスノーボードの技能に関してはまったくの初心者であるが，スキーに関しては相応の技能および知識をもっており，ターンの構造やエッジの使い方などについての理解度は深い。また，自己観察活動の経験はその他のスポーツ種目で比較的豊富である。

　以下の記述は，1日2時間程度の練習で，初めてボードに乗ったときから，2日目に緩斜面で何とかボードを支配できるようになり，ターンを繰り返して滑り降りることができるようになったときまでの意識内容の一部を記述したものである。

　　〈スノーボードにおける体験事例〉
　　・ボードだけが前に進んで，すぐ転倒するが，体が遅れて後傾姿勢（横向きに立つので，進行方向の反対側の足に体重がかかること）になっていくのが分かる。しかし，そのことが分かっていても，スピードがでると前足に体重をかけることができなくなり，ボードが支配できなくなる。
　　・前足に体重がかかっている間は，エッジに乗ることができ，ターンをしていくことができるのがはっきり感じられる。前足に乗らないとボードをコントロールすることはできないので，前足に体重をかけることを常に意識して行う。
　　・背中側（バックサイド）へターンをしようとするとき，山側のエッジを一度はずして（スキーでいえば，フォールラインへ先落としをする）から背中側のエッジに乗るようにしないと，急にエッジに引っかかって大転倒に至ることが分かる。最初の頃は，突然大転倒に至るため，何が起こったのか理解できなかったが，後にこれを「逆エッジ」という危険な現象であることを知り，それ以降は逆エッジで転倒したことが分かるようになる。

これらの意識内容は，次のように分類することができる。

a) 片足にかかる荷重のような知覚的内容。これを「原初的知覚の意識」と呼ぶ。

b) タイミングや力の入り具合，運動リズム的内容など，知覚に基づいて機能的観点から自分の動きを把握する過程。これを「分析的知覚」と呼ぶ。

ｃ）実際の事象から失敗の原因を推測したり，自分の動きを想像的に表象する活動。

このような運動経過に関する内容のほかに，「うまくいった」とか「気分よくターンできた」といった運動感（Bewegungsgefühl），あるいは感情的内容も運動中には絶えず意識されているはずであり，それらが混在しているのが現実の自己観察の内容だと考えられる。

また，上記ｃ）の活動，つまり失敗原因の推測や動きの想像活動が自己観察に含まれるべきかどうかについては次節の考察によって明らかにされる。

これまで，運動の学習において自己観察の重要性は認められていたが，その内容そのものの構造について検討されてきたとはいえない。自己観察を運動指導の実践で活用するには，選手や生徒の意識が上記の内容のどの次元にあるのかについて，指導者はまず把握することが必要である。

2. 自己観察活動の構造

（1）　体験残像の形成
1）　体験残像の問題性

マイネル（1981，p.126）は，「経験豊かな，訓練を積んだ選手なら誰でも知っていることだが，押し投げたり，跳んだり，投げたりしたあとでは，あるいは器械運動などをやったあとでは，たいていはきわめて正確な運動経過の"体験残像"をもつのである」と述べているが，この"体験残像"（Erlebnisnachbild）はどのようなものとして考えればよいのだろうか。

他人の運動実施やビデオなどの運動経過を外から観察することを客観観察[22]というのに対し，自己観察は運動実施において「自己の直接的な経験

---

*22【客観観察】他者（自分のビデオ映像なども含む）の動きの客観的特性を外部から観察によって把握する活動である。これを土台として，他者のキネステーゼに共感できる能力を備えることによって，マイネルの意味での高度な「他者観察」を行うことができるようになる。

の過程を，孤立的にではなく関連的に，偶然的にではなく意図的・計画的に観察すること」（同書，p.271）であり，それを土台として自分の運動経過に関する認知が可能となる。

　自分の運動経過について考える場合，運動を実施した後，自分の体の動きを像的にとらえ，それを自分の頭の中で観察するという図式は，確かに明快な説明のような気もする。しかしこの図式は，網膜に映った外界の景色を自分の中の"こびと"が見ているという古典的視覚論と似ていないだろうか。そうであれば，やはりそのこびとの行為を見ているのは誰かという論理的破綻を招くこととなる。

　それでは，頭の中で思い描いている像としての運動経過はいったい何をもとにしてできあがったものだろうか。自分の運動をビデオに録画し，その再生画像を記憶して作ったものだろうか。たしかにそのような想像活動がないわけではない。自分が失敗したときの映像を何度も繰り返し見たあとで，実際の練習中に同じような失敗をしたときに，その場面を映像のように思い浮かべることはよくあることである。しかし，これだけが自己観察のプロセスだとしたら，ビデオ機器がまだなかった時代には自己観察はあり得なかったということになってしまう。

　それとも，他人の実施を見て，それと自分の動きとを重ね合わせてみているのだろうか。これも現実にはしばしば経験することではある。しかし，他人の運動はあくまでも他人のものであり，自分の感じと同じだという保証はまったくない。また，従来にはなかった新しい運動形態，たとえば体操競技において世界でだれも行ったことのない新技を練習しようとするときには自己観察ができないことになる。

　これらのことから，自己観察される内容としての像的なイメージ（体験残像）について，今一度その内実について検討してみる必要があると思われる。とくに，運動の反省といえば，自分の動きの映像的イメージが呼び出され，それを観察するという単純な図式を思い浮かべてしまうが，その図式を再検討することが必要である。つまり，"体験残像"という語感からわれわれはテレビに映った画像のような印象を受けやすいが，自己観察の内容は，少なくとも対

象として，向こう側に置いて観察できるような視覚的な像とは異なるのではないかという疑いをもつことがまず必要である。

滝浦（1994, p.46）は，このような思考の図式を心像（イマージュ）の物化とよんで次のような説明を述べている。

> 確かに，眼を閉じて何かを心に思い浮かべようとするとき，われわれは眼を閉じるという行為のおかげで，時には自分の頭の中や眼の奥にある種の像を見ているような思いがすることだろう。しかし，心像が物のコピーないし似像だとすれば，それは物がもっているのとおなじ性質，少なくともわれわれが物に知覚する一切の性質を，たとえ小規模な形においてではあれ，そなえていなければならぬことになる。したがって，そこでは，心像は一種の物として捉えられていると言っていいわけである。（滝浦静夫『想像の現象学』1994, p.46）

残像は，視覚的な映像イメージだけではないという反論もあろう。しかし，"残像" という語は，次のように理解されている。「与えられた刺激作用が止んだ後で起こる感覚印象。主として視覚についていう。残感覚。後感覚」（新村，1983, p.1002）。この説明にみられるように，残像という語は，比喩的な表現を除いては，視覚的イメージ以外ではあまり使わない。心理学における専門術語としての "残像（Nachbild）" は，「ある刺激を見つめてから，眼を閉じたり，他の面に視線を移したときに生じる視覚体験」（下中編，1981, p.277）という意味に使われ，もっぱら視覚に関することに限定されている。

ここで，前節で述べた，筆者の自己観察内容の記述をたどってみれば，知覚やタイミング，力の入れ方などに関する内容が多く，写真や絵のような像としてのイメージはあまり現れてこなかったことに気づく。「後傾になった」という自己観察も，自分のそのような姿勢を向こう側において見ている（もちろん，頭の中でのことだが）のではなく，「後ろの足に体重が多くかかった」というような知覚に基づいている。このように，「体験残像」とは，単なる視覚的内容ではなく，力動性までも含めた総体的印象であるといえよう。

しかし，われわれの実際の体験を思い起こしてみれば，たとえばスキーで滑っているときの「後傾している」という印象は純粋な像的内容ではないかと

いう疑問も残る。たしかに，どんなに筋覚や触覚など像的イメージとは異なる感覚から情報を得ているといっても，現実には何らかの自分の運動している姿を思い浮かべていることは珍しいことではない。しかしその像は，実際に見た像ではあり得ないので，自分の諸感覚からの情報をもとにして後から作り上げられたものなのである。したがってその場合の像（イメージ）は“残像”ではなく，形成された像であるので“構築像”とか“創像”とでもいうべきものである。

2）意識としての体験残像

　サルトル（Sartre, J-P., 1989, p.23）が，「像（イマージュ）はそれ自体が独自の意識であり如何なる仕方に於いてもそれより広い意識の一部をなすことは出来ない」と述べているように，イメージとしての“体験残像”は，われわれの意識の対象となるものではなく，それ自身が意識ととらえなければならない。つまり，意識のなかに対象として存在しているものがイメージなのではなく，イメージとは「意識の対象への関係」，「対象が意識にあらわれるその仕方」（同，p.11）に他ならない。中村（1977, p.70）が指摘しているように，「イメージが私たちの意識とは無関係にそこにあるもの，意識によって眺められるものとみなされている」と考えてはならないのであろう。

　したがってイメージは観察の対象とはならない。「観察」について滝浦（1994, p.54）は，フッサール（1979, p.177）の「射映」の概念を援用しながら，「射映する対象に対して，それへの視点をふやしながらその対象についての知識を限りなく増大させることが，普通に『観察』と呼ばれるのである」と述べている。一般に，観察は視覚というわれわれの知覚に基づく。だから，「『観察可能なもの』というのが，知覚に与えられる対象の本質規定をなす」（滝浦，同書，p.54）と言うべきである。

　因みに，射映とは，「事物が直観される際の特有の与えられ方を表すためにフッサールが使用した用語」（現象学事典，p.208）である。物体を見たときの射映について，フッサールは机を直観するときの例で説明している。それによると，われわれが机を見る場合，一時には一方の側からしか直接的に見ることはできないが，その瞬間には机全体を思い描いている。そのような知覚と意識

の関係を示した語である。フッサール（1979, p.178）は、「同じ事物についての、或る『全面的な』、連続的統一的にそれ自身において確証されてゆく経験意識には、連続的な現出多様と射映多様の豊富な一体系が、本質必然性において属している」と述べている。

　このような見方を谷（2002, p.56）は「突破」と呼んでいる。たとえば、われわれはさいころを見たとき、実際には正方形が変形した台形のいくつかを見ているはずなのに、その知覚を突破して"立方体"を見ているのである。この現象を谷は、「『現出』の感覚・体験を突破して、その向こうに『現出者』を知覚・経験している」と表現している。この場合、「現出」は実際に見えるいくつかの台形の面であり、「現出者」は立方体（さいころ）を表す。

　見るという外的知覚が射映を本質的特性とするなら、体験残像は知覚対象とはならない。前述したように、体験残像は知覚対象ではなく意識そのものととらえなければならない。

　しかし、われわれは"イチローのバッティングフォーム"について論じることができるが、その場合、直接見ていなくても、イメージを見て（観察して）いるような気分になる。この種の知覚によらない観察という問題を考えるには、サルトルの言う「準観察」（quasi-observation）が手がかりとなる。この準観察は、滝浦（1994, p.55）によれば、「イメージが、一方では知覚と同じように、対象のある側面を直観させてくれるように見えながらも、他方では概念知と同じように、すでにわれわれの知っていることがらしか手渡してはくれないという点で、イメージの対象に対するわれわれの態度」を表したものである。

　金子（1987, p.121）は、われわれがビデオなどで運動経過を観察する場合には、その映像に実際の運動のイメージを重ね合わせて見ているということから、運動観察におけるイメージの役割について言及している。そして、ある特定の日時に行われた運動を観察した記憶心像と、イメージ一般とははっきり区別するべきことを指摘している。

　たとえば、カール・ルイス選手やウサイン・ボルト選手の卓越した走フォームを思い浮かべるようなイメージ一般と、オリンピック大会決勝時の目に焼き付くような運動経過の表象像とは同じ系列に扱うわけにはいかない。このイ

メージ一般はサルトルの言う「準観察」の対象となるべきもので，記憶のなかで期日や場所も特定されていないため，それらについて「観察」するわけにはいかないからである。

　このように，観察は未知の事柄を取り入れることができるのに対して，準観察では知っていることしか把握できないという点に大きな違いが認められる。つまり，それまでに意識されたことが一度もないような動きについて，自分の体験残像を振り返って思い出すことは不可能なのである。

　さらに，名称的に類似しているからといって，自己観察を単純に他者観察あるいは客観観察の対置的活動として同次元で扱うことの問題性も指摘されるべきである。

　箱石（1994）は「準観察」の説明において次のように記述している。

　　　私が想像において対象に対してとる態度は観察のようであるが，それは決して観察ではない。なぜなら，それはわれわれに新しいものは何ひとつとして教えてくれないからである。つまり想像の対象は，われわれがそれを心に想い描くかぎりにおいて存在するにすぎないのである。（箱石匡行『準観察』：現象学事典，1994，p.220）

　これらのことを踏まえ，「観察」の概念に照らし合わせてみれば，これまでわれわれが使ってきた「自己観察」という用語の再確認が必要であろう。グロッサー（Grosser, M., 1995, p.147）らは，他者の運動の視覚的知覚に対して「運動観察」を，そして自分の運動における知覚に対して「運動知覚（Bewegungswahrnehmung）」の用語を使用している。しかし，自分が運動しているイメージ（想像表象）などは知覚対象とはならないという点で，運動の自己観察を「自己知覚」に限定することは実践に適用できる規定とはいえない。

　また，自己観察の代わりに「内観」という語を使っても同様の問題は生じる。しかし本論では，混乱を避けるために，用語の問題には言及せずに，暫定的に「自己観察」という語を用いることにしたい。

（2）　想起としての自己観察

1）　言語的制作としての自己観察

　自分が行った運動に関して，どのようなところに問題があったか，あるいは
タイミングは良かったのか，などについて反省し判断するには，運動実施時の
体験に関する自己観察が不可欠である。

　この運動実施時の体験を後に反省する場合には，すでに過ぎ去った事象につ
いて振り返り，思い出すわけであるから「想起」ということになる。たとえ，
たった今終えたばかりの運動であっても，知覚の痕跡が残っているわけではな
いので，その残滓を手がかりにして見直すことはできず，思考作用によって思
い出すことしかできない。当たり前のことではあるが，過去に行った運動につ
いてどんなに生々しく憶えていたとしても，運動中の感覚をもう一度知覚する
ことはできないのである。

　時間論の視点から過去の体験について論及した大森（1992, p.41）は，「人
間が一つの経験に関わる様式には二つあって，その一つが知覚と行動の様式，
今一つが想起なのである」と述べている。自分が行った運動について自己観
察を通して思い出した内容は，この大森の言う「想起的立ち現れ」であり，知
覚的立ち現れではない。これは，想起は過去の知覚の再現，あるいは再体験と
は異なることを意味している。大森によれば，過去の経験として想起される経
験は過去の知覚を繰り返すことではなく，「かつての知覚行動の現在経験」（同
書，p.41）に他ならないと言う。

　そしてこの想起は「言語的，物語的なものである」と大森は言う。つまり，
たとえ風景のような視覚的なイメージなどの想起であっても，「〜は…だっ
た」というように，言語によって理解していると言う。そして次のように述べ
ている。

　　　かりに言語以前の過去経験があるとしてもそれは形を持たない模糊とした不
　　定形（アモルファス）な経験である。それは確定された形を持たない未発の経験
　　でしかあるまい。それが確定された形を備えた過去形の経験になること，それが
　　想起なのである。逆にいえば，想起される，言語的に想起される，ということに
　　よって過去形の経験が成るのであり制作されるのである。（大森荘蔵『時間と自我』

1992, p.54）

　また中島（1996, p.117）も，想起とは「『現に知覚した』という直観を伴って，かつての体験を文章的に思い浮かべること」であると，大森と同様の見解を示している。

　運動の自己観察においても同様に，ことばとの関わりが重要な意義をもっている。マイネル（1981, p.125）は，「運動覚による運動の自己経験が同時に自己知覚や自己観察を意味するものではない」のであって，自己知覚は運動覚が言語によってとらえられるときに初めて成立すると述べ，自己観察における言語の役割を重視している。この場合，想起の内容をことばで表すということはいったい何を意味しているのであろうか。

2）自己観察の言語化の意味

　前節において，筆者が自己観察した内容を述べたが，それは運動経過のすべてにわたる詳細が網羅されたものではない。では，ことばで表現されなかったことはまったく実施者にとって分からなかった内容なのであろうか。ズボンをはくという自動化した運動の例で述べたように，その運動ができるという意味ではよく分かっているにもかかわらず，そのときの経過を述べることができないのは，運動経過が意識に上らなかったためにことばに置き換えることができなかったからである。

　前章で述べた，初心者である筆者の自己観察報告から分かるように，運動中の感覚が意識されるかどうかは運動の習熟度とはあまり関係がない。初心者の段階でも自己観察は可能である。その一方で，無造作にできる「ズボンをはく」動作を実施直後に，どちらの足からはいたのか尋ねても分からないということは，自動化まで進んだレベルの運動はむしろ意識にのぼらないことを意味している。だからセティン（Çetin, 1991, S.65）は，「自動化された運動を修正し変化させるには，その運動の技術を意識化することから始めなければならない」と述べている。

　すなわち，自己観察の内容をことばで表現できるかどうかは，意識に上ったかどうかが問題であり，必ずしも習熟度に依存するわけではない。マイネル

（1981，p.126）は心理学者のプーニ（Puni, A.）の説を引用して，走り高跳び
を行ったあとで，その種目のベテラン選手は「自分の行ったほんの小さなこと
に至るまで，ほぼ完全な正確さをもって報告」できると述べて，自己観察の正
確さと運動の習熟度の関係について言及している。しかしこの場合の「ほんの
小さなこと」というのは，実施における技術的ポイントの「微妙な違い」とで
もとらえるべき内容のことで，運動実施にとって無意味な内容などではない。
極めて微妙な内容であったとしても，実施者にとっても指導者にとっても大き
な意味をもつ重要な内容であり，日頃からその部分について両者の間で質問や
言表の機会がたびたびあったものと考えられる。当該の運動の実施に関して枝
葉末節的なこと，たとえば「空中での右手中指のまがり具合」に関することな
どを唐突に尋ねたとしても，決して適切な返答などできないであろう。

　市川（1996，p.26）は，三段跳びのトレーニングの際に，指導者が選手の運
動内観をどのように探り出すことができるかという抽出の方法的試論を提示し
ている。それによれば，「学習者（被験者）は，運動投企を前提として遂行し
た運動をとらえているということが考察され，とくに運動投企で体験していな
いことについては運動内観として把握されない」と結論づけている。これは，
自分の運動を内観できるためには，実施に先立ってどのように行うかという計
画（投企）が実施者に意識されていることが前提となることを実証したもので
ある。

　またフェッツ（Fetz, F., 1979, p.238）は，「運動の自己観察と自己考察は，
我々が注意を運動に向けたとき，はじめて現れ」，その場合に，「区別の能力と
いうものを持っている固有の性質や徴表だけを詳しく考察する」と述べて，自
己観察と能動的志向性との関わりを指摘している。

　したがって，自分の運動の成り行きについて分かるためには，前もってその
運動局面，あるいは身体姿勢に関して何らかの注意が向けられていなければな
らない。その運動ないし姿勢が志向されている場合に限れば，運動の習熟度は
自己観察の達成に関して大きな意味を担ってくる。つまり，習熟度が高ければ
高いほど，より多くの注意をその部分に向けることが可能になるからである。
習熟度が低い，とくに初心者の場合には，運動が成功したかどうかなどに意識

が向かい，自分の運動の成り行きに関することなどはあまり注意できないのは当然である。このことは恐怖感を覚えるような運動の場合に顕著である。したがって，習熟度が高いと自己観察能力も高くなるのではなく，「習熟度が高い場合には（運動の正否などにはあまり注意する必要がないため），自分の運動経過に重点的に注意を向けることができる」と言うべきであろう。

3) 能動的構成作用としての自己観察

自分の運動について語ることは，運動についての記憶を辿ることになる。運動の記憶が成立するためには，運動中に知覚した内容が頭の中にあるということが前提となることは言うまでもない。それがなければただの空想ということになる。

しかし，想起するという行為は，コンピューターでハードディスクに書き込まれた情報を検索して呼び出すというようなプロセスと同じではない。

芸術など人間の創造活動における記憶の問題について言及した港（1996，p.6）は，「人間の記憶は，文字や数字や信号のように書き込まれ保存されている記録ではなく，われわれが生きているすべての瞬間に，刻々と変化しながら現出するものではないか」と述べている。そして，記憶は刻印の集積ではなく，ひとつの動的なシステムであると言う。つまり，われわれの記憶は記号データのようなものとしてどこかに貯蔵され，検索されるような性質のものではなく，その時々の前後関係や情動などによって，現在に適合されるように築かれるものなのである。港（同書，p.6）はこのような記憶のあり方を「記憶の生成論」と呼んで，一般に考えられているような「記憶の存在論」に対置させている。

元来，記憶のもとになる知覚というものも，機械的刺激に対する必然的な反応などではなく，状況に依存する生物的行為であるのは言うまでもない。光や音，さらに筋肉を通した諸々の感覚など，運動の実施中にわれわれが受ける刺激は無限にあるといえよう。しかし，その多くは意識に残らない。なにげなく歩いているときの足首の角度など普段はまったく意識されない。足首の角度を思い起こすことが必要なのは，平泳ぎのかえる足を学習しているときなどである。つまり，時間の流れと共に生起している無限の現象のなかから，われわれ

に関連のある何かを記憶として保存できるためには，ある過程が必要なのである。

　「知覚すること」「気づくこと」と記憶との関連について，フッサールの弟子のシュッツ（Schütz, M., 1998）は次のように述べている。

　　持続の流れに気づくということは，まさに流れを振り返ること，つまり，『反省』と呼ばれる，流れに対する特殊な態度を前提としているのである。なぜなら，『今このように』に先行する位相があるからこそ，『今』は『このよう』なのであり，『今』を構成するその先行する位相が，『今』私に与えられるのは記憶（Erinnerung）という様式においてだからである。純粋持続の流れのなかの経験は，それに気づいた瞬間に，『さっきこのようであった』という記憶に変化する。こうして，記憶作用の働きによって，経験は不可逆的な持続の流れのなかから取り出され，『気づく』ということが一個の記憶に変わるのである。（シュッツ『現象学的社会学』1998, p.13）

　ちなみにこの場合の「持続」とは，第Ⅰ部でも述べたように，ベルクソン（Bergson, H.）が主張する「われわれが生きている時間」という意味であるのは言うまでもない。つまり，われわれが体験する時間の流れは，「たえまない移りゆき，現在が過去になるとともに新たな未来を迎え入れる連続的過程」（中島，1968, p.25）と考えるべきであり，特定の瞬間が連続したものととらえる物理時間と対置される。この体験される時間のことをベルクソンは「持続」と呼んでいる。また彼は，「あらゆる知覚はすでに記憶なのである」ともいっている（市川，1991, p.200）。

　それゆえ，運動の自己観察とは，運動実施の際の知覚をもとに，その中から自分にとって必要な内容を抜き出し，それをことばを通して認識するというすぐれて人間的な能動的な行為と言うことができる。

　野家（2005, p.265）によれば，あるできごとに対する文章的あるいは物語的な認識が可能になるためには，一定の時間幅をもった歴史意識が必要であり，このような時間は流れるのではなく積み重なるものである。また彼は，このような時間認識のあり方を「歴史意識の積時性」と呼んでいる。自分の運動に関して何かを感じとるときには，あるできごとを見つけ出し，それを積み重

ねていくのである。

　このような能動性という観点から自己観察をとらえなおすと，自己観察を実践の中で活用したり，研究法として利用することに対して新たな展望が開かれてくる。

　たとえば，選手や生徒の自己観察の内容を，コーチや教師がどのように取り出す（聞き出す）ことができるか，という方法論的問題がある。これは実践性を重視するスポーツ運動学にとってきわめて重要な問題である。しかし，これを「自己観察内容の抽出」と考えて，記憶の痕跡（残像）のようなものを眺めさせ，その印象を聞き出すというような図式のうえで考えるべきではない。この図式では，自己観察の内容が被験者の頭の中に存在しているということが前提とされているからである。「抽出」とは雑多なものの中から何か特定の物質や成分だけを選んで取り出すことであり，そこでは目的とする物質や成分が含まれていることが前提となっている。

　すでに述べたように，自己観察の対象はすでに"ある"ものではなく，"つくりあげられる"ものである。つくるためには素材と方法が提供されなければならない。運動のなかで何を感じ取るべきかを事前に指摘し，そこに注意を向けさせて運動を実施させることによって初めて自己観察は効果的に行われるものと考えるべきである。換言すれば，事前に実施者に何も指示しないで，行った運動に関して漠然と実施の体験意識を尋ねても，有意義な情報はほとんど得られないと考えなければならない。

　また，このような事前の取り決めのない運動実施とそれに関する質問に対して明確な返答がないからといって，その学習者に自己観察能力が備わっていないと考えるのは的外れの評価であろう。

4）　自己観察の正確性

　従来，自己観察に関する研究は，自分の実施意識に基づく運動イメージと実際の運動経過との外形的比較を通して行われることが多かった。マイネル（1981，p.126）でさえ自己観察の内容と実際の運動の外形的事象との照合に意義を認め，「多くの自己観察が客観的手段，たとえば映画や力量記録などによって追検証できるということから，この不十分さはさらに補われるものであ

る」と述べている。

　このように客観的（外形的）運動経過と自己観察内容の一致に正確性を求めることは，同時に自己観察の主観性，曖昧性を強調することにつながり，自己観察は科学的ではないという理由から，研究の場から排除されることになってしまう可能性がある。しかし，自己観察に基づく運動学習がいかに実りの多い人間的過程であるのかについてはあらためて指摘するまでもない。それでは，自己観察において正確性はどのような点に求められるべきであろうか。

　これまでの考察から，自己観察とは自分の運動経過の細部まで逐一注意が向けられることではなく，自分の意図と関連の深い局面の姿勢や力動的過程についてそのときの特徴を感じ取り，それを言語的に制作していくことだということが確認された。

　すなわち，運動中のどの局面でどのような内容を感じ取る必要があるのかが分かってくることが，自己観察の能力が向上することであるといえよう。これは，知覚や記憶に基づいて自分の動作を解釈するための予期図式が形成されることを意味している。

　この解釈図式の形成には，運動の経験や，どのような意識をもってその運動に取り組んでいるかといった練習態度などが影響を及ぼすが，とくに注目すべきものは運動に関する知識である。

　ここで，筆者の体験記録における「逆エッジ」現象が理解できるようになった過程の記述を思い起こしてほしい。「逆エッジ」という転倒のメカニズムをまだ知らなかった時点では，ある瞬間に突然大転倒に至るという事実しか認識できなかったが，「逆エッジ」現象についての知識を得てからは自分の転倒の経過がよく把握できるようになった。といっても，一足飛びに自分の運動経過がはっきり把握できるようになったわけではない。はじめのうちは，転倒のしかたから考えて「これが逆エッジだ」という，いわば想像による認識が主であった。しかし，そのような転倒のしかたを繰り返すと，逆エッジの引っかかりをかなり早い時期に感じ取ることができるようになり，実際に転倒する前から結果が予想できるようになる。

　この例は，自分の動きを把握するときに，最初は結果から原因を推測する解

釈的把握であったものから，やがて自分の運動経過を知覚的に感じ取れるようになっていく過程を示している。いわば，推測を通して知覚のしかたを習得したと言うことができる。この推測，ないしは想像の段階は自己観察と呼ぶべきではないという反論もあろう。しかし，自分の運動の把握に関する現実の認識活動においては，どこまでが想像でどの時点から知覚によるものなのかという境界線を引くことはできない。元来，知覚とは，物理刺激を感覚器官によって取得するといった機械論的な過程などではなく，そこでは想像活動が大きな役割を果たしているからである。

　クレース（Klaes, R., 1995, S.253）らは，パラージ（Palagyi, M.）を引用しながら，われわれの知覚は想像としての潜勢的運動（virtuelle Bewegung）に支えられて初めて完全なものとなり，想像活動なくして知覚はありえないことを指摘している。たとえば，丸い物体を見るという視覚は，無意識のうちに触覚的な潜勢的運動を行っている。潜勢的にその物体を触って丸みを感じ取っているのである。それがなければまったく平面的な線としてしか理解できないことになる。

　つまり，われわれが自分の運動経過に関して何かを知覚できるのは，ある物理的刺激，たとえば体重が後ろにかかっているという感覚の意味をすでに知っているからである。そのような感覚があった場合，次にはどうなるのかと潜勢的に行ってみて，やがて転倒に至ると認識でき，今の姿勢が後傾姿勢だと把握するのである。これは，知覚する神経の活動力が高まったのではなく，何を感じ取るべきかが分かったことだと解釈できる。それまでにも同じような物理的刺激はあったはずであるが，その刺激の意味を知らないうちは感じ取ることができなかったのである。

　したがって，潜勢的運動が可能となるためには，実際の運動の体験が不可欠で，クレースら（1995, S.256）も潜勢的運動と現実の運動，そして知覚の円環的関係を強調している。また，「『想像力 imagery』とは，まず知覚物象に，過去の経験に由来する内容 contents を『充填 filling out』すること」だと言うゲーレン（Gehlen, A., 1985, p.217）の説明からも，想像，ないし潜勢的運動に対する体験の意義が再確認されるが，この意味において，運動の学習活

動では多彩な成功と失敗の経験が生きてくることになろう。

　自己観察が果たす役割が大きいのは，とくに自分の運動の失敗の原因や欠点を把握する場合である。それは，運動中の知覚や実際に起きた現象などから解釈する行為であり，その解釈内容の妥当性が自己観察の正確性であるということができる。自己観察が正確になる，すなわち体験残像が鮮明になってくるということは，運動時の知覚や現象に対する解釈図式が形成されることであって，向こう側にぼけて見えていた像がピントのあった鮮明な画像に変化していくような過程とは根本的に異なるのである。

3.　自己観察の階層構造

　運動の教育を現象学的視点から体系化した『運動文化と運動教育論』の著者であるオーストリアのグレシング（Größing, S., 1993, S.189）は，行為としての人間の運動学習における主要概念のひとつとして「意識性」（Bewusstheit）を挙げている。彼は，人間の運動学習は，小さな子どもに見られるような無意識的模倣の段階から，知覚，記憶，試行，思考，感じ取り（Fühlen）などの体験を経て，総合的，洞察的，意識的なものに発展していくことから，運動の意識的な学習（練習，実施）を計画的に組み入れて実現すべきであると述べている。

　このような意識的運動学習の土台として自己観察は極めて大きな意義をもつ。一般に自己観察といわれている内容には，次のような段階的発展が考えられる。

①「気持ちよくできた」といったような運動感や感情的印象

②「後ろ足に体重がかかっている」といったような原初的知覚

③「タイミングが遅れた」といったような分析的知覚

④実際の現象，ならびに知覚や記憶に基づいて

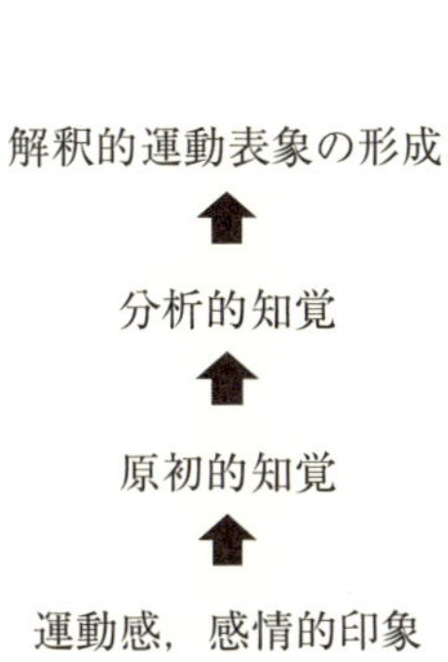

解釈的運動表象の形成

↑

分析的知覚

↑

原初的知覚

↑

運動感，感情的印象

図 16

自分の運動経過を想像的に表象する解釈図式の形成

4. ま　と　め

　図に示されたような発展が可能となるためには，絶えず自分の運動に意識を向けて練習していく学習態度が不可欠である。また一方で，指導者は学習者の自己観察能力の発展を促すために，身体のどこに意識を向けるべきか，動きに関してどんなポイントを確認すべきかなどについて指導していかなければならない。

　自己観察の対象は，意識とは無関係に最初から存在しているようなものではなく，作り上げるものであるという認識に立てば，自己観察内容を尋ねるような場合でも，学習者の実施意識を漠然と聞くのではなく，指導者の専門的知識に則って運動の重要なポイントを絞りこんで尋ねる，いわば誘導尋問のような方法が効果的であろう。それによって，学習者は運動実施の際にどこに注意を向けるべきかを理解することができ，自己観察能力の向上が促進されることになろう。

　その際に重要なのは，学習者と指導者のあいだの言語的疎通である。自己観察によって得た内容をなるべく正確に伝達するには，両者のあいだで動きに関する言語表現における共通の文法（運動感覚的合意）が整っていることが前提となる。つまり，ある事象に対して，それを表すためのことばをあらかじめ取り決めておくことが必要である。

　この場合には専門語だけでなく，フォルガー（Volger, B., 1990, S.92）が取り上げているような「仲間同士での，比較可能な経験の共有として成立するような"仲間ことば"（Lerngruppensprache)」なども重要な働きをするであろう。それらの語は概念的意味だけでなく，感覚的な内容までも内包している機能的なことばだからである。

　「言語の限界が思考の限界である」ということばを残したヴィトゲンシュタイン（Wittgenstein, L.）は，「言語のもつ意味は，それが言及する『世界』の側から与えられるのではなく，それを行使する『メカニズム』そのものによっ

て与えられる」（橋爪，1985，p.30）と言っている。この「言語ゲーム」理論から考えても，学習者と指導者のあいだには概念的意味の周知だけでなく，運動感覚までも含めた共通感覚的通信路の形成が不可欠である。

　選手や生徒から自己観察，ないしは内観を引き出すという図式ではなく，彼らと指導者とが一緒になって作り上げるという「共同の言語的制作」という発想が必要であろう。

第2章

運動感覚意識欠如の問題性

1. 運動と意識

　前章で考察した運動の自己観察は，学習者が自分の運動を主体的に学習していくための活動として大きな意義をもっている。さらに，自己観察体験は他者に運動を指導する場合にも有用な基礎として機能することは間違いない。自分がどのような感じで行っていたのか分析した経験がない者が，他者に対して動きの感じ，つまりコツを教えることができるはずはない。

　しかし，ある個人の主観的体験内容がそのまま指導内容となることはありえない。動きのコツ意識はその内容がつねに他者にも有効であるとはいえないし，当該の運動の実施に重要な内容が必ずしも十全に意識されているとは限らないからである。したがって，指導者は伝えようとする動きの感じを，自分の感覚印象を越えて，他者に伝達可能なかたちで意識化することが必要である。そこで本章では，自分の動き方に対してどのような意識をもっているのか，さらにどのような意識をもつべきかという問題について事例を通して考察を進めていく。

　運動と意識の関わりを論じる場合，意識外，つまり無意識の世界に目を向けることが重要である。この問題圏は，近年の進歩が目覚ましい脳科学においても注目されている。行為と意識の時間的前後関係に新たな発見をしたリベット（Libet, B., 2006, p.82）の実験や，意識を「無意識の結果をまとめた受動的体験をあたかも主体的な体験であるかのように錯覚するシステム」として無

意識の世界の意義を強調した前野（2005，p.115）の研究，また山中（2002，p.202）の「意識というものは，その瞬間における精神生活の総体」であり，意識も無意識も分かつことのできないという主張，さらに下條（1999，p.199）の「意識は無意識の背景のもとにおいてのみ，はじめて立ちあらわれる」という指摘などから，人間の意識を考えるとき，無意識という広大な領域を扱わないわけにはいかないことが理解される。

　確かに，機械の運動ではなく，こころを持った人間が行う運動を研究するには，意識的動作の背景（地平）としての無意識的動作の構造を明らかにすることが必要である。しかし，意識の問題に切り込むといっても，本論においては運動を行っているわれわれの意識内容を対象とするのであって，ニューロン活動のような脳内プロセスにおける因果関係の解明を問題とする脳科学とは本質的に対象が異なる。すなわち，ここでは「動感的な志向形態の発生理論」（金子，2005，p.90）としての発生運動学の視点から，指導する立場の者は自らが行っている運動をどのように意識している必要があるのか，その運動感覚意識はどのようにして形成可能なのかという問題について迫ろうとするのである。

　以下では，実施者の意識に上っている内容だけに基づいて運動指導を考える不合理性，あるいは運動感覚意識が欠如したままで指導してしまうことの弊害について，バドミントンのクリアショットの事例に基づいて考察する。

2.　コツの意識化としての運動感覚意識

　ここで問題とする「運動感覚意識」は，どのように自分の身体を動かしている（自分が動いている）のかという動きの感じについての意識である。"動きの感じ"とは，これまで論じてきたフッサールのキネステーゼ意識にほかならない。フッサール現象学では，能動的キネステーゼと受動的キネステーゼが区別される。

　フッサール（1997，p.28）が，キネステーゼとは，「私が自由に処理しうるもの，自由に抑制でき，自由に繰り返し演出できる意識」であると説明するときの意識，たとえば眼前の溝を跳び越えることができると確信するときに持つ

意識は「能動的キネステーゼ」である。

しかし，幅が1メートルの溝と5メートルのものとでは，すでに自分にとっての意味が異なっている。溝の視点からいえば，「行為することで現れてくる環境にある意味」（佐々木，2000，p.43），あるいは行為の可能性としてのアフォーダンスとしてみることもできるが，この場合，フッサールは自我が関与していない「受動的キネステーゼ」を定立する。

山口（2005，p.213）は，「フッサールの受動性の現象学は，意識に上らない，気づく以前，自覚する以前の受動的綜合（たとえば受動的キネステーゼ）が常に働いていることを開示しえた」と述べ，われわれが普段反省することなく行っている行動の説明における無意識の現象学の意義を説いている。

このような点からいえば，意識がないことは何もない「無」ではなく，「無意識という意識」が働いているといった語彙矛盾を容認しなければならなくなる。そのため，エーデルマン（Edelman, G., 2006, p.111）のように，自転車に乗ることなどの「手続き記憶」に関して，意識になっていないという意味で，無意識という語ではなく「非意識」という語を用いている例もある。

「運動感覚意識」を，運動を行っているときの「動きの感じについての意識」と定義してもなお意識される内容は非常に多岐にわたる。"リズミカルにできた"，"柔らかなタッチでできた"といったような感じの意識は誰しも持つであろう。このような価値覚（Wertnehmen）[*23]を通して，自分の動きの習熟を体感することは日常的に行われるが，この感じの意識をそのまま指導内容とすることはできない。つまり，「リズミカルに行うように」という抽象的なアドバイスでは，学習者は具体的に何をどのようにすればよいのか分からない。したがってここでは，うまくできるためにはどのように動くべきかという技術的な

[*23]【動きの価値覚】スポーツ運動に限らず，われわれが日常生活のなかで絶えず感じながら行動している動きの善し悪しの意識である。金子（2005b, pp.36-40）は，この価値覚をフッサール（2001，p.10）から引用し，運動習得における重要性を説明している。価値覚の内容に関しては，クリスティアン（Christian. P., 1963）の『行為における価値意識』において詳しく説明されている。

内容，つまり「コツの意識」に限定して論を進める。

　さらに，指導者の立場からいえば，意識に上ったコツを言語的にとらえることが大きな意義を持つ。信原（2002, p.198）が「意識的な経験と無意識的経験の差異は，言語化可能性にある」と述べ，「意識への現れ」とは「言語化可能な志向的特徴」にほかならないと述べているように，コツ意識の言語化は運動指導にとってきわめて重要な活動である。それは，ある運動が何とかできるようになって，「なんだかよく分からないが，何となくコツをつかんできた」というようなことがしばしばあるからである。確かにコツはつかんできているとはいえるが，それを他者に説明できる明瞭なかたちでは把握していないという段階は誰にもある。

　コツを意識し言語化しても，そこに一義的な内容が意味されているというわけではない。とはいえ，古来，スポーツに限らず日常の生活においても自分の運動を絶えず発展させてきた人間は，つねに“こうすればうまくいく”というコツを意識してきたことは確かである。それにもかかわらず，科学的運動研究を標榜するあまり，「人間の運動は，いつも分析対象として認識主観の向こう側に置かれ，運動発生に直接関わる，今ここに動きつつある人間のパトス世界は射程から外されてしまう」と金子（2002, p.222）が指摘するように，コツはあくまでその個人だけの感じであり，共通のものではないという理由でこれまで学問的研究の対象として措定されることはなかった。

　しかし，金子（2002, pp.220-284）によってコツをつかむということの内的構造が現象学的に解明されて以来，コツの習得・伝達こそ運動学習の中核的問題として扱われるようになってきた。たとえば，かっての一流選手が動きのコツをつかんだ体験をインタビュー等によって調査し，次世代の選手の指導に役立てようとするプロジェクトが日本体育協会スポーツ医・科学専門委員会によって進められたり（日本体育協会スポーツ医・科学専門委員会, 2001, 2002, 2003, 2004），2004 年の日本体育学会組織委員会企画として，「一流選手の動きのコツに迫る ― コツおよびその獲得過程の抽出を目指して ― 」と題するシンポジウムが開かれたりしたことは，「コツ」が研究の場に地位を得てきたことを示している。また，「コツ」をテーマにした論文も見られるよう

になってきた（佐藤，1993b，1999b，2004）ことをみても，実践の立場から，実践に有用な研究が展開され始めていることは確実である。

その一方で，実践性を唱えていながら，測定数値を求め，それによってできごとの区別，判断行為を進めていく自然科学的思考の研究が多いのが現実である。

科学的思考そのものは非難されることではないが，対象とするコツそのものに対する認識が誤ったものであっては意味はない。運動における身体部位の物理変化を測定し，その特性の抽出することをコツの解明ととらえていることも珍しいことではない。運動学用語としてのコツ以外でも，この語は幅広く使われている。そのため金子（2002，p.265）は，運動発生における「コツは，私の固有領域のなかで，分割できない運動感覚的統一として，まるごとに身体化されている」ものに限定する意図から，あえて付加語をつけて「モナドコツ」と呼んでいる。

ここで，なぜ金子がわざわざ「モナド」という語をコツに被せて使用したのかを確認しておきたい。

3. コツの唯一性

「モナド」とは，微積分や2進法の発見などで知られる超天才といわれたドイツのライプニッツの造語である。日本語で「単子」と訳されている「モナド」とは，ライプニッツ（1980，p.437）によると，「複合体をつくっている，単一な実体のことである」であるが，ともすると，細胞のような微少な物体であるかのような誤解をしてしまう。しかし，「単一とは，部分がないという意味である」といわれるように，あくまでの形而上のものである。思考するためのモデルというかたちで理解される。

万物の最小単位としてのモナドは，それ以上分割できない，拡がりをもたない，それ自身完結していて他と交流できる窓ももたない，などと定義されているが，本質的には作用する「力」といえる。山内（2003，2003，p.24）によると，モナドとは「生命と力を有し，この世に一つしかなく，分解もできないも

の」と理解されるようなものである。

　といわれても，実体として存在する物ではない以上，イメージとして理解するしかない。生き物が生きていることが分かる根拠とでもいえばよいのかもしれない。だから，大西（2008）は，「ライプニッツが考えていたのは，動物の身体に宿る『魂のようなもの』」だと言う。しかし，魂は身体と区別される場合もあるので，モナドに一番近い言葉は「いのち」であると述べている（同書，p.32）。実際にライプニッツもモナドを「いのち」とも呼んでいる。

　場合によっては，「自分」「自我」「自分のこころ」などと理解してもかまわないときもある。ただし，「自我」の関与しない，無意識の行動などはいくらでもあるので，モナドは自我よりももっと根源的な概念である。たとえば生まれて間もない乳児に自我と呼べるものはまだ形成されていないが，生きる根源としての力はある。だから山口（2009, p.127）は，モナドを「自我形成以前の身体を生きる魂（心）」と説明している。自我はモナドの一形態であるといえる。

　このライプニッツのモナド論を継承して，フッサールは現象学に不可欠の構成単位とした。そこでは，「超越論的自我」（現象学事典，p.450）を意味するものとしている。端的に言えば「主観・主体」あるいは「自我」と言えるが，これらが具体的な経験を担う明示的なものを表すのに対し，無意識，受動的な経験まで含む経験の源泉としている。

　ただし，フッサールはライプニッツと異なり，モナドは孤立して存在するのではなく，他と志向的に交流できる窓[*24]をもつものととらえた。それによって，さまざまな経験は個々人によって固有のもの，実的には他者が立ち入ることのできないものであるにもかかわらず，共有する可能性をもつことができる。

[*24] ライプニッツは，モナドはそれぞれ独立的であり，相互間に因果関係はないということから「窓」をもたないものとした。窓というと，それを備える家のような実体の存在を思い浮かべるが，モナドには実体がないので，これは「外界が映るもの」ととらえる方がよいと大西（2008）は述べている。その意味でフッサールは，他との交流が可能なものとして窓をもつものとしている。

　物体ではなく，生命をもつものの行動やできごとの成り立ちは因果関係に基づくのではなく，反論理性を本質的特性とするという視点から人間学を唱えるヴァイツゼッカー（1995，p.100）は，「モナドについては，空間内にあるのではない，時間内にあるのではない，数えることができない，測ることができない，代理できない，分割できないなど，否定を含んだ言表をたくさん並べることができる」と言う。それは，「モナドとは，パトス的，反論理的な主体性／主観性」だからである。また，「モナドとは認識可能な『もの』ではなく，生きものと世界の接触面で生々消滅をくりかえす出来事」（同書，p.101）であるとも言っている。

　このようなモナドの意味内容から，金子がなぜコツとモナドを結びつける必要があったのかが理解される。

　運動指導の場では，とかく「コツを科学する」とか「カンに頼らない，エヴィデンスに基づくコーチング」などといった一見先鋭的と見せかけるスローガンが横行する。この場合，科学化はとりもなおさず数値化を意味する。数値を得るには測定されねばならない。何を測ればコツをとらえることができるのか説明できる者はいない。打率やパスの成功率が上がればコツをつかんだといえるのか，数値で一義的に説明できるものではないことはいうまでもない。

　コツは，物体のように延長をもたない以上，測ることはできないし，いつつかんだのか特定することはできない，あるいはとうていんだコツがまったく分からなくなってしまうなど，因果論などとうてい入り込めない生命世界のできごとである。それでもコツをつかんだ体験を否定する者はいないし，完全な固有性を有するはずのコツが，他者にも伝えうるものであることを実感したことのない者もいないであろう。まさにモナドとしかいえない世界なのである。

　このようなコツの個人性と，同時に共有可能性を考えるとき，以下の飯野（2000）の説明から端的に理解することができる。内容を，コツそのものに関する説明として読んでもまったく齟齬がない。

　　　フッサールは，世界を構成する諸主観は孤立して存在するのではなく，相互交渉的に存在するモナドとして共同体を構成すると考えた。これらのモナドはおの

おのの独自な仕方で世界を映している。…この映し方の違いは個々のモナドが世界を経験していく仕方の違いということになろう。厳密な意味で同じ視点から同時に世界を映すことができない以上，すべてのモナドにおいて世界は異なって映る。しかしながら，おのおののモナドは，まさにそれが自分独自の偶因的な仕方であることを知っており，そのような現出を通して世界を客観的秩序をもつものとして経験している。この客観的秩序において，世界はすべてのモナドにとって同一世界である。すなわち，世界はその「現れ」としては，おのおののモナドの偶因的な経験の仕方において異なって現れるのであるが，「現れるもの」としては客観的秩序をもつものとして同一の世界なのである。（飯野由美子『相互主観性と他者の現象学』2000，p.155）

　同一のモナドというのはなく，唯一性に支配される「モナドコツ」は，それをつかんだ本人だけの感覚であり，記号や図などで提示できるものではない以上，それを他者に伝えるには，実際の動きを見せて相手に感じ取らせるか，あるいは動く感じを言語で説明し，類似感覚を作動させて理解させるかしか方法はない。

　そのため，以下では，動いているときの感じをコツとしてとらえていく過程，つまり言語化していく過程を発生論的に考察していくことになる。

4.　伝達適格性を備えたコツ意識の必要性

　運動を指導する場合には，どのような感じで行えばよいのかを，学習者のキネステーゼ能力系に適合したかたちでアドバイスすることが必要である。その際に，指導者は自分が動いたときの感じを思い出して指摘内容の基礎とすることが一般的である。このような自分の運動経過を動きの感じとして，つまりコツとしてとらえた体験が，指導者の立場となったときにはきわめて大きな指導財となることは言うまでもない。

　その逆に，動きの感じを意識したことが少ない指導者は，キネステーゼに即応した助言を与えることは難しい。したがって，指導者として動きの感じを意識し，さらにそれを言語化することはコツを伝達する立場の者にとって非常に

重要である。

　しかし，自分の動きの感じが有用な指導財となるのは，そのとらえた感じが他の運動学習者にも通用する“感じ”として伝達される限りにおいてである。当たり前のことのようではあるが，現実にはこの私的なコツ意識が独りよがりの思い込みとなって，学習者に自分の感覚だけを押しつけていることが少なくない。

　その一例をハードル走にみることができる。指導場面において，しばしば，“ハードルを跳び越えた後に前足の振り下ろしを早くするように”という指摘がなされる。たとえば，高校生のハードル走の授業における技術ポイントとして，クリアランス（ハードルを越える）局面では「前傾を解きながら，前脚を早く着地するするようにする」（体育・スポーツ教育実践講座刊行会，1987，p.233）という技術解説もあることからも，この種の指摘が一般的に使われていることが推察される。

　これは，着地して次のインターバル走に素早く移行するための指示であるが，体が空中にあって地面に支持点がない場合には，力学的にみてもこのような指摘はまったく無意味である。空中で脚の振り下ろしを早くしようと意識することは，動作で言えば前脚と胴体のなす角度を広げることであり，空中でそれを行えば作用反作用の関係から必ず上半身の起きあがり現象が現れてくる。それは着地時の後傾姿勢につながり大きなマイナス要因となる。前脚の振り下ろしが素早くできるのは，上半身の前傾，いわゆるディップ動作が適切に行われていることが前提となる。むしろ，このディップがうまくできていれば，脚の振り下ろしは自然に早くなるのであり，この部分だけ意識しても達成できるものではない。

　このような間違った，あるいは無意味な指摘がなされる原因はいくつか考えられる。ひとつは，熟練者の振り下ろしは早く，初心者のは遅く見えることから，その現象の違いをそのまま指導の言葉としてしまうことにある。『陸上競技の力学』の著者ダイソン（Dyson, G., 1972, p.100）が，「空中における作用と反作用は，踏切のとき生ずる回転のために，それを見いだすことは，経験を積んだ人にとってさえむずかしい場合が多い」と述べているように，目で見

た動きの印象をそのまま指導言葉にする誤りは少なくない。

　また，かつて自分が選手であった頃，振り下ろしを早くするよう指導され，自身でもそのように意識して上達した経験から，その意識を自分のコツとしてとらえている場合もあろう。このような場合には，他に本質的な動きの改善点があったことに気づかないのである。

　もちろん，学習者の習熟だけが問題であれば，学習者自身がコツに関してどんな意識を持っていようがかまわない。しかし，指導者の立場となったときには，運動技術として正当で，学習者に伝えるものとしての適格性を備えた内容が意識されていなければならない。

5.　運動感覚意識の欠如あるいは誤り

　ここでは，バドミントンのクリアショットの事例をもとにして，運動感覚意識の内容が指導に対してどのような影響を及ぼしているか検討してみたい。

（1）事　例

　図 17 のバドミントンショットを見て，どんな感想を持つだろうか。とくに専門的にバドミントンを行っていない限り，これを見て大きな違和感を持つ者は少ないであろう。大学生にこの図を提示したり，図の動き方を実現するように実際に動いて見せてもとくにおかしいという意見は聞かない。競技選手として専門的にバドミントンを行っている者でさえ，「何かちょっと違う」という程度の指摘しかできないことも少なくない。

図 17
（http://www.sportunterricht.de/lksport/clear.html より）

　実際にこの図は，ドイツの体育教師向けのウェブページに掲載されている基礎的運動の技術解説アニメーションの一部である。つまり，図のように打てるように練習することを勧めているわけである。あえて外国の例を挙げたが，わが国の指導書やホームページにもこれと同様な動き方を提示したものが非常に多く見られる。しかしながら，この動きは初心者特有の動きで，専門のトレーニングを行っている選手はこのような動き方はしない。

図18　上級者の動き

図19　上級者（左）と初級者（右）のインパクト局面

　では，目指すべき上手なショットはどのような動き方なのか見てみよう。図18に示されているのがバドミントン競技選手の動きである。

　初心者と競技選手の動作の違いは多くの点で見られる。グリップの仕方も大きく異なるし，テイク・バック（準備局面）で身体のねじれを大きく使うのが熟練者の特徴である。これらの違いは結果的には，身体の反り（熟練者はねじれも加わる）動作を利用して，ラケットのスピードをどれだけ速くできるかと

いう点に現れる。いわゆる「鞭（むち）の原理」を適用しなければならない。これが最大限に利用されているかどうかは，図19のように，シャトルコックを打つ瞬間，つまりインパクトの局面で，どちらの足に体重がかかっているかを見れば一目瞭然である。つまり，上級者は後ろ脚に体重をかけてショットを行うのに対し，初心者は前脚体重で行うのである。

　なぜ後ろ足に体重をかけた打ち方がよいのかという理由は，身体全体で反り身を作って，その反動を利用できるという点である。つまり，後ろ足に体重をかけること自体はそれほど重要ではない。ほとんど体重はかからなくてもかまわない。ジャンプして打つ選手も多いが，その場合は空中で反り身を作っている。

　大きな反り身を作っても，前に足を踏み出してそこに体重をかけてしまうと，身体の前面はくの字になることになり，反り身の反動は使えなくなる。だから初心者は腕の力に頼らざるを得なくなる。振り出されるラケットのスピードは当然低くなる。それでも，腕力のある者であれば，腕の力でもある程度のスピードを出すことはできるが，それを続けていたのではスタミナがもたない。競技選手にとってはまったく不利な動きといえる。

　このように，一目で分かる動きの違いがあるにもかかわらず，なぜ指導書や技術解説ウェブページの図には，目指すべき動きではなく，初心者の動きが載せられているのだろうか。不思議な現象ともいえる。

　もちろん，前述したように，多くの部分で選手と初心者の動きには相違点があり，競技選手を目指すのではない場合，たとえば体育授業のレベルでは図1の動きで十分ではないかという見解も間違いではない。しかし，指導書やウェブページを見る者は，それを真似ようとするわけである。あえて下手な動きを提示することは誤りであろう。

（2）　なぜ違いが分からないか？

　ここでは，バドミントンの指導の誤りを非難することが目的ではない。重要なのは，なぜ指導者，あるいは指導書の著者やウェブページの作成者たちは，前記のような技術的な誤りに気づかないのか，その理由を考察することであ

る。その考察によって，指導者は自らの運動に対してどのような自己意識を持つことが必要なのか，また，それはどのようにして可能となるのかという問題への解決の糸口となる。

　図の誤りに気づかない理由としては，自身の動きもそのようになっていると思い込んでいるからである。指導者であれば，多少の技能レベルに差があるにしても，図17のようなショットをしている者はいない。しかし，自分ではそのように行っていると思っていることが問題なのである。

　では，自分では正しい打ち方（図18のように）を行っているにもかかわらず，なぜ自分の打ち方とは異なる間違った打ち方をしていると思い込んでしまうのだろうか。一般に，指導者は技能的にすぐれており，自分の動きを反省してみれば，すぐに自分の動きの内容を把握することができると思われがちである。しかし，この運動の意識化，つまり運動感覚意識の形成は決して容易ではない。自分の動きを正確に意識することの難しさを例を挙げて説明しよう。

　たとえば，野球で転がってくるボールをランニングキャッチをして，ジャンプしながら一塁に投げるとき，どちらの足で踏み切っているのか即座に答えることのできる選手はあまりいない。この踏み切り足はその選手固有のパターンがあり，気まぐれなものではない。練習の過程で踏み切り足のことなど意識されることはないので，習熟した後でも分からないのである。それは，練習過程でどのような感じで行ったかという反省意識のないままに熟練段階に至ってしまうからである。

　運動が習熟して無意識で適切に動けるようになることはスポーツにとって好都合である。というより，自分の動きに注意を向けて実施しなければならないようでは球技などの実戦では通用しない。無意識でできる動きが数多くあるほど技能が高いとも言える。

　しかし，それが指導という立場になると不都合である。どのように行っているか分からないことを他者に教えることができるわけはない。したがって，指導場面に関していえば自分の運動実施の感じを的確な運動感覚意識として言語化できることが必要となる。しかしそれは決して容易ではない。ここではその

理由を考えてみたい。

（3） 習慣化による運動感覚意識の匿名化

　どんな選手，指導者にも，初心者の時期に急激に上達したときがある。腕の力の入れ方やタイミングなど，最初は精度は低くても"今のはよかった"と感じたときがあったはずである。そのときの動きの感じが言語的に把握され，記憶されていれば，指導する立場になった際には有用な指導言葉となっていたであろう。

　前章で紹介した自己観察活動のような運動遂行における意識過程がすべての運動練習で行われることは普通の場合にはない。むしろ，ほとんどの運動，とくに子どもの運動ではすべてといってよいかもしれないが，細かな自己観察を施して学習することはありえない。前章の説明は，研究者の立場に立ちながら，さらに，一定の指導経験ももった学習者が，それまで行ったことのない新しい運動に挑戦するという希少な例である。

　しかし，学習時に意識化，言語化という内的過程を経ないまま反復練習によって熟練段階に至ってしまうと，その感じは時間経過とともに意識の底に沈み，自分がそのように行っていることさえ感じとることができなくなってしまう。

　ある運動に習熟し習慣化して，そのように行っているという意識がないような現象について，金子（2005b, p.95）は「〈私は動ける〉という動感志向性は自我の関与はないので，〈私はこう動いた〉という意識はなく，先反省的，先述語的にならざるをえません」といって，キネステーゼ感覚をもつことが同時にその意識をもつことにはならないことを指摘している。それは，「まぐれで動けたときの匿名性が本人の動感内省を消してしまう」からだと述べ，これを「ハビトゥス的動感匿名性」（同書, p.89）と呼んでいる。

　この場合の「匿名性」は，フッサールの意味で「先自我性，『いかなる自我の活動も生じていないこと』を意味」（山口, 2005, p.175）している。平易にいえば，動きが習慣化して，自分がどのように動くか明確な意思の介入なしでうまくできるようになった状態である。

　健常な人間であれば，動いているとき自分の身体についてさえあまり意識など向けない。何かものをつかむときでも，意識は対象物へ向かっているのであり，手の位置や動かし方を考えることは少ない。だから匿名的と言われるのである。

　そのような身体のあり方が一挙に崩れる例として脳梗塞などによる身体麻痺がある。それまで意識することなく（匿名的に）動かしていた手足が，突然自分の意志に従わない物体になるのである。

　興味深い事実がある。近年，脳梗塞を患って，その闘病記を書物として出版したものが見られるようになってきた。そのひとつに，世界的免疫学者であった多田富雄（2007）による『寡黙なる巨人』がある。その書のなかで多田は，それまで従順であった自分の身体が，病後はどうしようもなく扱いにくい存在となり，それに対して「巨人」と呼んでいる。また，医師であった山田規畝子（2009）も，同様に脳梗塞にかかり，動かなくなった自らの身体との戦いを『壊れた脳　生存する知』に記している。彼女は，以前の自然な（自由にできる）自分を仮想的に「前子ちゃん」と呼んで，不自由になった病後の身体の回復の拠り所としている。「前子ちゃん」というのは，脳の前頭葉を意味し，考える知は残っているが，以前とまったく異なってしまった身体の存在と対比させている。

　この2人に共通しているのは，「私とは私の身体である」と言うメルロ＝ポンティのいう身体と意識の一体性が崩れ，自分というひとりの人間のなかにもうひとりの自分（？）を置いていることである。匿名的な身体であったものが，やっかいな存在となって顕現化し，名付けられた物体身体となったのである。スポーツにおいても，ケガによって同様の事態がしばしば経験される。

　われわれの生活は，匿名的身体であるおかげでスムーズに進行しているのであり，順調に経過している運動に関してはあえて意識を向ける必要はない。しかし，何度も述べたように，自分の運動遂行においてはなくてもかまわない意識でも，他者に運動を指導する立場になった者にとっては，運動感覚意識はなくてはすまないものである。

　それではその重要な部分に意識を向けるように指示すればよいのではない

かという疑問が出てくる。そして，どのような感じで行っているか内省を促せばよいのだと考えるのが一般的である。運動技能そのものには問題がないのであるから，自分の注意を向けるのは難しいことではないと思われるのは当然である。

（4）　コツとカンの差異化作用による影響

　運動を学習するときには，だれでも何かを意識しながら行っている。運動以外のことにも意識が向かっていることももちろんあるが，特に，その運動の習得あるいは習熟度の向上を図って練習しているときには，自分の動き方にも意識を向けているのが常であろう。それにもかかわらず，熟練者であっても上達のコツが意識されていないということはどのような要因が意識化の障害となっているのであろうか。これに関して，コツとカンの意識における差異化作用の影響が考慮されなければならない。

　差異化作用とは，端的に言えば，ある二つのことが同時に存在し，互いに依存しながらも，つねにどちらか一方は隠れた存在となっていることである。新田（2009, p.189）は，「二つの対立項の相互排去的相互依存関係」と呼んでいる。

　運動するとき，われわれは二つのことを同時に意識することはできない。このことを金子（2005a, p.326）は，動感意識の差異化構造としての「志向対象の〈現れ〉と〈隠れ〉の二重構造」に関して，コツ（自我中心化的身体知）とカン（状況投射化的身体知）の例で説明している。つまり，われわれは自分の動き方を意識しながら，同時に周囲の状況を把握する能動的作用は不可能である。また，この差異化現象は，時間化能力においても大きな意義を持っている（2005b, p.17）。それはたとえば，来るべきできごとを先取り（予感化能力）することと，終わったばかりのことを意識（直感化能力）することを同時に実現することはできないということである。

　われわれがバドミントンをして遊ぶとき，あるいは競技選手がバドミントンのゲームに熱中しているとき，一般に意識が向かう先はシャトルコックや相手の位置や移動方向，いわゆる状況である。そのような場面で自分の動き方に注

意を向けることは普通はできない。金子（2005a, p.326）の言う「志向対象の〈現れ〉と〈隠れ〉の二重構造」としての動感意識の差異化が作用しているからである。

　これに類して，貫（2003）はメロディーを聴くときの内的状況をフッサールの時間意識の観点から次のように説明している。

　　　メロディーを聴いているとき，われわれの関心は次にどのような音が聞こえてくるかという点に向かっており，その時，さっきまで聞こえていた音に注意を向け，それを想い出そうとしたのではメロディーを聴き続けることはできない。メロディーを知覚する主体にとって，経験の現在は時間的に構造化され，その意味で時間意識は経験過程の基底構造だが，その間，時間意識の構造そのものは対象化されない。それを対象化するのは現象学者である。（貫成人『経験の構造』2003, p.136）

　つまり，「知覚や判断が遂行される現在は『根源的印象』『過去把持』などによって構造化される時間性をもつが，この時間性は『生きられる』ものであって，対象化はされない」（同書, p.135）のである。ここで言われている「生きられる」ということばの意味は，対象化の反意語として述べられているように，あることがらを向こうに置いて，つまり自分は離れた位置で見たり聞いたりするのではなく，自分がその中に入り込んでいるということである。

　ショットの練習に熱心に打ち込んでいるときは，シャトルコックを返球するというその状況を「生きている」のであり，それが特に意識して対象化されていない限り，そのときの動きの感覚は，後に他者に指導できるような想起可能なものとはならない。実際に自分が，いま飛来してくるシャトルコックに向き合っている場面を想定してみると，意識はシャトルコックの軌道や落下位置，および相手選手のポジション，さらに返球の目標場所など，自分以外のさまざまなことに向かっていることが分かる。いわば状況投射化的身体知としてのカンの世界に生きている。それゆえ，そのような場面で自分の打ち方について考える必要がある場合には，意図的にコツへの意識の反転を試みなければならない。

（5）　感じ取るというできごと

　ショットの動きにおいて，身体の位置移動という物理事象がある以上，腕や足など身体各部には相応の感覚刺激があることは言うまでもない。ショットのコツを説明するには，その刺激を受け取った感じを述べればいいのだと考えることもできる。しかし，刺激の受容とコツ獲得につながる動きの意味の感じ取りとは同じではない。「感じ取る」あるいは「感覚する」ということは刺激を受け取ること以上の内容をもっている。

　たとえばメルロ＝ポンティ（1977）は，物の色や硬さを感じるときの主体の関与について次のように説明している。

　　　色をささえるのは私のまなざしであり，対象の形をささえるのは私の手の運動なのである。あるいはむしろ，私のまなざしが色と，私の手が固いものや軟らかいものと対になるのであり，感覚の主体と感覚されるものとのあいだのこうした交換においては，一方が作用して他方が受けるとか，一方が他方に感覚をあたえるとか言うことはできないのだ。（メルロ＝ポンティ『知覚の現象学Ⅱ』1977, p.19）

　このように，刺激の受容という一方通行的な「感覚」ではなく，対象と主体との相互作用としての「感覚する」ことの内実をとらえることがコツ意識の解明につながる。これに関して，『感覚の意味』を著したシュトラウス（Straus, E., 1956）は，刺激を受容器で受け取った結果としての「感覚（Empfindung）」と，ある行為のある時点で「感覚すること（Empfinden）」を区別することの意義を強調し，感覚することと動くこと（Sich-Bewegen）の統一理論が，生命ある人間の研究に必要であることを説いている。

　「感覚」との違いについてヴァルデンフェルス（Waldenfels, B., 2004, p.80）は，「感覚するというとき，有機体が自己について感じたり，感じなかったりする状態ではなく，ある種の活動，すなわち生起すること，プロセスが問題となっている」と説明している。ここで言われている「活動」あるいは「過程」というのは，結果としての「感覚」との差別を意味している。つまり，「感覚する」という活動そのものについて語ることが問題なのであって，生理学的

に測定できるような，結果としての「感覚」を対象とするのではないということである。現在形としての「感覚する」ことと完了形としての「感覚」の違いといってもよい。科学的研究においては後者，つまり終わったことを測ることによってのみ対象とすることができる。

　なぜ現在形の「感覚する」ことへの洞察が必要なのか，木村（1992）は次のように述べている。

> 　「感覚すること」としての感覚は，現在的でありながら，つねに「生成する現在」として，未来へと方向づけられている。この点でそれは，生理学の扱う感覚がすべて「感覚された感覚」（das Empfundene）として，「なされたこと」（Faktum ＝事実）として，完了形的な性格をもっているのと対照的である。実生活においては，感覚はいつも「これから」へ向けての行動の一部である。（木村敏『生命のかたち／かたちの生命』1992, p.187）

　数値データの入手が目的なのではなく，現実の中で行う行為の意味を考えるには，"いま"起きていることの意味の記述が必要である。

　このような立場からシュトラウス（1956, S.386）は"滑る"という行動と，その中で感じる地面の特性について言及している。地面が"滑りやすい"というような感覚は誰でも持つものであるが，"滑りやすさ"そのものといった特性はあり得ず，滑るという動きのなかではじめて感じ取られる特性だと言う。言い換えれば，滑るという行動がなければ滑りやすさという特性も存在しないということであり，行動と状況の協同作用から生じるものである。

　シャトルコックを打つときの"手首の返し方"といったような感覚も同様に，打つという動作の遂行のなかでのみ感じられるものである。端的に言えば，そのような感覚は，測定し筋電図などで一義的に明示できる性質のものではないということである。さらに逆の視点からいえば，そのような客観的データから"打つときの感覚"を読み取ろうとすることは完全な越境行為であるということである。

　シュトラウスの理論を高く評価し，スポーツ研究への導入の必要性を指摘しているマルロビッツ（Marlovits, A., 2001, S.87）は，「感覚はデータ記録で

はなく，私と世界との交流形態として理解する」ことが必要であり，それゆえ，生成（Werden）の形態としてとらえなければならないと言う。つまり，シャトルコックを"打つ"という固定した感覚があるのではなく，動きを通した世界との交流のなかで打つ感じをつかむのである。だからそれを実行する者の運動経験や関心などによって，感じ取る内容はさまざまである。熟練者でも，そこに関心が向いていなかったり技術的知識などがなかったりした場合には動きの感じを意識することはできない。谷（1999, p.6）が言うように，「『感じられるもの』を『意味』へと成長させるのは，『感じるもの』の仕事，『我々』の仕事である」といってもよい。

（6）　熟練と運動感覚意識

　前述のように，動きのなかの何を意識するかは実施者の関心や刺激の強さなど多様な要因から決まってくるが，ここではさらに，無意識的に実行される運動と関連して，自動化の問題が取り上げられなければならない。

　マイネル（1981, p.413）は運動習熟の最高段階として「自動化」を設定しているが，「すべての自動化運動はどんなときでも再び意識を呼び込み，意識して行うことができるという可能性がそこに存在する」と述べて，自動化の段階では運動の意識が消えているわけではないことを強調している。また，「十分に自動化された運動はそれが完了したあとでも，何らかの遂行特性として記憶される」と言葉を添えている。だからその記憶をたどれば動きの感じも把握することができると思われがちである。

　しかしながら，われわれはある運動に熟達していても，自分がどのように動いているのか分からないことは少なくない。たとえば，ガムを右の奥歯で噛んでいるときに舌先はどちらの位置にあるのか尋ねられてもほとんどの者は答えられない。鏡の前で口を開けてガムを噛んでみると，まるで自分の意思とは無関係であるかのように非常に器用に動きまわる舌を見ることができる。そこでは，そのように舌を自分が動かしているという意識なしに舌は動いていることに驚くはずである。つまり，自分自身はどれほど巧みに動くことはできても，それをすべて正確に意識できているわけではないということが実感される。こ

のような事例をスポーツの動きで探すのに苦労は要らない。

　クリアショットにおいても，熟練した指導者たちにどのように身体を動かしているかと尋ねても，大抵は無意識的に行っているので，前項で説明したような本質的技術に関する身体操作の仕方を答えることはできないことが多いのである。

（7）　熟練者の運動感覚意識の妥当性

　これまで，運動の熟練者であっても適切な運動感覚意識を備えていない例，およびその理由を説明してきたが，次に，たとえ何らかの運動感覚意識をもっていたとしても，それが信頼に足るものであるとは限らないことについて考えてみよう。

　運動に熟練した者が，指導に役立つ運動感覚意識を持っていない場合，ひとつの重大な問題が内包されている。それは，ある運動がうまくできるようになった者たちに動きのコツの内容を尋ね，共通した点を一般妥当的なコツとして引き出そうとしても，初心者の指導に役立つ内容が出てくるとは限らないということである。今回の事例でいえば，熟練者にクリアショットのコツを尋ねても，体重のかけ方について述べる者は少ないであろう。その場合，多くの熟練者の言表から抽出した共通項を，初心者に適用できるコツとするわけにはいかない。

　このことに関して金子（2005b，p.114）は，ある運動を「どのような感じで行っているか」という意識を「述語動感形態」と呼び，「いかに多くの動感記述を処理しても，そこには新しい動感形態を生みだす述語としての類的普遍性を支える述語形相を取り出すことはできません」と述べている。端的に言えば，どのように行うとうまくいくかという運動のコツ意識は個人的なものであって，それらをいくら数多く集めたとしても，他者にも有効な普遍的内容がまったく含まれていない可能性があるということである。

　金子の言う「述語的動感形態」とは，たとえば「クリアショット」とか「逆上がり」「インサイドキック」といった主語的運動形態を実際に遂行する際の仕方としての述語的内容である。その内容は，「肘を強くまげて行う」「頭の位

置は後ろに返さない」「支持脚の膝を深めにまげる」などといった具体的な動きの様相を表すものである。このような個人の実施意識はコツを考える上で非常に重要な素材となるが，他者にも通用するという保証はない。

そこで金子（2005b，p.109）は，「個人的な志向体験から発生する動感形態が人から人へと伝承されるためには，その主語的な動感運動も述語的な動感運動も現象学的な形相的分析によって，その普遍化された動感形相[*25]に収斂される必要があります」と述べて，コツの普遍化の手順を説明している。

多様な感じ方，表現の仕方で述べられたコツの内容（述語的動感形態）は，それが何を意味しているのか，さまざまな事例を想定しながら厳密な検討を加えて本質的なことがらを取り出して他の者にも理解されうるもの（動感形相）を構成することが指導者に求められる。

指導のために不可欠な動感形相を構成するといっても，その基礎となる動感形態の意識が存在しないのであれば作業は進まない。つまり，運動習得にとって重要な技術性を内包している内容が指導者に意識されていない場合には，意識下に沈んでいる感覚を呼び覚ます必要がある。それが覚醒されない限り，指導内容は動きの外形的特徴の指摘ばかりで，「このような感じで」動くべきだという指導とはならない。

次章では，これまで説明した熟練者の意識の底で沈静化している運動感覚意識を，指導に有用な情報として活性化させるために呼び覚ます方法について検討してみよう。

[*25]【述語動感形相】金子（2005b，p.108）は，「私の動感身体でしかとらえられない時間性を基柢に据えた〈動感形態〉と，いつでも，どこでも特定の時間位置に拘束されずに，私たちに同じ運動としてとらえられる遍時間性を基柢に据えた〈動感形相〉を区別しておく必要に迫られる」と述べて「動感形態」と「動感形相」の違いを説明している。

第3章

指導者の運動感覚意識覚醒の意義と方法

　前章において，運動に習熟している者であっても，それをどのような感じで行えばよいのか，いわゆる他者に伝えるものとしての適格性をそなえた運動感覚意識を必ずしも持っているわけではないことが証明された。さらに，そのような適切な運動感覚意識を当該運動の実施者が必ずしも備えている必要はないが，指導者という立場になると不可欠であることも指摘できた。しかも，そのような適切な運動感覚意識を備えることは決して容易ではないことも，さまざまな視点から論証された。

　そこで本章では，指導に有用な情報となり得る的確な運動感覚意識をどのようにして手に入れることができるかについて考えてみたい。事例はバレーボールのアンダーハンドパスを取り上げる。

　バレーボールは，中学高校の体育授業でもっとも頻繁に取り上げられる教材のひとつであるし，「ママさんバレーボール」など生涯スポーツとして非常に人気のあるスポーツであることはいうまでもない。そこで行われるアンダーハンドパスもバレーボールの最も重要な基本運動であることから，誰でも親しんできた運動といえる。そのようなことから，この運動に関する技術や指導法なども十分に確立されていると思われがちである。

　しかし実際には，これから述べるように，さまざまな固定観念や，動きの外形にとらわれた偶像的指導がはびこっている。しかもそれらは，前章で論じた運動感覚意識の欠如，あるいは間違った，思い込みの運動感覚意識に起因すると思われるものが多い。

　前章で指摘されたように，指導者が適切な運動感覚意識を備えるためには，

運動指導のために必要な運動感覚意識を指導者自身が自らの身体で確認することが必要となってくる。本章は，その方法を事例的に紹介する。

1. バレーボールのアンダーハンドパスの事例

（1）予備運動の問題性

　ある運動がうまくできないときに，目標とする運動に類似した予備運動を練習させる方法は，キネステーゼ・アナロゴン（金子，1996, p.9）を利用した学習法として，今日では一般化している。

　予備運動の処方は，目標とする運動とキネステーゼが類似していることが条件であることは言うまでもない。換言すれば，運動を実施する者にとって"動きの感じ"が似ていることが必要であって，客観的運動経過の類似性が求められるのではない。

　このようなキネステーゼ・アナロゴンに関する基本認識をここであらためて述べることは冗語になるが，現実には動きの外的経過の類似だけが基準となっている例が少なくない。

　その理由は，学習者のキネステーゼを把握し，それに適合した練習方法を考える能力が指導者に欠けているからである。それは単に指導者の経験不足，知識不足だけに起因するものではない。熱意ある指導者は何とかして生徒や選手に動きを身につけさせたいと願って，さまざまな練習方法を考案している。それにもかかわらず，うまくできない者のキネステーゼを的確に把捉することができないのは，次項で説明するように，指導者自身の動きの感覚が意識から隠れていることに起因すると考えられるからである。

（2）アンダーハンドパスの典型的欠点

　バレーボールにおいて，正確なアンダーハンドパスの習得が重要であることは言うまでもない。しかし，アンダーハンドパスは初心者にとって決して易しい運動ではない。

　一般大学生を対象とした体育授業における筆者の指導体験では，アンダー

ハンドパスがうまくできない学生に対して欠点を指摘しても，改善が見られな
かった学生が少なからずいた。それは以下のような例である。

　ボールヒットの際に肘がまがっている欠点を持っているので，肘を伸ばし
てボールを打つように指導した。学生たちの練習の様子からは，筆者の指摘に
従って，ボールを打つ際に肘をしっかりと伸ばそうという意図が窺われた。そ
れにもかかわらず，ボールが腕に当たる瞬間に肘がまがってしまう欠点が消え
ない。学生に対して，腕の動きを示範したり，学生の腕を持って打つときの姿
勢を作ってやるなどして，肘を十分に伸展させる感じを教えても，ボールを実
際に打つと同じ欠点が現れてしまう。

　ボールを打つときに肘がまがる欠点は，初心者がアンダーハンドパスを行う
ときに最もよく現れる欠点であろう。その欠点に対して，肘を伸ばすようにと
いう腕の姿勢的アドバイスだけでは改善されない事例が少なくないことが確認
された。

（3）　一般的技術認識

　バレーボールは学校体育のなかでもポピュラーな種目であるため，多くの技
術指導書がある。また，近年はインターネットによって多くのウェブページで
アンダーハンドパスの運動技術について情報を得ることが可能となっている。

　それらの中から共通した技術認識を拾い上げてみると，腕に関しては，「腕
を伸ばす（肘をまげない）」「ボールを手首に当てる」「腕を振らない（腕は動
かさない）」「ボールが腕にあたる瞬間に親指を見えなくなるように手首を下げ
る（組んだ手首を小指側に伸ばす）」というような記述が見られる[26]。

　さらに比喩的な表現として，「肘と肩で三角形の面を作り，その面を崩さな

---

[26]　次のウェブサイトを参照。

http://homepage2.nifty.com/sumino/tora/technic/pass_under.htm

http://www.shinkawa-h.sapporo-c.ed.jp/jyoho/web2005/2307/page5.htm

http://www13.plala.or.jp/mexican/volleyball/under-pass.html

http://www2.edu.ipa.go.jp/gz/i1spol/i1va05/i1vb19/IPA-kyu2080.htm

http://homepage2.nifty.com/sumino/tora/technic/pass_under.htm

いようにしてボールを打つ」「腕で一枚の板を作
る」[*27] というイメージ作りの言葉もよく見られる。

　下半身の使い方に関しては，「脚の運び（膝を
使って，身体全体）でボールを運ぶようなイメー
ジで」「伸び上がるような感じで，ヒザを使ってか
らだ全体でボールを運ぶ」などの指摘は古くから
言い伝えられてきたものである。

　これらをまとめると，図20のように「腕（肘）
を十分に伸ばして固定し，膝の伸ばしの勢いで
ボールを返す」という打ち方が追求されるべき運
動経過となろう。

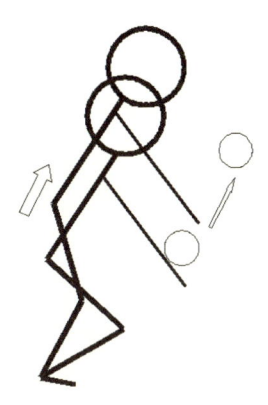

図20

（4）　練習法の問題点

　図20の動きが理想像とされると，その方法論が考えられることになる。た
とえば，腕が前に振れないようにひもで腕と胴体を結んでアンダーハンドパス
をしながら前に進む練習や，「面を作る」感じをつかむために実際に板を両手
で抱えて打つ練習などが行われることもある。また，膝を十分にまげることを
体得させるために，床に置いた板を跨いで立って行うものまである。これらは，
ボールを打つときに腕の振りを使わないで，膝のまげ伸ばしで打つようにさせ
ようとするための手段である。

　これらの練習法によって，確かに膝をまげた姿勢は作られるであろう。し
かし，後述するように，これらの外的姿勢だけでよいパスができるわけではな
い。ヴォルタース（Wolters, P., 1999, S.193）は，運動学習を助ける目的で
行われる予備運動が安直に選ばれると，逆に学習にマイナス作用を及ぼすこと
を指摘している。さらに，予備運動を行わせてみて，「ねらいに合っていない

[*27] http://www2.synapse.ne.jp/tokiwa/under.htm
http://www.k4.dion.ne.jp/~goforit/volley/pass.htm#u_pass2
http://www.eva.hi-ho.ne.jp/schingo/underhandpass2.htm

行動がみられたときには，そのねらいとする運動がそもそも目標とする課題にとって本当に意味があるものなのか検証しなければならない」と述べている。

　このような外的経過にとらわれた練習法はわが国だけのものではない。たとえばドイツの「バレーボールトレーニング」というウェブページ[28]には，膝をまげて台に座り，腕を伸ばし前に構えた姿勢から，腕を振らないようにして，立ち上がりながらボールを打つ練習法を紹介している。洋の東西を問わず，アンダーハンドパスでは，腕を振らないことと膝のまげ伸ばしの勢いでボールを飛ばすという考えが行き渡っているのである。

　フォルガー（Volger, B., 1990, S.22）は，従来の運動指導には学習者の思考過程や知覚，表象過程などの内的事象への配慮が欠けていたことを指摘し，「教師が，運動の外形的要因に基づいて指導することは，学習者に外的イメージしか伝えないので，習得を困難にさせる」と警告している。上記のいくつかの練習法は，すべて運動の外的経過の特徴に基づいて考案されているところに大きな問題がある。

（5）アンダーハンドパスの技術

1）膝の役割

①膝のまげ伸ばしだけでボールを飛ばすことができるかどうかの検証

　腕の振りを使わないで膝のまげ伸ばしの勢いでボールを飛ばすことが実際に可能であるか実験を試みた。被験者はバレーボール部に所属している男子大学生で，アンダーハンドパスの技能に長けている者である。

　図21のように被験者の両腕と胴体の間にバレーボールをはさみ，腰に固定したロープで両手首を強く引っ張るように締め付けた。これによって被験者は腕と胴体との位置関係が固定され，肩角度を変化させて腕を振るという動作はできなくなる。この状態で，3メートルほど離れた位置から投げられたボールを打ち返させた。図20の動き方を強制的に実施させることになる。

---

*28　次のウェブサイトを参照。

http://www.volleyball-training.de/teta/bagger basisuebungen koerper.htm

被験者には，腕を振ることはできないので膝
のまげ伸ばしを十分に利用して，ボールを遠
くに打ち返すように指示した。

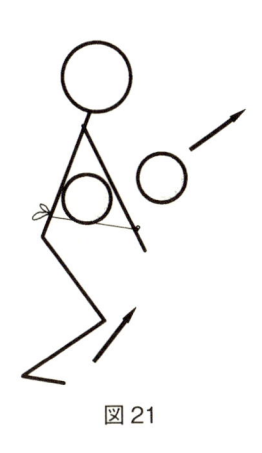

図21

　その結果は，1〜2メートル程度の距離し
か飛ばすことができなかった。膝のまげ伸ば
しはかなり大きく使っていたにもかかわら
ず，ほとんどパスとはいえない返球であった。
このことから，膝のまげ伸ばしの勢いだけで
ボールを飛ばすということは不可能であるこ
とが示唆された。パスには腕を振る動作がど
うしても必要なのである。その振り幅は，飛来してきたボールのスピードや
返球する距離に応じて変化することは言うまでもない。

②膝まげ動作の効果

　膝のまげ伸ばしがアンダーハンドパスにとって不要であるということで
はない。従来，膝の使い方がアンダーハンドパスにとって非常に重要である
という認識があったからこそ，指導者たちは厳しく教え込んできたはずであ
る。実際に，膝を十分にまげてアンダーハンドパスを行うことができない選
手は，レシーブできる範囲が大幅に制限される。それはとくに低い位置にあ
るボールに対してである。腰のあたりなどの高い位置のボールに対して膝を
深くまげて打つ必要はない。

　これまで最重視されてきた膝のまげ動作は，低いボールを打ち返すため
に必要な技術であったのであり，アンダーハンドパスそのものに不可欠な技
術ではないのである。したがって，膝を大きくまげて行うアンダーハンドパ
スの練習は，レシーブが可能な範囲の拡大のためにはどうしても行う必要が
あるが，初心者でまだパス動作そのものが未熟な場合に優先的に取り入れる
練習内容ではないと考えられる。

2）アンダーハンドパスの中核技術

腕でボールを打つからには，中核技術は腕の使い方にあることは当然である。
アンダーハンドパスで最も重要な腕の操作は図22のような動きとタイミング

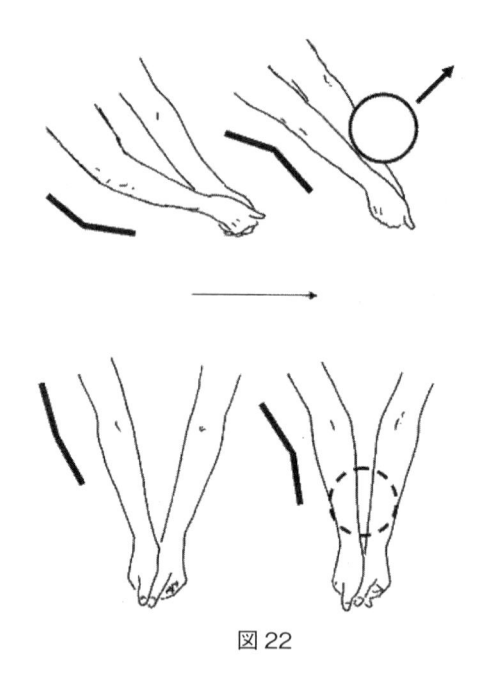

図22

であると考えられる。

　端的に言えば，ゆるんでいた肘を十分に伸ばして内側に締めるような力を入れる瞬間と，腕がボールに当たる瞬間とを一致させるということである。そのとき，手首を下方に伸ばす（親指を下方に伸ばす）ようにするとよい。この動きとタイミングをコツとしてつかむことができてはじめて，ボールを正確に弾き飛ばすことができるようになる。

　このように言えば，ことさら説明するまでもないように感じる指導者も少なくないかもしれない。しかし，後述するように，このような腕の操作は熟練者である指導者にとってあまりに当たり前の感覚であることから，この動きとタイミングをあえて指導する意義が認識されてこなかった点に方法論上の問題がある。

　肘を図22のように伸ばすだけであれば，初心者でも容易に行うことができる。しかし，その動きをボールインパクトと一致させることはそれほど容易で

はない。そのタイミングをつかむには繰り返し練習することがどうしても必要である。大事なことは，このような動きを意識しながら反復練習をするということである。実際には，このような動きに関する指導は行われないまで練習させ，たまたま良い感じをつかんだ者だけが上達してきたというのが現状ではないだろうか。

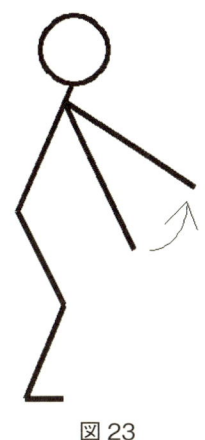

図23

　正しい腕の操作，ボールヒットのタイミングを習得するための練習法としては，他者が保持したボールを打つ練習や，ワンバウンドさせたボールを打つ練習など，腕の操作以外のことへの注意をできるだけ減らす場作りが重要である。

　図23のように振るのは，初心者に多く見られる悪い振り方である。肩を軸とした円運動のような振り方だと，ボールをヒットする高さによって返球の方向が不安定になる。

　肘伸ばしのタイミングが分かっていない初心者は，たとえ適切な腕の位置にボールが当たっても遠くに飛ばないため，腕の振りを大きくしようとしがちである。このような振り方を諫める意味で，「腕を振らない」という指導がなされてきたのである。「腕を振らない」のではなく，「正しい振り方」を教えることが必要である。

2.　運動感覚意識の覚醒

（1）　事例における問題性

　紹介したアンダーハンドパスの事例について，どこに問題性があり，その解決にはどのような方法が考えられるか概観してみよう。

　今回のアンダーハンドパスの場合，指導者の側において腕の操作に関する意識がないので，熟練者に特徴的なひざの大きなまげ伸ばしと腕の小さな振り動作しか注意を向けられなかったことが示された。そのため，初心者には難しく，しかも肝心の技術が身につきにくい指導法が取り入れられることになる。

あるいは，技術的指導はしないまま，ひたすら反復練習をさせて，学習者の自得にまかせて技能上達を待つことになる。課外活動などでバレーボールの練習を長時間できる者なら反復練習の機会も多く，本人も気づかないうちに必要な技術を習得する可能性も少なくない。しかし，体育授業のような限られた時間数のなかでは，いっこうに技能向上が進まない生徒も少なくないのが実状であろう。

　確信がもてる運動感覚意識がないので，生徒に指導しようとすると，まず上手な動きと下手な動きを見比べることから始まることになる。その違いを欠点として指摘しようとするのは，指導者にとっていわば当然の行動であろう。

　単純な例でいえば，ボールを打つ際に肘がまがってしまう初心者に対して肘を伸ばすことを要求するのはきわめて自然である。また，それが間違いであるはずはない。しかしながら，その指摘でうまく修正できる者はまずいない。それで改善できるようでは，ここであえて論及の対象とするほどのことでもない。実際に指導した経験がある者であれば，「肘を伸ばすという簡単なことがなぜボールを打つときにできないのか」理解できないと嘆いたことがあるはずである。

　スポーツの指導において，運動の外形的特徴をそのまま指導内容としても，初心者に有効な指摘とはならないことが多いが，それは，運動の理想像と初心者の動きを比較してしまうからである。たしかに，指導法を考える場合，熟練者と初心者の動きを比較して，その違いを指摘することはよく行われることである。しかしその場合に考えるべきことは，熟練者の動きは完成形であり，さまざまな無意識的運動感覚（受動的キネステーゼ）のうえに成り立っていること，それに対して初心者は，その運動の発生にとって必要なキネステーゼの不足部分があるということである。

　アンダーハンドパスを膝を深くまげて行うためには，その姿勢をとったときの腕（手首）の位置と落下してくるボールの位置を正確に合わせる能力が要求される。しかし，熟練者はそのようなことなど考える必要はない。意識しなくても体が自然にそこに移動している。

　この位置移動に関する感覚能力を金子（2002，p.473）は「遠近体感能力」

と名付けているが，その能力がまだ十分に形成されていない初心者では，そこに注意が向かえば，肝心のボールヒットに意識を向けることなどできなくなる。さきに説明したコツとカン意識の差異性がここでも作用してくる。この意味でも，膝まげを学習者に意識させるのは，腕の振りをうまく使ってボールを弾き返す技能が高まった後にしなければならないことが理解される。

これは，初心者には膝をまげないように意識させることが大事だという意味ではない。確かに軽い膝のまげ伸ばしを腕の動きに同調させて行うことは効率的な動作となることは間違いない。しかし，それも腕の操作ができるようになってはじめて機能するということを忘れてはならない。したがって，初心者ではボールに合わせて前後に移動しやすいような姿勢をとれば十分だということである。

それにもかかわらず，膝のまげ伸ばしばかり強調する指導者が多いということは，彼らがそのような意識をもっているということの証である。つまり，多くの熟練者にアンダーハンドパスのコツを尋ねれば，ほとんどの者が膝のまげ伸ばしについて述べるであろう。この場合，多くの指導者たちの言表から抽出した共通項，つまり深い膝まげを初心者に有効なコツとするわけにはいかない。腕の操作に関しては，アンダーハンドパスをするとき，熟練した指導者たちにどのように腕を動かしているかと尋ねても，たいていは無意識的に行っているので，前項で説明したような本質的技術に関する身体操作の仕方を答えることはできない。

筆者は，かつて大学バレーボール部で活動したことがある女性に，初心者の頃にアンダーハンドパスがうまくなったと思ったときの感じを話してほしいと尋ねたところ，「うまくは言えないが，"ヒュルヒュル〜，シュッ"という感じだった」と答えた。"ヒュルヒュル〜"のときには飛来してくるボールを待ちかまえているときで，"シュッ"はボールの下に素早く手首を差し込む感じだと言う。これは，前章で説明したひじの力の入れ方とタイミングの様相を的確に表している。

もちろんこのような擬態語だけでは有効な指導言葉とはならないが，腕の操作における力動的経過を説明しながらその擬態語を併用すれば非常に効果的な

技術指導ができると思われる。問題は，彼女がこの自分の感覚でとらえた動きの感じを擬態語以上の次元で保存できなかった点である。彼女はパスの感じを漠然としたコツとしてとらえていたのだが，自分の動きの内実にまで意識を向けて，それを他者に伝えることのできる言語的な内容として把握していたわけではない。コツの言語的把握の方法が検討されなければならない。

（2） 運動感覚意識覚醒の現象学的意味

アンダーハンドパスが技能的に熟練レベルにあっても腕（肘）の操作の仕方は意識されていないということは，自分の意識がそこに向かっていない，つまり自我の対向がないということである。直観にもたらされていないと言うこともできる。

直観は志向の充実である。ボールを打とうという志向は，実際に打つことで充実，直観される。これは，志向の段階ではっきり意識された状態，つまり能動的志向性（作用志向性）の場合であり，「志向の充実＝直観」という図式が成り立つ。

しかし，山口（2005，p.252）は，「受動的志向性の志向は，能動的志向性の場合と異なり，充実されても直観にもたらされるとは限らない」と言う。受動的志向性は，「超越論的自我が能動的に対象へ向かうに先立って，すでに対象意味を意味相互間の内的結合法則にもとづいて一定の仕方で構造化する働き」であり，端的に言えば「自我の関与なしにすでにそのようにありうるということと」（山口，2005，p.172）である。フッサールが内的時間意識として解明した「未来予持」や「過去把持」も受動的志向性である（木田ほか，1994，p.59）。

携帯電話で話をしながら歩いている者は，普通は自分の足の運び方など意識していない。どこを歩いてきたのかさえ覚えていないこともある。それでも足を出すときには地面の形状や堅さなどが先取りされているし，足が地面に接地したときには，「その地面にとって自分が出した足の運びはちょうどよいものであった」と無意識のうちに了解している。しかしこのときは，意識には上っていないため，「志向―充実」の過程は経ていても直観はされていない。直観にもたらされないこと，つまり意識されていないことを後で思い出すのは困難である。

　ボールをセッターにうまくパスしようという能動志向は，それが実行されると充実に至り，うまくできたという直観に達する。しかしこのとき，熟練者であればどのように腕（肘）を操作するのかわざわざ意識することはない。それでも，無意識のうちに飛来してくるボールのスピードやコースを読み取り，さらにセッターへの返球の軌跡まで先取りしながら，ちょうどよい力加減でヒットできたと暗黙のうちに体は了解している。このとき，仮に低いパスを出そうという意図があったとき，それがうまくいったかどうかという結果ははっきりと意識され直観されているが，肘の操作などは受動性のレベルで進行しているため，どのように打ったのか意識されることはない。「受動志向 ― 充実」は起こっても直観には至らない。

　直観に至らず，意識にも上っていないのだから，その時点では，その動きの感じを他者に伝えることはできない。ヘルト（1997，p.54）が「過去の客観として明確に再想起されたもののみが，自我にとっていつでも意のままにできる注視の対象として与えられる」と述べているように，伝えるためには，その感じをまず思い出すことが必要である。この再想起が可能となるためには，その動きを行っている最中に「『今何をしているのか』という原意識が自覚として働いている」（山口，2005，p.256）ことが条件となる。しかし，何も考えなくてもできる運動の場合には自我の意識作用が働いていないことが多いので，つまり“いま～のような感じでボールを打った”という意識はないので，それを思い出すことは難しい。

　このように，通常は受動志向が充実されても直観されないが，直観されるときがあるという。それは，山口（同書，p.259）によれば，「通常の充実が阻害され，それを契機に志向の働きが内的に意識されるとき」である。たとえば，熟練者でも，たまたまミスをして思うところに返球できなかった場合には，自分がどう動いたのか思い出そうという意識が生じるであろう。

　金子（2005b，p.97）によれば，自動化のレベルまで達したような習慣化された運動を，動きの改善などの目的で自分の意識にもたらすためには「匿名的身体知の分裂危機」が必要である。それは，「学習者はある新しい動感形態に対して，〈私はそう動けない〉と感じ，それまでの動感メロディーが成立しな

いときに，私の動感運動が自他未分の匿名性のなかに沈んだままだったことに気づくのであり，私の動感運動の原点，つまり，私の始原身体知の存在に気がつくことになる」からである。さらに，それをきっかけに自分がどのように動くべきか考える，いわゆる「身体中心化」の作用が生じ，それが運動の習得・改善の原動力となると述べている。

　今回の試みにおいて，腕の振りを行わないとパスはできないことを，腕をひもで縛ることによって認識させたように，自然な動きを外部から制限して実施者に自分の動きを意識させる方法は，結果的には金子の言う「匿名的身体知の分裂危機」に陥らせることとなっている。

　これらの方法によって，受動的キネステーゼに支えられて成り立っている無意識的動作を，うまく行うためのコツとして意識に上らせる能動化，あるいは直観化することができる。したがって，その方法論の確立が次の課題となる。

3．覚醒の方法──キネステーゼ解体（脱構築）[*29]

（1）キネステーゼ解体とは

　運動学習に大きな役割を果たす受動的キネステーゼを初心者の立場に身を置いて理解することは，体育教師のように運動に熟達すればするほど難しくなってくる。教師にとって教材程度の易しい運動では，自分の運動の意識は日常的，習慣的運動のレベルにまで沈んでしまっているからである。木岡（1994，p.219）は，ハビトゥス（習慣）は「同一性をけっして志向しない〈差異〉の反復の原理」であり，「自覚されない知」であるところから，「知恵ある無知」という表現を充てている。このため，できない子どもの感覚を熟練者である教師が理解しようとすれば，そこに特別な意識を向ける作業が必要となる。

　たとえば小学校の体育授業においては，とび箱を跳ぶ際に踏み切り板の上

---

*29　フッサールの原語は Abbau である。和訳語としては，山口や中山（2013）のように「脱構築」としているものと，榊原（2009，p.315）のように「解体」としているものがある。本書では「解体」を使っているが，「脱構築」と同義である。

に両足を揃えて置くことができない子がいる。あれほど大きな面積をもった踏み切り板が目に入らないはずはないので，それを踏み外すことなど考えられない。だからそのような子どもに対して，「踏み切り板を見ていないのではないか」と尋ね，「よく見て踏み込みなさい」といった注意を与える。このような質問や指摘が不要であるというのではない。よく見てさえいれば正しい場所で踏み切ることができると指導者が考えることの皮相さが反省されなければならないのである。

　踏み切り板を見るとか注意を向けるというのは実施者の意識的行為であり，それはフッサールの言う能動的志向性ないし能動的キネステーゼの次元にある。これに対して，この能動的キネステーゼを支えている無意識層のキネステーゼがあり，この受動的キネステーゼを分析することが，うまくできない子どもの運動感覚を理解する上で不可欠である。しかし前述したように，受動的キネステーゼは無意識的な過程であることから，本人から聞き出したりすることは困難である。また，それを他者が外部から推測的に理解しようとしても容易ではない。そこでこの受動的キネステーゼの発生過程を体系的に把握するための特殊な作業が必要となる。

　山口（2001，p.217）は，フッサールを援用して，受動的発生は「脱構築」ないし「再構成」の方法によって解明されると述べている。つまり，「発生の問いとは，静態的現象学の志向性の構成分析と本質直観を通して獲得された構成層のシステムをその考察対象として，複数の構成層間の生成（Werden）の秩序を問うこと」である。だから，「構成層間の生成の秩序は，ある特定の構成層の能作を，働いていないとして，全体の構成のシステムから脱構築（Abbauen）してみることによって，他の構成層の働きが可能か，働きえないか，構成層間の生成の前後関係として解明される」（同書，p.218）のである。

　本項では，この発生現象学の方法とみなされる「脱構築」の理論を運動指導に適用し，「キネステーゼ解体」（kinästhetisches Abbauen）という概念を設定して，受動的キネステーゼの発生に関する考察を進めていくこととする。つまり，運動をうまく行っている状態から，ある特定のキネステーゼが機能していない状況を意図的に作りだし，そのキネステーゼの働きを意識に上らせるこ

とを目的とした解体作業を行うのである。

（2）キネステーゼ解体の例証

　ここでは，アンダーハンドパスの熟練者が無意識的に行っている動きの感覚
を意識化させるために行われたキネステーゼ解体の事例を紹介する。

　前述したように，アンダーハンドパスでは，ボールを弾き返す原動力は膝関
節の伸展ではないこと，および腕（肘）の操作に本質的技術が内包されている
ことが確認された。実は，それはキネステーゼ解体によってもたらされた認識
であった。つまり，腕を十分に伸ばした状態で身体に固定した体勢（図21参
照）を採るということは，本来の打ち方（図22）を行わせないことを意味し，
これはキネステーゼ解体に他ならない。

　今回さらに，指導者にボールヒットの瞬間に肘を伸ばす力を入れていること
を分からせるために次のような試みを行った。

> ①まず，被験者に目隠しをして視覚を遮断する。レシーブの体勢をとらせ，肘を
> 十分に伸ばして力を入れさせる。そこへ他者が，被験者の手首の少し上の位置
> にボールをぶつけてやる。この場合，ボールはそれほど大きくは飛ばない。そ
> の結果から，被験者は腕に渾身の力を込めていてもボールはさほど遠くまでは
> 弾き返せないことが分かる。
> ②次に，普段どおりに目でボールを見て打ってみる。そうすると，肘はずっと同
> じ強さで伸ばしているのではなく，ボールに当たる瞬間に強く伸ばすというタ
> イミング操作を無意識のうちに行っていることが体感される。また，そのよう
> に行えば，ボールを弾き飛ばすのにそれほど腕の力も要しないことも分かる。
> そのことから，「肘を伸ばせ」というだけの指示は間違いではないが，動きの
> 感じを伝えるには不十分であることが理解される。

　この試みでは，被験者に目隠しをすることによって，ボールとの距離を把握
する「遠近体感能力」（金子，2002，p.473）や動いているボールの位置へうま
く手を差し伸べるための「徒手伸長能力」（同書，p.502），「先読み能力」（同
書，p.503）など，無意識のうちにはたらいていた運動感覚能力が遮断されて
いる。さらに，この手続きの後にあらためて普通の状態でアンダーハンドパス

を行わせることによって，腕の操作の仕方に気づかせるという方法がとられた。これによって，飛来してくるボールの動きを目でとらえ，腕とボールが接触するタイミングにあわせて肘を伸ばし，ボールを弾き返すという，それまで無意識で巧みに行っていた動作のキネステーゼが意識化されたことになる。

このようにして指導者にボールヒットの運動感覚意識を覚醒させることができれば，先に紹介した練習法，つまり「両腕と肩で面を作る」「腕を伸ばしたまま振らないで，膝の伸ばしで打つ」といった意識で行うこと，また実際に木の板を両手で抱えて打つ練習などが，いかに運動の外形だけにとらわれたものであり，動きの感じを伝えるには不十分であるか理解できるであろう。

したがって，初心者には，まず肘の伸ばしのタイミングをボールヒットとうまく合わせることができるような練習法を処方することが重要である。筆者の指導体験では，他者がボールの横を両手で保持している（静止している）ボールの下を，前述の腕の操作，タイミングで打たせ，ボールを前に軽く弾き飛ばす練習を行わせると効果があった。また，ボールを打つ際に，意図的に肘をまげておいて，それを伸ばしながらボールヒットを行う練習も非常に有効であった。

身体操作やキネステーゼの遮断という手段を通して無意識的な動作の存在を確認する方法としての「キネステーゼ解体」は，無意識的運動感覚，つまり受動的キネステーゼ発生過程の解明にとって不可欠な手段であると言える。山口（2001，p.218）が「脱構築する以前には，それまで直観にもたらされることなく隠れて働いていた，いわば〈無意識的〉に働いていた構成層が露呈される」と言っているように，キネステーゼ解体（脱構築）を通して考えると，できる者にとっては無意識のうちに実施している易しいことでも，その達成にはどれほど高次の運動感覚を要するのかが理解される。

ある運動ができるということは，それに必要な動きの感じは体得されているので，指導者にはさらにその感覚に気づく努力が求められる。受動的キネステーゼの能動的探索が必要なのである。

脱構築は，運動発生の過程を探る研究に有用であるだけでなく，山口が言うように，知らず知らずのうちに行っていた運動の自らの感覚を意識できる形式にもたらすための「積極的で発見的な方法」（山口，2005，p.12）といえる。

（3）　キネステーゼ解体に基づく運動指導

　ここでは，キネステーゼ解体を活用した運動指導の手順について，具体的な事例をもとにまとめてみたい。事例は第Ⅲ部第1章で紹介したマット運動の後転の指導内容である。

　当該学生の最大の欠点であった「首の背屈」と「上体の伸展（背すじが伸びてしまう）」は，外的観察だけでもすぐに分かるものであった。問題は，なぜその欠点が出現するのかという理由であり，それが明らかにされなければ指導法を検討することはできない。これについて，前述した指導法の検討過程を振り返って，キネステーゼ解体から指導法の考案までの過程について確認する。

　筆者は，学生の動きの模倣を試み，この運動の実施の感じを反省的にとらえ直してみた。それによって，いつもはとくに注意を向けることなく行っている多くの動作の存在が確認できた。

　次に，普段は意識されていない自分のコツを意識化し，それを行わないとどのような欠点となって現れるか試してみた。その際，自分の身体の動きへの意識であるコツだけでなく，情況と自分の位置などの関係に対する身体的了解，いわゆるカンが，コツと同様に無意識的に働いていることが反省的に確認された。たとえば，回転加速のための腰角度の増減動作，あるいはそれに続いて背中を丸くする動作は，それを行うタイミングが重要である。後転ができない者の一つの典型的欠点として，しゃがんだ姿勢の時点で身体を丸くしてボールのような姿勢をとり，そのまま後ろに倒れるため，まったく回転の勢いが産出できない現象がある。これは，身体を丸くするということは意識されているものの，マットと自分の背中の位置関係が分かっていないからである。この場合，自分の身体の回転度合いやマットに背中が接触するタイミングに関して，カンを働かせて推し量らねばならない。したがって，コツとカンの相互隠蔽原理[30]

---

[30]【相互隠蔽原理】ヴァイツゼッカー（1975，p.59）が著『ゲシュタルトクライス』のなかで，知覚と運動の両方を同時に意識することはできないことを「回転扉」に例えて説明した原理であり，金子はこの原理によってカンとコツの意識のあり方を説明している。回転扉（コインの裏表と考えてもよい）のように，同一のものでありながら，見えるのはつねに片側であるような存在様式。「差異性」も同義。

（金子，2005b，p.29）を考慮すれば，どちらかだけを絶縁的にキネステーゼ解体を行うことの危険性が示唆される。

　このようにしてコツおよびカンの確認作業を経て，欠落したキネステーゼの探索が行われた。とくに後ろに倒れる際，なぜ背中が伸びて首も背屈してしまうのかという点については，前述したカンとしての「先読み統覚化能力」の欠落を仮定してみれば，このような現象が現れることが理解される。この先読み統覚化能力は運動のプロレープシスとして作動するため，それに必要なキネステーゼの養成を目的として，「ゆりかご」動作と特殊な補助マットを使用した練習法が処方されたのである。

　以上の過程は次のようにまとめられる。

　　〈キネステーゼ解体に基づく指導の手順〉
　　①指導者（熟練者）自身が当該の運動を行ってみて，内省的分析を行い，基礎技術を確認する。
　　②確認された基礎技術のひとつひとつについて，それを行わないとどうなるかを実際に試してみる（＝キネステーゼ解体）。あるいは潜勢的に行ってみる。
　　③それによって生じた，うまくいかないものの中から，当該の学習者のケースにあてはまるものを探し出す。
　　④当該の学習者に不足している基礎技術を行うために必要なキネステーゼ能力を確認する。
　　⑤このキネステーゼ能力を発生させるための練習法を考案する。

4.　ま と め

　本章では，熟練者であっても動きの感じを運動感覚意識としてとらえていない場合が多々あること，そのときには指導が運動の外形的特徴の指摘のみになる可能性があること，ならびに指導に必要な運動感覚意識は意図的に覚醒させるべきであることをアンダーハンドパスの事例を通して明らかにしてきた。さらに，無意識的運動感覚を意識化させる方法としてのキネステーゼ解体について概説し，それを指導に活用するための手順についてまとめた。

　本来，運動感覚意識の形成は，金子（2002，p.377）の言う内観的反復，つまり「これからやろうとしている動き方を力動的な運動メロディーとして投企し，自らの遂行の後に，その直感位相における運動感覚的な志向充実を図るやり方」による練習過程が基礎となる。しかし，易しい運動であれば，そのとらえた感じも習慣のなかに埋没し，再想起さえされなくなってしまう。運動の熟練による自我身体の匿名化である。

　ただし，この運動実施の匿名化現象は否定的な面ばかりではない。プロールら（Prohl, R. & Gröben, B., 2007, S.44）は，「われわれの日常の運動，あるいはスポーツの運動の多くにおいて，自分の身体は自明的匿名性に隠れたまま」であり意識に上らないが，だからこそ，注意を対象物や相手の動きなど他のことに向けることができると述べている。したがって，運動感覚意識の匿名化は，自分の運動実施に対してはまったく否定的影響を与えるものではない。その運動を他者に指導しようとしたときにはじめて問題となるものである。しかし指導する立場になってはじめて自らの感覚を意識化しようとしても容易ではないことはこれまで説明したとおりである。

　このような場合に活用されるのがキネステーゼ解体（脱構築）である。フッサール（2012）は次のように述べている。

　　私たちは自分の完全な経験（知覚，経験の原的な統覚）を，ある意味で体系的に脱構築することができる。私たちが熟慮できるのは，ある経験をこの発生から排除するとき，したがって経験のあるグループが決して可能ではなかったとしたら，その知覚は地平にそくしてどのように成り立っていると言えるのか，ということである。（フッサール『間主観性の現象学　その方法』2012, p.370）

　したがって，解体して何を体系的に取り去って考えるかが重要な点である。そこで求められるのは実技経験，指導経験，さらに技術的知識などである。こうして熟慮された脱構築を通して，キネステーゼの構成層が考察され，指導に必要な運動感覚意識が形成されることになる。

第**4**章

キネステーゼ解体の指導事例

　キネステーゼ解体を体験させる例としては，前章のバレーボールのアンダーハンドパスの実験で行ったように，重要なコツを使えないような状況を作り出すことによって，無意識的に捌いている自分の動きの感覚に気づかせる方法がある。

　また，意図的失敗体験法という，当該の運動を意図的に失敗してみるという方法も効果的であろう。その際，明確な目的意識なしにただ失敗してみても意味はない。たとえば，倒立で腕の力を抜けば失敗するのは当然であるが，本来，自分の身体を支えるだけの腕力がない者には倒立の練習をすること自体に無理がある。どのような動きのコツを使わないようにすれば，その運動がうまくできなくなるのかを，初心者の立場に立って確認するのであるが，それはかなり難しい作業である。

　すでにできるようになった者が，再度できなくなることは意図的にはできない。自転車に乗れるようになった者が乗れない者になってみることはできないし，何の不安もなくとび箱をとび越せる者が恐怖感を抱いてみることなどできないのである。そのため，適切な手続きでキネステーゼ解体を行うには，技術的知識をそなえ，対象者のキネステーゼ的レディネスを的確に把握する専門能力を有する。将来の体育教師やスポーツ指導者にこの専門能力を身につけさせるには，さまざまな運動についてキネステーゼ解体の体験を積ませることが必要である。

　本章では，学校体育教材である「倒立」について，スポーツを専門に学ぶ専攻の学生に体験させた例を紹介する。

1. 体験の内容

　手順としては，まず倒立が怖くて実施できない者の事例（学生）をビデオ
を使って紹介する。それをもとに，できない原因は何か，何を怖がっているの
か，どのようなアドバイスをするべきか，予備運動（アナロゴン）はどのよう
なものが適切か，などについて考えさせる。

　次に，倒立の実施に必要なひとつの感覚を遮断する（取り去る）方法を試み
る。遮断する感覚は，後述するように「定位感」である。それによって学生た
ちは，できない者がどのようなことに対して恐怖心を抱いていたのかを，わが
身で体感することができる。

　さらに，実験的に遮断した感覚を，まだ倒立ができない学習者に獲得させる
にはどのような練習が適切なのか推察させる。

2. 倒立を怖がる者の特徴

　すでに第Ⅱ部第3章で紹介した例に見られたように，マット運動の倒立は，
それを練習することさえ怖くてできない生徒が少なくない。その際，恐怖心に
つながる原因は多様である。前述の例では，柔らかいマットの上で行う倒立前
転には積極的に挑戦していた。しかし，壁に向かって倒立を試みることは怖く
てできなかった。したがって，逆位の体勢になること自体を怖がっていたので
はなく，壁の存在，および壁によりかかった倒立のイメージが作れないために
運動投企ができなかったと思われる。

　ここでは，体育授業でしばしば見られる，初心者に典型的な事例を取り上
げる。それは，頭位の保ち方に問題があるやり方である。具体的に言えば，図
24 のように頭を腹屈させて行おうとするのである。足を振り上げようとする
のだが，倒立に至るまでの距離の半分程度までしか上がらない。倒立の練習を
怖がる者はここに問題があることが非常に多い。それに対して，図 25 に見ら
れるような背屈頭位の者は脚の振り上げの時点で恐怖心を持つことはない。

図24　　　　　　　　　　図25

　後述するが，このような腹屈頭位で行うと，自分にとっての上下，前後などの方位感（定位感）が狂うため恐怖心につながる。だから，このような頭位で倒立を練習している者に向かって何が怖いのか尋ねても，「わけが分からず，とにかく怖い」と答える。自分の身体がどのような状態になっているのか皆目分からないのである。

　また，振り上げ足が高い位置まで上がらないのは，上まで足を振り上げる筋力が無いことが原因なのではない。振り上げをやめてしまう無意識的な抑制現象なのである。だから，もっと強く振り上げるようにという指摘は意味をなさない。跳び箱が跳べない生徒に向かって助走速度を速くするように指摘するのと同じように不毛である。

　この例のような腹屈頭位が倒立練習の障害となっていることはよく知られているので，指導者は首を背屈にしてマットの方を見るようにアドバイスする。しばしば行われることだが，マット上に，両手の位置を底辺とした三角形の頂点に当たる位置に印をつけて，それを見ながら実施するように指示される。しかし，そのような外形的姿勢欠点を指摘したり，視線の目標になる印を設定しても，それで改善されるようであれば指導者の苦労はない。

　指摘された方も，試みる前には首を背屈してマットの方を見るように意識するが，改善することはほとんどない。普通に直立していて，首を前，あるいは後ろにまげることは誰でもできる。その簡単な動作が，ひとたび逆位になろう

とするとできないのである。

　恐怖心が起きる原因として，頭の位置が下になる逆位体勢の経験がないことがよく言われる。倒立になれないのだから，つまりその経験が無いわけだから，経験不足はもちろん事実である。そのことから，補助者が実施者の足をもって倒立位まで引き上げてやる練習が行われる。それによって逆位体勢に慣れて恐怖心が取り除かれることもあるので，学習者に拒否反応がないのなら有効な方法ではある。

　しかし，紹介した事例の学生もそうであったが，足を持ち上げようとしても倒立位に至るまで心理的に耐えられないのである。つまり，途中で怖くなって，手を前に移動させて逆位から伏臥支持の体勢に逃げようとするのである。

　以上のような，恐怖感にとらわれた倒立練習では，学習者の意欲がわかないことは当然理解される。そのため，練習を試みるまでに毎回長い時間がかかるのも特徴的である。熟練者から見れば，柔らかいマットや補助者など安全対策は施してあるし，必要な技術ポイントは何度も指摘してあることから，なぜできないのか理解しがたいときもある。学習者のやる気を疑って，ときには心ないことばを投げかける者もいる。

3. キネステーゼ解体と再構成の試み

　キネステーゼ解体の実習を行う学生たちに，前記の恐怖心を伴う倒立実施の感覚を体感させることによって，逆位になる際の定位感を獲得する過程を理解させるのがここでの目的である。

　ひとつの例として，強く腹屈頭位を意識したままで倒立を実施してみる。たとえば，「自分のへそから目線を離さないで行う」という試みである。もちろん，試みるのは倒立（壁倒立程度でかまわない）が楽にできる者である。たいていの者は，この試みでかなりの恐怖を感じるはずである。

　この試みを通して，自分に備わっていた定位感の存在を認識し，同時にそれが備わっていない初心者はどのような恐怖心を抱いているのかを身をもって体感することができる。それによって，初心者では，上下だけでなく前後の方向

の定位感の獲得も重要な練習の目標となることを知る。

　具体的な練習法の例としては，腕立て伏臥支持姿勢で首を前後に強く動かし（腹屈と背屈），前と後ろの感覚の違いを身体的に確認させる。次に，両手で支持して，両足で軽く跳び，空中で両足たたきを行う。その際に，首を腹屈した試みと背屈した試みを交互に行い，前後を確認する。さらに，壁に腹側を向けて，足で壁を登り倒立に近づける。その際にも同様の前後確認を行う。このような練習を通して，前を向いた実施と後ろを向いた実施の違いが，感覚的に自分で分かるようにする。体勢が変化しても自分で方向を確認できるようになることが重要である。

　前後の定位感が習得されたら，補助つきの倒立練習，あるいは壁倒立などを試みる。

4. 恐怖心の源泉

　キネステーゼ解体の体験によって，できない者の恐怖心を理解する能力の基礎が身についたといえる。ここでは，なぜ頭位によって定位感が失われてしまうのかを考えてみる。

　図26のように，背屈頭位の伏臥支持（A）体勢であれば，自分にとっての上下左右など方向定位感が崩れることはない。自分にとっての前方向は白矢印の方向である。このまま少し下体が上に上がってBの体勢になっても混乱を招くことはない。さらに脚部が上に上がり倒立倒立体勢（C）のときも自分にとっての前は同じである。

　しかしこれが腹屈頭位（D）の姿勢になると，自分にとっての前が支持体勢のときと逆転することになり，定位感覚の混乱を招き恐怖心につながる。慣れない初心者には訳が分からない状態といえる。

　金子（2005b，pp.2）は，われわれが運動するときの最も根本的な身体知を「始原身体知」と呼んでいる。それは「体感身体知」と「時間化身体知」から構成されている。体感身体知の構成要素として「定位感能力」「遠近感能力」および「気配感能力」が挙げられている。

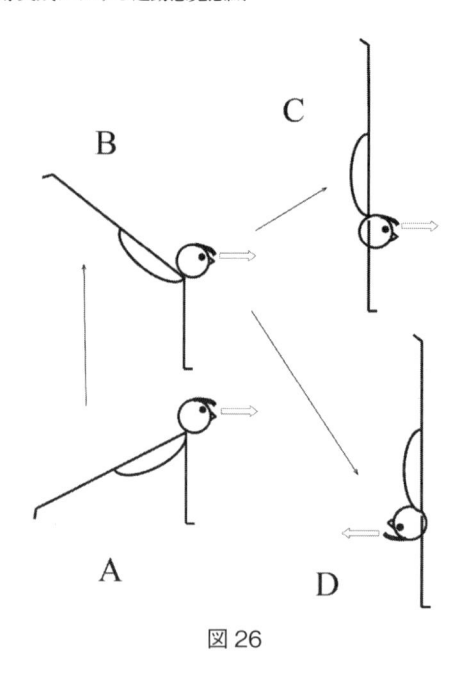

図26

　言うまでもなく「定位感」は，わが身の状態を把握する感覚であり，上下左右，前後などの方向性を確定するものである。フッサール（2001，p.187）は，これらの方向定位の（原点）を担うものとして身体は比類のないものと述べている。定位感に支えられて，われわれは直立して歩き，水平位で泳ぎ，さらに空中での回転運動さえも安心して行うことができる。しかも，この定位感は普段意識することはない。自分と状況との安定した定位関係，ヴァイツゼッカー（1975，p.196）の言い方では「相即」が崩れた場合に，その存在に気づくことができる。たとえば，遊園地などにある「斜めの部屋」（壁や家具などが意図的に鉛直線とずらして設置してある部屋）に入ったりすると，定位感が崩れ，まっすぐ歩くことも難しくなる。そのとき，重力などの状況と自分の知覚，動きなどの関係に気づくことができる。

　金子（同書，p.7）によると，定位感能力は時間化身体知と絡み合って「コツ身体知とカン身体知の基底を形づくる」ものである。つまり，運動学習においては，動きのコツを見つけカンを養うことが目的となるが，その土台となる

のがわが身の状態を把握する定位感能力であり，この感覚が揺らぐと自分の動きの習得や改善などまったく不可能となる。今回の倒立練習においても，定位感が喪失するような方法で初心者は試みていたのである。

5. キネステーゼ理解力の形成訓練

これまで述べてきた方法で定位感能力を解体する試みを実行することができる。このような体験を通してはじめて，まだ定位感が備わっていない初心者のキネステーゼ能力を読み取ることが可能となる。いわば，定位感が観察対象となってくるのである。これに関して金子（2005b, p.177）は，「指導者が学習者の定位感志向形態をはっきりと区別して観察できるのでなければ，動感発生を指導することはむずかしくなる」と述べている。定位感能力を見抜くことができない場合には，「バランスが悪い」「経験不足」「運動神経が鈍い」といったおよそ指導にはつながらない評価しかできない。現に，今回考察対象とした事例を学生たちに見せたとき，「どうしようもない」と冷笑した者が少なくなかった。このような学生では，自分が指導する立場に立ったときに指導の手順を考えようとしてもできるはずはない。

従来，典型的な失敗例の動きを意図的に模倣提示できる教師はすぐれた能力の持ち主だといわれていたが，彼らはそれとは意識しないでキネステーゼ解体を行っていたのである。

これまで，教員養成課程であっても実技の授業では技能習得が中心で，キネステーゼ能力の理解の仕方に関する学習は少なかったといえよう。たとえあったとしても，動きの外的経過の欠点の観察法やどのような順序で教材を教えるかといったマネジメント論が付随的に取りあげられればよい方である。ましてや，児童・生徒のキネステーゼを的確に理解する方法，さらに，うまくできない者の感覚に合わせて動きの感じを伝える方法などに関する具体的な指導はほとんどなされないのが実情であった。

技能獲得が中心的目標であった従来の授業においては，すでに当該の運動に熟練している学生は練習の目的もなく，せいぜい仲間の練習過程を眺める程度

の学習活動であったのではないだろうか。キネステーゼ解体の実習が体育実技の授業に組み込まれることは，そのような技能レベルの高い学生に対して新たな学習目標を与えることになる。同時に，それは動きの感じを伝えることを本質業務とする指導者にとって不可欠な知を獲得する場を設けるということでもある。それによって教員養成課程における実技授業は，「運動ができる者の養成」から「運動を教えることができる者の養成」へと大きく発展することになる。

第Ⅳ部の要約

第Ⅰ部および第Ⅱ部においては，他者の運動を外部から眺め，動きの特性や実施者の志向性を分析することの意義と方法について論じた。さらに第Ⅲ部でそれらの実践的事例を紹介した。それに対して第Ⅳ部では，自分の運動体験の構造，とくに運動実施における意識構造について例証分析を行った。

第1章では，マイネルがその意義を提唱した自己観察に関して，筆者本人の体験をもとに，運動習熟と観察内容の変容を分析し，自己観察では客観観察のように対象がはじめから存在しているのではなく，意識として形成されるものであることが明らかになった。

次に第2章では，運動を行っている際の"動きの感じ"を意識化することの意義と方法について，とくに発生現象学的視点から考察を加えた。

一般には，ある運動に熟練している場合には，その運動の実施の感じも"自分のコツ"として詳細に理解できていると考えられている。しかし，自分の動きに意識を向けなくても自然に身体が動く「自動化」まで習熟が進んだ運動は，指導しようとする場合などにあえて具体的な動き方を意識化しようとしても，よく分からないことが少なくない。指導者自身が動きの感じがよく分からないと思えば，それを探る必要性が認識され，意図的に意識化が目指される。しかし，指導にとって本質的なことは意識できていないにもかかわらず，分かっていると思い込んでいる指導者が多いところに問題がある。

バレーボールのアンダーハンドパスの指導例で説明したように，多くの指導者や選手にとってすでに自動化の段階まで熟練した運動では，金子（2005b，p.89）の言う「習慣的動感匿名性」のレベルにあり，「自然的態度」で臨んでいたのでは詳細を意識に上らせることはできない。

ここでいう「自然的態度」とはフッサール現象学の意味におけるものであることは言うまでもない。新田（1974）によれば，自然的態度とはわれわれの日常の態度であるが，これは意識されたものに素朴に立ち向かうが，そのことが逆に対象と直接的関係から離れていると言う。「自然的態度に生き続けてい

るかぎり，あらゆる『ものごと』は習慣的に実体的に把握され，さまざまの先入見をとおして物との交渉がすすめられていく」と言うのである。つまり，自然的態度には，習慣性，さらに伝統性という現象が働いていて，学問的態度もまたこうした習慣性に支配されて，一定の視点から方法的偏見によって一義的に解釈していくことになるのである。それゆえ，フッサールはこの自然的態度を遮断することが学問的追求の最初の作業になるとして，それを「判断停止（エポケー）」と呼び，それによってもう一度原初の意識，つまり純粋意識まで遡ること，すなわち「現象学的還元」の必要性を主張したのである。

　われわれの運動の意識に関しても，このような方法で感覚の本源まで立ち返ってみる必要がある。それは，感覚されたもののすべてが意識されているわけでもないし，意識されたものが本質的に重要なものであるとも限らないからである。さらに，指導者から言われたことばや書物から得た知識などさまざまな先入観に覆われた意識である可能性が予想されるからである。

　動きのコツの詳細を意識化，あるいは言語化できなくても，自分の動作の実施にとっては何も問題はない。しかし，他者に指導する場合には，指導しようとする内容が指導者に明確な意識として保持されていなければ，学習者に自分の動きを示範してみせる以外にコツの伝達の道はない。

　能力のある学習者は，指導者による示範から動きの達成に必要な感覚を感じ取り，自らの感覚に移し替え，技能の向上を実現していく。一方で，そのような感覚の受け入れ能力に欠ける学習者は，いつまでもうまくできないままで過ごすことになる。

　示範以外の指導方法を探る指導者は，熟練者と初心者の外的運動経過を比較し，その違いを指摘することになる。それが一律に間違いというわけではないが，目立つ外的特徴が必ずしも本質的技術特性であるわけではない。やはり具体的にどのように動くべきか，あるいはどう身体操作を行うべきかという "動きの感じ" を伝えないわけにはいかない。そのために，熟練者であっても，みずからの運動感覚意識を意図的に覚醒させる努力が求められるのである。その方法として「キネステーゼ解体」が活用されるべきである。

第Ⅴ部　キネステーゼ理解の構造と研究法

　スポーツ運動の観察では，人体の物理的移動経過を客観的にとらえる
だけではまったく不十分であり，実施している選手や生徒のキネステー
ゼ感覚を把握し，意識の志向性を分析できる能力が指導者に求められる
ことがこれまでの考察で例示的に検証された。

　第Ⅴ部第1章では，これまでの考察の総括として，現象学的運動観察
の中核であるキネステーゼ理解の構造を明らかにし，その能力を形成す
るための方策を体系的に考える。

　さらに，ここまで進めてきた論考はスポーツ指導の実践への貢献のみ
ならず，スポーツ指導の研究の今後の方向性を示唆するものであること
から，第2章で研究の理論的基盤となる現象学的運動学の固有性を提示
し，他分野とは異なる本質抽出の仕方を論述する。

　これらによりスポーツ運動の実践的観察法と，固有の研究法による理
論化の方法が体系化されることになる。

第 1 章

キネステーゼ理解の構造

1. 能力の相関構造

　運動を指導するための専門能力とは，学習者がある新しい運動を覚えたり，すでに実施している運動をよりよい動きに改善したりする場合に，適切な技術的アドバイスを与え，技能に即した予備運動を処方しながら，運動学習が効果的に進むように支援していくことができる能力である。その土台となるのが，学習者のキネステーゼを理解していく指導者の活動である。

　これまでに運動の客観観察と自己観察，さらに志向分析および運動感覚意識に関して現象学的視点から考察してきたが，これらの諸研究を通して確認されたことは，それぞれの活動が個別に機能するのではなく，相乗的に作用するということである。たとえば，自己観察の深みを体験したことのない指導者が，学習者の志向的内実まで理解できるはずはない。

　精神分析に関する研究者である松木（矢野・桑原，2010，p.102）は，精神科医やカウンセラーなど，こころの臨床家に自己分析が必要であることの大きな理由のひとつとして，自らについての主体の知を得ないことには，他者の主体の知を実感することができないことをあげ，次のように述べている。

　　主体の知は，共通感覚を基盤にしている。その共通感覚を私たちが私たち自
　　身においてどれほど実感を持って把握できているかが，他者の主体の知に出会う
　　ための前提なのである。私たちは自分のこころについて得ている実感を超えて，

他者のこころを実感することはできない。（矢野智司・桑原知子編『臨床の知』
2010,　p.102）

　これは「こころ」の自己分析の経験が精神科医の能力的基盤となっているこ
との説明であるが，運動指導者と運動自己観察の関係もまったく同様である。
　さらに，本研究において，指導者自身のキネステーゼ意識の覚醒が運動観察
力に対して大きな影響を及ぼすということを例証できたことは大きな意義があ
る。これらの活動の相関は図27のような関係としてとらえることができる。
　このような観点から，キネステーゼ理解にはどのような能力が関連している
のか，その構造を解いてみよう。

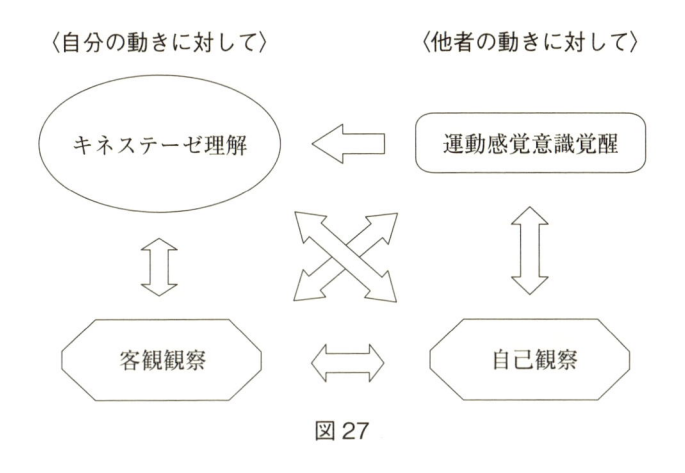

図27

（1）　外的観察から内的構造を知る

　まず指導の手はじめとして運動の客観観察が行われることは言うまでもな
い。運動の観察といっても，単に学習者の動きが上手いのか下手なのか分かる
程度の観察から，具体的な欠点が発見できる段階，さらに最新の運動技術に適
合した動きであるかどうかまで判断できるレベルの観察能力まで，観察者の能
力は多様である。しかし，いずれにしてもここで意味されている外的観察は，
学習者の運動を外から目で見た客観的経過の特徴の把握である。
　本書のここまでの論考を読み進んでくると，ともすると外的な観察が次元の

低い，素朴な段階のものと誤解されるかもしれない。しかし，どれだけ愛情を持って指導にあたっても，肝心の動きの本質的特性が把握できなければまったく不十分である。技術的欠点も見抜けないで，入念な志向分析，および処方を試みたとしても，動きの改善にはつながらない。運動経過の技術欠点や質的特性の把握は指導を考える上での大前提であり，指導者はこの種の観察訓練を欠かすことはできない。

　さらに，経験豊かな指導者であれば，運動の外的経過の観察を通して，実施している者の内的状態までもとらえることができる志向分析力を備えることができる。運動の実施に対して恐怖心を抱いているかどうかは比較的容易に見抜けるものだし，気乗りしない練習かそれとも集中して取り組んでいるかは，生徒や選手の表情を見れば分かる。この志向分析のなかでも，実施者の動く感じをとらえようとする活動が，本書の中心テーマであるキネステーゼ理解である。他者のキネステーゼを的確に理解しながら運動を見ることができるようになることは，客観的経過の外的観察を超えて，金子（2000a，p.156）の言う移入的分析（transjektive Bewegungsanalytik）能力が身につくということである。

（2）　受動的世界への潜入

　第Ⅱ部でも説明したように，キネステーゼ理解という場合，学習者がある運動に向き合っているその仕方の特性がはっきり見える場合，いわば能動的キネステーゼが対象となる場合は指導者にとっても理解しやすい。しかし，運動との向き合い方の態度を生みだしているさまざまな背景の理解，いわゆる「動感地平分析」（金子，2007，p.242）は，だれにでもできる容易な活動ではない。地平とは，フッサール（2015，p.89）が「あらかじめ描かれた潜在性」といっているように，運動を行う本人にも意識されない受動的キネステーゼの世界だからである。

　したがって，運動がうまくできない者にはどんな能動的および受動的キネステーゼが不足しているのかを把握するには，学習者のからだに住み込んで動き方を潜勢的に感じ取る移入的分析力の獲得が指導者には不可欠なのである。

　しかしキネステーゼ理解はそれだけで完結するわけではない。学習者のキネステーゼ理解は，身体運動という観点からみた他者理解である。理解される側（学習者）は同一でも，理解する側である指導者の理解の仕方に応じて，とらえられる内容はどうにでも変わりうる。それゆえに，指導者はその理解が一方通行的にならないようにあらゆる努力を行わなければならない。その際，とくに重視されるべきものは，運動を行うときの実施感覚の能動的意識化，つまり運動感覚意識の覚醒である。

（3）　受動性の顕現化

　第Ⅳ部で詳述したように，運動に熟練し，習慣化した後には，どのようにそれを行っているのか尋ねられても明確に答えられないことが多い。もちろん，ここで問題となる「習慣」とは毎日の散歩といった日常生活で繰り返される一定の行動といった一般的意味ではなく，メルロ＝ポンティ（1975，p.148）が現象身体の基盤として考える「習慣的身体」で作動する機能である。つまり，自転車の操作や箸の使い方などのように，「それ自身は主題とならずにその都度の主題的な行為とともに非主題的になされるもろもろの行為は，いうなれば身体的に習慣化されている，あるいは身体に住み着いている」（鷲田，2003，p.107）ので普段は実施者の意識には上らない。そのため，その運動の実施の感じを他者に教えようとしても分からない。というよりも，熟練者はそれが分かっていると思いこんでいるといった方がよいかもしれない。つまり，熟練者も何らかの意識を持って運動を行っているけれども，その意識内容が，初心者の学習にとって必要な運動感覚内容ではないことが多いのである。

　指導する立場にある者は，そのままでは意識されることのない受動的キネステーゼを意識レベルまで上げる意図的活動を行わなければならない。意識にないことを指導することはありえないからである。この際に活用されるのが，発生現象学の方法としての「脱構築」を運動感覚論に応用した「キネステーゼ解体」である。

　これらの諸活動，すなわち運動の客観観察による客観的経過の把握，さらに移入的観察における志向分析，および自己観察に基づく運動感覚意識の覚醒は

互いに絡み合って作動している。たとえば，他者の動きをよく観察することによって，自分の動きがよく分かるようになることは当然ありうるし，その逆に，自己観察で得た動きの感覚を他者の運動経過に投影して観察することも稀ではない。また，それまで気づかなかった動きの感じを自らの運動感覚意識の覚醒によって理解するようになった後には，他者の動きの観察における把握内容が大きく変わることは当然である。このように，キネステーゼ理解は指導者の諸能力が結集した総合力に支えられている。

2. キネステーゼ理解力の形成

（1） 生命事象の理解

　キネステーゼ理解は，ロボットの動きのメカニズムの解明のような客観的事実の抽出とは違って，主体としての人間が他の主体である他者の運動を観察し，その運動経過に現れた意味を解釈しながら志向性の内実を探ろうとする試みである。それゆえ，理解を試みる側の者の資質や経験などによって理解の内容は大きく異なる。

　意識を持った人間が，新しい動きを習得したり，それまでの動きを改善したりする際には，過去の運動経験や技能的レディネスなどさまざまな要素が絡み合って作用してくる。そのような生命活動としての人間の運動学習に対して，機械の部品を取り替えるような単発的なアドバイスや運動処方ではまったく不十分である。

　機械と人間を同一視することなどありえないが，現実には思考の段階で多様なかたちでの混乱が現れているのが実状である。跳び箱が跳べない生徒に助走のスピードアップを要求するのは，助走局面だけを個別的に取り出せるという機械論的思考に陥っている典型的な例である。

　機械の故障は，原因となっている不都合な部品を新たなものにすることによって修復することができる。因果関係が明白だからである。しかし，生き物に関しては同じようには扱えない。

　生物学者の福岡は，生物には，たとえ細胞などの物質レベルのできごとで

あっても因果関係などなく，すべて変化し続けることによって同一性が保持され，そのシステムを「動的平衡」と呼んでいる。福岡（2007）によると，生物と機械の決定的な違いは「時間」にあるといい，次のように説明している。

> 機械には時間がない。原理的にはどの部分からでも作ることができ，完成した後からでも部品を抜き取ったり，交換することができる。そこには二度とやり直すことのできない一回性というものがない。機械の内部には，折りたたまれて開くことのできない時間というものがない。生物には時間がある。その内部には常に不可逆的な時間の流れがあり，その流れに沿って折りたたまれ，一度，折りたたんだら二度と解くことのできないものとして生物はある。（福岡伸一『生物と無生物のあいだ』2007, p.271）

われわれの運動学習・指導の現場を考えてみれば，この福岡のことばはまったく現実的な内容であることが分かる。跳び箱で落下した経験のある生徒は，その記憶をリセットすることなど不可能である。うまくいかなかったら元に戻ってやり直すというサイバネティックスのフィードバック回路理論がそのまま人間の行動には当てはまることはない。

ヴァイツゼッカー（1975, p.271）は，「生命を扱うには生命と関わり合わねばならない」と言っている。そして，生命事象の考察は人間を向こう側に置いて対象的（客観的）に扱ったのでは不十分であり，ひとつの主観が別の主観に入り込む「移入」（transjizieren）的理解によって繰り広げられることの意義を強調している（1995, p.128）。まさに運動指導においても，ひとつの主観としての指導者の移入能力の形成が問題とならざるを得ない。

しかしながら，他者の中に移入するとか入り込むなどと言っても，具体的にどのようにしてそれが可能であるのか示すことは困難である。測定や実験手順のような明確な方法論があるわけではない。本書の研究で扱われた観察，志向分析，運動感覚意識の覚醒を通して展開される全体的活動のなかで，指導者がつねに意識を向けながら進めていく希求努力の目標なのである。

前節で述べたように，運動の客観観察および自己観察力，志向分析力，自己の運動感覚意識覚醒などの諸能力は，それぞれが個別に独立して形成された

り，向上したりするのではない。実際の運動指導においては，それぞれの能力が相互に関連を持ちながらキネステーゼ理解に作用する。

（2）理解の深化

　理解の仕方という意味で，キネステーゼ理解力の向上は，河本（2002，p.20）の「知のメタモルフォーゼ」の概念にそのモデルを見いだすことができる。

　河本は絵の見方が発達する過程を例に，知のメタモルフォーゼとパラダイム変換の違いについて説明している。それによれば，「絵画を見ることによって，経験が形成され，新たな回路に進む」ことを例に挙げ，このような過程は単に経験や知識の構造が複雑化するだけではなく，別様の経験になることを説明している。これが「知のメタモルフォーゼ」である。それに対して，「パラダイム変換」とは「見方を変える」という意味であり，「知識は増えても経験そのものは新たな形成回路に入ることはない」と言う。

　運動指導においても同様に，確かに実技経験や指導経験を通してより精細な点まで見えるようになることは事実であり，それは見る視点が増えることももちろん大きな要因ではあるが，それよりも「見えるものそのものが変わる」ことが大きな意味を持っている。換言すれば，それまで見えなかったもの（現象）が見えるようになってくることが能力の向上である。ここで問題としている「見える」ということばは，物体の位置移動の視認ではなく，リズムや力動感を感じ取るとか，目では見えない志向性の解釈力などを含むものであることは言うまでもない。

　他者理解に関して鷲田（2003，p.199）は，「他者を理解するということのうちには，他者の想いにふれ，それを受け入れることで，自己のうちで何かが変わる，これまでとは違ったふうにじぶんを感じられるようになるという出来事が起こるということが含まれているのだとおもう」と述べている。キネステーゼ理解の場合も同様に，ある対象を固定的尺度でとらえようとするのではなく，他者のからだに住み込んで動きを理解しようとすれば，指導者の側で学習者の動きの見方が変わってくるのを実感できるはずである。

　具体的に言えば，指導者が学習者のキネステーゼ世界に潜入しようとする自

己移入や自らの無意識的キネステーゼを顕在的意識のレベルにまで高めようとする覚醒作業（脱構築）を遂行すれば，指導者自身のキネステーゼの内的構造に変容を来すことは想像に難くない。

3. キネステーゼ解体と対象探索

　本書の事例研究においてとくに大きな成果があったと思われるのは，発生現象学の方法とみなされる「脱構築」を運動感覚論的分析に応用し，「キネステーゼ解体」として実践に活用することの意義とその方法を明示したことである。

　人間の行為において，ある能力あるいは意味の発生について問うとき，すでにできあがったものの分析だけでは顕現化できない内容がある。そこで，それらの能力あるいは意味を構成している諸層のひとつあるいはいくつかを未形成でまだ無いものと仮定して，各構成層間の関連を探ることにより発生の機序を解明する脱構築というものが必要となる。

　発生現象学の方法とみなされる脱構築は，スポーツにおける熟練者が初心者のキネステーゼを理解しようとする場合には不可欠の作業である。それは，単純に自分の感覚を反省してみただけでは，習慣に埋没してしまっているいわゆる受動的キネステーゼは意識には上ってこないからである。それゆえに，普段われわれが無反省のうちに世界と関わっている仕方である「自然的態度」における一般定立についての判断を一時停止し（エポケー，Epoché），さまざまな視点から多様な事態を想定してみる「自由な変様作用（freie Variation）」の操作を通して事象の本質を探っていく現象学的方法が必要となる。なお，この「自由な変様作用」については次章で扱われる。

　つまり，ある運動がうまくできるようになった熟練者の実施意識（自然的運動感覚意識）をどれほど詳細に聞き出し集積したとしても，そのままでは，動きを覚える以前，あるいは動きを覚える過程でのキネステーゼを説明できる情報とはならない。熟練してしまうと初歩段階での実施意識は忘れ去られてしまっているか，あるいは最初から技術的なことは意識されていないからであ

る。

　この意味において，指導に役立つ動きの実施意識，いわゆるコツを探るために，熟練者の言表を 篩 にかけて本質的な内実を取り出そうとする試みは，それだけでは十分なものとはならない。指導者は，言表に現れない，すなわち実施者に意識されていない動き方（Bewegungsweise）への洞察を欠かすことはできない。そのときに活用されるのがキネステーゼ解体なのである。

　これに関連して，金子（2007，p.303）は「コツの消去法」によって「動感形態のコツの構造化地平を分析しそこに隠れているコツ構造化の潜在態をあばき出すことができる」と述べている。この場合，どのコツを消去すればよいのかという選択は指導者の能力にゆだねられている。指導者にも意識されていないコツ，キネステーゼは消去の対象に取りあげられることはありえない。したがって金子のことばは，消去の対象を措定できるコツ探索能力の重要性を指摘したものとも言える。

　キネステーゼ解体あるいは消去法は，単純に動きの完成形からの部分的な引き算を試みることではない。教えようとしている運動の実現にとって必要な技能の習得状況やレディネスを，学習者のキネステーゼ世界に潜入しながら，欠けているキネステーゼを検証していく創造的な活動なのである。

　山口（2001，p.218）は，「脱構築する以前には，それまで直観にもたらされることなく隠れて働いていた，いわば“無意識的に”働いていた構成層が露呈される」といって，発生現象学の方法が積極的な，発見法的な役割を果たしていることを強調している。

4. 指導者養成におけるキネステーゼ解体実践の意義

　運動指導において最も重要なのは，学習者に「動きの感じ」を伝えることである。指導者自身が運動を巧みに実施できても，動きの感じが意識化されていなければ，その動きを他者に指導できないのは当然である。たとえ意識されていたとしても，それが実施の結果や感想程度のものであっては，他者に伝えうるコツとして活かすことはできない。その意味で，大学の教員養成課程などの

指導者養成のための実技授業においては，運動技能の習得だけでなく，キネステーゼ解体を活用しながら動きの感じを的確なコツとして意識化する活動が不可欠となる。

　大学の教員養成課程の体育を専攻する学生，あるいはスポーツ専攻に所属する学生は，スポーツの技能に長けているのが一般的である。学校体育の教材程度の運動はかなりの技能レベルで達成できるであろう。しかしそのような学生たちでも，それらの運動における動く感じをよく分かっている者はそれほど多くはない。特に，子どもの頃から継続してきた専門スポーツ種目においては，たとえ技能的に非常にすぐれていても，個々の動きの運動感覚意識はきわめて貧弱であることが少なくない。それは，これまで説明してきたように，熟練した動きのほとんどが無意識のうちに処理されているからである。

　このような学生たちがそのまま教員やスポーツ指導者になった場合，うまくできない児童・生徒のキネステーゼを理解し，レディネスに応じた適切な動きの感じを伝えていくことはありえない。そのため，指導してもできるようにならない学習者を前にして，自らの指導力を反省し，なんとかして伝達可能なコツを探す努力をすることになる。しかし，それまで自分の動きの感覚を入念に分析した経験もなく，その方法論に精通しているわけでもないので，努力がすぐに成果につながることは望めない。したがって，動きの感じを確認する活動，つまり運動感覚意識を形成する体験を，指導者養成のための体育実技授業に正規の学習活動として組み込むことが必要となる。その際にキネステーゼ解体は大きな役割を果たすことになる。

5. 地平構造の理解

　運動観察から始まるキネステーゼ理解の終極は，学習者の受動的志向性がたたみ込まれた地平まで明らかにすることである。

　フッサール（2004，p.87）によれば，体験はすべて「地平」（Horizont）をもっていると言う。さらに，われわれの体験の「すべての顕在性はそれぞれ潜在性を含んでいる」のであり，「地平とは，あらかじめ描かれた潜在性のこ

とである」（同書，p.88）とも述べている。つまり，対象はそれだけで存在するのではなく，地平性とともに現れる。このともに現れる全体のことは「志向的含蓄」と呼ばれ，地平分析とはこの志向的含蓄の解明に他ならない（木田ほか，1994，p.181）。

　この現象学用語の志向的含蓄 "Implikation" に対して金子（2007，p.269）は「含意潜在態」という訳語を用い，それを「匿名的に織り込まれたまま背景に隠れている動感意味核の存在様態」と説明している。そして，学習者の含意潜在態を探ることが現場の体育教師やスポーツコーチにとって不可欠の活動であることを強調している。平易なことばでいえば，普段，あまりにもあたりまえすぎて，実施者本人にも気づかれないようなキネステーゼ能力でありながら，それにもかかわらず初心者には備わっていないキネステーゼの内実を提示し，指導の対象として俎上にあげるということである。

　地平構造を明らかにすることは，データの収集や，動きの図示あるいは言説の記述などではない。学習者の運動実施を観察した際，そのままでは，つまり「自然的態度」（natürliche Einstellung）[*31] では見ることのできない本質的事象を，他の者が納得できるようなかたちで提示することである。つまり，現象学の根本理念はフッサールの「事象そのものへ」（"zu den Sachen selbst"）という言葉に集約されるが，谷（2004，p.10）が，事象そのものは「露呈的にわれわれの眼前にあるわけではない」と言うように，だれにでも見えるようにはなっていないからである。だから，新田（1989，p.146）の，現象学とは，「おのれを示すものを，それがみずから現れてくるままに，それ自身のほうから見えるようにすることである」ということばに従わなければならない。

　「見えてはいるが誰も見ていないものを見えるようにする」（鷲田，1997，p.4）手段としては事例研究に頼らざるを得ない。なぜなら，意識を持った人間の生命事象を研究するとき，コンテクストを考慮しない説明は意味を持たな

[*31]　具体的には実証主義的な自然科学や人文科学における研究態度を指し，そこでは「そもそもこの現実世界の『実在』自体が，自明なものと考えられている」（竹田，2012，p.60）。つまり，対象が最初からある（存在している）ものとみなしてその存在の客観的にとらえうるあり方（変化や法則など）を探求する態度を表す。

いからである。

　運動の一回性および一過性の特性だけでなく，学習者の運動経験やキネステーゼ，さらに指導者の能力および指導意図など，同一の状況などまったくない学習者と指導者それぞれの即興行為を，抽象的意味を表すことばをどれほど駆使しても，運動学習あるいは指導というかたちで生きられている場を詳細に説明することなどとうていできるものではない。

　竹田（2004, p.163）が言うように，われわれの日常における言語行為は，一般に，言語によって他者と世界を共有しようとする関係的な試み（企投）であって，人は，「語の一般意味」を利用して自分のそのつどの「企投的な意味」を他者に投げかけようとする。この「企投的な意味」を伝えるには，コンテクストの中で生じたできごとについて現象学的還元を通して本質観取および記述する事例研究が欠かせない。そして，これによって得られた結果に対して，実践者たちがどれだけ納得するかが研究としての境界線である。超越論的現象学を基礎とする運動研究の妥当性は，事例の現象記述による信憑性の確保にあるといってもよい。したがって，それが保障される限り，研究事例の数は問題とはならない。

　その好例を，わずか一症例で分裂病（総合失調症）の本質的基礎障碍の構造問題を提起したブランケンブルク（Blankenburg, W., 1980）にみることができる。もちろんブランケンブルクが一人だけの患者と関わっていたのではなく，数百の症例の中から説明のために一例を選び出したのである。木村（1975, p.115）は，具体から一般を抽象し，その抽象された一般によって具体的個別を説明することが学問的普遍妥当性の達成につながるという考えを否定し，「分裂病一般が個別的分裂病を説明するのではなくて，個別に徹底することによって，個別において分裂病一般が説明されるのでなくてはならない」と述べている。

　運動研究においても，個別データの集積から共通項を抽出すればそれが客観性を備えた指導情報となりうるという機械論的発想を捨てて，個別事例を現象学的意味で厳密（streng）に分析していく手法こそが真に実践的な成果をもたらすということを確認すべきであろう。この意味で，キネステーゼ理解につな

がるスポーツ研究のあり方が問われることになる。

6. 動きの意味を読む

　これまでの論述において，スポーツにおける運動観察の方法，とくにキネステーゼ理解の構造について考察してきた。これらの考えの基本は金子の身体知論，動感論的運動学に依拠している。金子の運動学においてとくに重要なものは運動発生であり，その理論的基盤はフッサールの発生的現象学に遡ることができる。前述したように，運動発生は，"鉄棒で逆上がりができるようになった"といったような外面的なできごとだけでなく，"先取りができるようになった"，"足をうまく合わせられるようになった"などといったキネステーゼ的転機としてしかとらえることのできないできごとまで含むものである。そのため，それらの意味を文字通り「読む」ためには，視覚的能力を越えた専門的な眼力が必要となる。

　金子（2015, p.259）は，運動の「〈観察能力〉をスローガン的に表現すれば，〈身体で動きを見る能力〉」だといっている。泳げるようになったとか逆上がりができたという運動の結果としての発生は誰でも見えるが，コツをつかみそうな段階とか一段上の習熟度に達したというようなキネステーゼ発生に関する内容は，見る者のキネステーゼ感覚に依存する。水に浮かんだときの快感を体験したことのない者に水泳の感覚を理解することは不可能である。自らのキネステーゼ感覚に基づいた運動観察が「身体で見る」ことである。

　これはスポーツに限ったことではない。ピアノの演奏家はただ音を聞いているのではなく，難しい曲などは自分の指の動きを重ね合わせて聴いている。書道家は，書き上げられた書を見たとき，自分の腕や手先にキネステーゼ共振を感じているはずである。

　このような「身体で見る」観察態度が，わが国では古くから重要視されてきた。それを哲学的に論究したのが西田幾多郎である。彼はそれを「行為的直観」と呼んだ。中村（1983, p.164）は，西田の「行為的直観とは一言でいえば，〈物を身体的に把握する〉こと」だと言っている。西田は行為的直観について

次のように述べている。

> 行為的直観的に物を見るということは，制作的身体的に物を見ることである。我々は制作的身体的に物を見，斯く物を見ることから働く制作的身体的自己においては，見るということと作るということとが矛盾的自己同一的である。物を制作的身体的に見るということは，物を生産様式的に把握することである。すなわち具体概念的に把握することである。（西田幾多郎哲学論集Ⅲ『自覚について』上田編，1989，p.44）

　本来，行為は能動的なもので，直観は見るという知覚であることから受動的なものとみなされている。そのため，行為と直観は相反するものと思われている。しかし，小坂（2009，p.222）は，「行為は直観を否定するのではないし，直観は行為を否定するのでもない」と言っている。さらに，行為は直観から生じ，直観は行為から生ずるとともに，行為はどこまでも行為でありながら同時に直観的であることを述べている。このことが西田の言う「矛盾的自己同一」の解釈である。

　しかし，見ることと行うことの一体性，つまり「直観から行為が生まれ，行為によって新たな直観が生まれる」（櫻井，2007，p.123）という行為的直観は，われわれスポーツの世界ではむしろあたりまえの事象であり，そこに「矛盾」を感じることが難しいほどである。スポーツでわれわれが何かを見るとき，自分の行為を関与させないで見ることはあまりない。

　たとえば，野球の外野フライのボールを見ているときは，物理座標における位置を見ているわけではなく，自分にキャッチできるかどうかという立場から見ている。中村（1991）が，「行為が直観と必然的に結びつくのは，直観とは行為的自己が世界を映し出すことだからである」といっているように，見ることと動作を別々にすることなどありえない。

　本書のテーマである「動きを読む」とは，結局は行為的直観としての「身体で見る」ということになるが，さらに動きの意味まで読み取るには経験や知識も当然求められる。ボールゲームの観察において，戦術的知識なしに選手の動きの意味は理解できない。

　これまでさまざまな例で示してきたように，ひとつの運動現象は，実施者の体力，経験，意欲などすべての来歴が背景となっている。それを見る側の者も自らの来歴に基づいて見ることになる。何らかの意図を持って行っている人間の運動を，身体の位置移動だけでなく，志向性まで読み取りながら見ることができるようになるためには，きわめて単純なことばになるが「見る訓練」をしなければならない。自らの観察能力を高めることを意図して見るように努力しなければならない。

　しかし，そのような専門家の眼力の訓練は，残念なことに軽視される傾向にあり，素人でも分かる内容だけが評価の対象とされることが少なくない。ピッチャーの優劣はスピードガンの記録だけで分かるものではない。しかし，時速160キロメートルという表示が出ると，それだけに関心が向かい，どのように投げたのかは忘れ去ってしまうのが現実である。

　また，体操競技の規定演技，あるいはフィギュアスケートのコンパルソリーは競技の場から消えて久しい。これらの種目は"眼の肥えている人"にはきわめて深い内容をもったものであるが，そうでない人にはそれぞれの選手たちが追求している動きの美を見抜くことはできない。見ていて全員が同じことをしているという印象しか受けない規定演技やコンパルソリーは，素人にとっては退屈かもしれない。大衆受けしないために廃止されたスポーツ競技は少なくない。時代の趨勢とはいえ，歴史のなかで文化として継承されてきたスポーツの独自性を尊重する姿勢が必要ではないだろうか。それには当該スポーツに固有の動きの意味が読み取れる"肥えた眼"の養成が条件であろう。

第**2**章

運動指導論の研究法

1. キネステーゼ理解につながる研究の必要性

　これまでの説明で，運動観察力は，外部から視覚的にとらえることのできる特徴の把握から，目には見えない実施者のキネステーゼ世界まで読み込んでいくという総合的専門能力であることが確認された。その際とくに，発生的現象学の核心といわれる「脱構築」を運動指導に応用した「キネステーゼ解体」の重要性が指摘された。

　第Ⅳ部では，運動遂行者の運動感覚意識の覚醒を意図して，腕を固定して実施させるという物理的制限を加えてキネステーゼ解体を目論みた。それによって，それまでには気づいていなかった感覚を目覚めさせることができた。しかし，これは例証研究として進められた手順であり，普段の指導の中でこのような面倒な手続きがいつも行われるわけではない。

　目標の運動がうまくできない場合，どの部分の動きのコツが欠けているのかは観察に基づく洞察によって推定される。したがって，そのための想像力が必要とされる。この実践的想像力の形成にとって必要なのは自分の実技経験，さらに指導経験であることは言うまでもない。

　それに加えて，洞察に必要な理論的バックグラウンドが整えられていなければならない。というのは，われわれは日常の経験に対して自然な態度で接していたのでは決して見えない事象があるからである。それゆえ現象学でいう「判断停止（エポケー）」の手続きが必要とされる。これは具体例でいえば，温度

という測定値では，われわれの経験としての温感は語れないし，ゲーテがニュートンと戦ったように，色彩感は光の周波数だけで決定されるのではないというようなことである。直接的にいえば，科学的数値で人間の経験（意識）は語れないということである。

意識のような，物理的尺度で測れないものを数値で表すことができないことは誰でも分かるが，現実にはわれわれは数値の魔術に簡単に引っかかってしまう。たとえば，野球のピッチャーが投げるボールの球速がテレビ画面に出ると，その数値に驚くのみで，バッターとの駆け引きや投げるコースの配分など，ゲームとしての野球の本質的な面がまったく見えなくなる。

この傾向は，スポーツの研究の場でもますます強まる傾向にある。測定できない内容が研究対象になることは，今日のスポーツ研究会では珍しい。スポーツに限らず，「エヴィデンス」は現代社会における価値判断基準のキーワードになっている。この場合，エヴィデンスとは数量的データと同義語として用いられている。

もちろん，測定値などの物理的事実を否定するわけではない。測定できない内容の存在を無視して，測定できる事項のみから物事を論ずることが非難されるべきである。同時に，本来は測定など不可能であるはずの問題を，数値を根拠にして判断，解決しようとする愚を指摘しなければならない。この対象領域の越境不可能性に関する認識の誤りは，今日の研究動向の中で大きな問題となっている。

以上の議論を踏まえて，本章ではスポーツのコーチング分野を中心にして，測定値，いわゆる科学的データがエヴィデンスとはなり得ない領域をどのように扱えば実践に有用な研究対象として取り込むことができるできるか，それはどんな方法で実現されるのかという点について検討する。それによって，われわれが読み込むべき動きの意味を考える際の重要な指針を得ることができると考えられる。

もちろん，コーチングとは競技スポーツに限定されるわけではない。学校体育における運動指導論をはじめ，人が人に運動を教えるときのすべての活動を含むものである。

　とくにここでは，コーチングにおける直接的トレーニング対象（佐藤，2016，p.98）としての技術力向上をめざした運動指導について扱う。運動指導で対象となる運動は，できるようになること，上達することに価値が置かれるスポーツ運動に限定されることは言うまでもない。したがって，健康体操など手段としてのエクササイズ（exercise）は対象とならない。

2. 従来の運動指導論研究における問題性

　スポーツの現場では，創造性に富んだ指導を行い，大きな成果を上げている指導者は少なくない。そのような指導者の活動の内実を探り，他の者にも理解できる理論に仕上げて一般化すれば，類似の状況で指導する者にとってきわめて有用な情報となるはずである。しかし，スポーツ指導に関する研究の現状として，研究成果が指導者にとって十分に実りあるものとなっているかどうかは疑問である。その理由として次の2点について論及したい。

　まずひとつは，これまで指導者（体育教師・コーチ）という人間そのものに関する研究がきわめて少ないことである。指導（コーチング）の結果のみが研究の対象とされてきたといえる。たとえば，現代のトップアスリートのトレーニングにおいては，コーチングの分業が一般的となり，グループの共同作業の成果がセンセーショナルに紹介されたりする。その際，さまざまなデータを収集する担当者や筋力アップのトレーナーなどの活動内容は具体的に提示されても，肝心のメインコーチがどんな判断でどんな指導を施したのかなどは研究のかたちで残されることはほとんどない。せいぜい大衆向けの講演会などでエピソードとして公開される程度である。

　もうひとつは，客観性を重視するあまり，数量的に把握できる内容しか研究対象としてこなかった点である。そのため，動きのコツをつかむ過程とか，戦術を身体的に理解できるようになった変容様相，さらにそれらの転機を見抜いたコーチの理解内容など，一義的に測ることが不可能な項目は，どれほど実践的価値が認められていても研究として残ることは少なかった。野家（2004，p.60）は，「近代の科学革命は『有機体的自然観』から『機械論的自然観』へ，

『質的自然観』から『量的自然観』へと大きな転換をなしとげたが，それは同時に『生命的自然』から生命的要素をはぎ取ってそれを『死物化』するという代償を払ってのことであった」と述べている。生命ある"人間"という視点を外すことのできない運動指導の研究が死物化されたものであってはならない。

　そこで次に，動きを教えることそのものを研究する学領域の固有性を確認し，実践への貢献をめざした創造的な研究を実現するための方法が検討されねばならない。

3.　コーチング学の固有性

（1）　研究対象としての指導者の経験内実

　スポーツのコーチングに関係する研究はきわめて多岐にわたる。それはコーチング学会，あるいは日本体育学会の分科会としての体育方法分野での研究発表，あるいは学会誌の掲載論文の内容を俯瞰するだけで容易に理解できる。

　確かに，動きのメカニズムを探ったり，運動学習の動機づけの有効性を調査したり，あるいはまた筋力トレーニングの生理学的効果を検証したりする研究などは，実際のコーチング活動に必要な知見をもたらすものである。しかし，これらはそれぞれの専門領域（学会）が確立されていて，あえてコーチング学の領域で進める研究としての意義はそれほど強く認められるものではない。

　そこで，コーチング学と銘打つための根拠を求めれば，人と人とが直接的に関わり合い，影響し合う場のできごとを研究対象とすることを第一に挙げることができる。たとえば，選手が新しい動きを学習しようとしたり，チームに新しい戦術を取り入れようとしたりする場合，それを達成するためには指導者から選手への一方的な指示だけで事足りるものではない。また両者の共同作業が実現されても，つねによい結果に結びつくとは限らない。

　さらに，指導によって選手が技能的，精神的，身体的に変わっていくのは当然としても，実際のコーチング活動を通して指導者自身の理解の仕方も大きく変わっていくのが通例である。ひと言でいえば「経験を積む」ということになるが，この経験によって見えてくる，あるいは理解できるようになってくるこ

と自体がコーチの財産となる。しかし，その内容や過程を研究対象とし，明らかになった内容を一般化することは決して易しいことではない。一般に考えられているような物体を扱う研究の手法とは別のしかたが求められる。本論ではこの点に重点を置いて述べていきたい。

（2）　人間科学としてのコーチング学

コーチング学の固有性を人と人との関係の中で営まれる活動の中に見いだすなら，そこで行われる研究は，物を対象とする自然科学とは別の手法が必要となり，それは人間科学の領域で扱われることになる。

ここでいう人間科学とは，丸山（1985，p.23）によると「人間や社会を対象にする経験科学の全体のこと」である。これは「人間的事象に関するあらゆる経験的知識を新たに組織化しようとする動き」のなかで，「人間に関する新たな『総合科学の理念』を表現するものとして登場してきた名称」（同書，p.24）だと言う。具体的にいえば，小林・西ら（2015，p.119）が言うように，保育，介護，看護，医療，教育，心理臨床などの「人を支援する実践を支える学問」という理解でよいであろう。

人間科学は自然科学とは異なる理念で研究されることを目指すものである。シュトラッサー（1978，p.175）は，人間科学の研究では，「さまざまな志向によって生気づけられた人間同士の出会い（Begegnung）と関係している」ことから，この出会いは，「主観 — 客観 — 関係」ではなく「主観 — 主観 — 関係」としてとらえなければならないことを述べている。

人間科学的コーチング学を自然科学と区別すべき理由は以下の点にある。

①再現が不可能であること

②変化の要因が非常に多様であること

③原因と結果の関係を特定することが困難であること

1）　再現性の問題

スタップ細胞の捏造事件に代表されるように，自然科学研究において再現性は最も重要視される要件のひとつである。つまり，同一の条件，方法で同一の対象に対して実験を行えば，提示された結果が再現されなければならない。

　しかし，実際にコーチング活動に関わっている者であれば，指導の結果が有効であったと確信できたとしても，その方法がつねに，誰に対しても同じように良好な結果を生み出すと考えることはない。また，たとえ同一選手に対してであっても，あるとき非常に有効だと思われた指摘も，別の日にはまったく通用しなかった経験を持たない指導者はいないであろう。

　よしんば同じ指導によって同じ結果が生じたことがあったとしても，それは結果が同じであればその過程は問わないという古典的な行動主義的心理学における意味での同一性，再現性でしかない。行った人間の生命ある行為という次元から見れば“同一”ということばを使うのは躊躇されるであろう。直接コーチングに携わっていない研究者の場合，資料となるのは測定値や外的運動経過のみであることから，その結果が同じであれば再現されたと勘違いしても無理はない。しかし，人間の行為は時間経過において一方通行的であり，不可逆的なものととらえなければならない。リセットができないのが人間の行為なのであり，機械製作などと根本的に異なる特性である。したがって，元来，機械工学などの応用領域として考え出されたサイバネティックス理論などは，意識をもった生命ある人間に通用するわけはない。一度でも恐怖を覚えた運動では，その恐怖体験を忘れて以前の白紙の段階からやり直すことは絶対に無理なのである。

2） 変化要因の多様性の問題

　運動技能を決定づけるのは，個人の身体的特性や運動経験，場の状況などあらゆる要因が関係してくる。

　たとえば，ある指導を施して，その後なんらかの技能向上が見られたとしても，その指導の結果だといえるかどうかはまったく分からないことが多い。技能向上という結果は確かだとしても，その間には練習時間が増えたり，目新しい内容に対して練習への動機づけが高まったりした可能性は排除できない。逆にその指導などなかった方がよかったのではないかと思われることさえある。変化の要因はきわめて多様である。

　それにもかかわらず，研究という段になると原因を単純化して理解しようとする傾向があることは否めない。できごとに関連のありそうないくつかの項目

について調査し，統計処理を施せば客観的な原因が特定できると考えてしまうのである。福岡（2015, p.55）は，データの分析によって見いだされた関係は相関関係であって因果関係ではないことに注意すべきことを指摘して，「ある事象 A がもうひとつの事象 B に付随しているのは，あくまでそのようにみえる（＝相関関係）だけであって，必ずしも，A が B の引き金になっている（＝因果関係）ということを意味しているのではない」と言っている。そして，相関関係を単純に因果関係と取り違えてしまう傾向を「関係妄想」と呼んでいる。

　測定研究の場合，このような問題が生じやすい。測定そのものが否定されるのではない。しかし，測定値から個人のできごとを見てはならない。各測定項目は限定されたひとつの指標でしかないからである。このことについて村木（2007）は，スポーツ科学で広く行われている測定データの分析量定について，それらは複雑な運動の比較的計測し易い内容に限られると共に，観測者の意図と観測方法に規定されたものであり，「そこでの観測結果が代表する一部を，認識した世界（運動）の実在性へと移行させることはまさしく論理的飛躍であり科学的必然性はない」と述べている。数値に置き換えることが可能な項目だけを取り出して安易に関係づけてしまう関係妄想に陥らないように注意すべきである。

3）因果関係の問題

　自然科学においては，できごとの原因と結果の整合性が厳密に問われることとなるが，生身の人間の生活において単純な因果関係でとらえられることはほとんどない。

　とくに，コーチング活動において原因と結果を結びつけることが難しい要因に運動発達，あるいは技能向上に要する期間の長さがある。ある選手の技能の向上過程は相当の長期間にわたるので，その間のさまざまなできごとを考慮すれば単純な結びつきなどあり得ないことは明白である。したがって，ある時点でコーチが行った指導がよい指導であったかどうかの判断はきわめて難しい。指導がよかったのか，選手の資質や学習能力が高かったのかの厳密な区別は不可能である。あるいは，子どものときには卓抜の技能を示していたが，成長し

てからはまったく向上が見られない選手は少なくないが，それは選手の体質的なものか，間違った指導によるものなのかの特定は困難である。

　以上のことから，人間科学では事物についての因果的説明を求めるものではなく，マーネン（2011，p.21）が言うように「人間的な現象の意味を理解することに目標がある」ものととらえるべきである。

4．研究の妥当性

　前項で確認されたコーチング学の固有性に応じて，人間学的コーチング学にふさわしい研究方法が検討されねばならない。

　コーチングに関する研究では，特定の状況や関係のなかで起こった個々のできごとの詳細を記述できる形式のもので行われなければならない。近年，このような観点はスポーツ・コーチング界においても重視されるようになってきた。たとえば，コーチング専門の学会誌である「コーチング学研究」において事例研究が原著論文として掲載可能となったことからも分かるであろう。因みに，日本体育学会誌である「体育学研究」においては，事例研究は「事例報告」でしかなく，原著論文と比べて格付けは低いものとなっている。

　事例研究が一般の研究に比べて一段低く見られる理由は何といっても客観性の問題である。インタビューや主観的観察，判断内容が含まれる事例研究では，自然科学の意味における客観性などまったく該当しないことが多い。誰にとっても共通の内容を取り出そうとすれば，きわめて皮相的な特性しか抽出できず，実際のコーチング活動に有用な情報とはなり得ない。客観性を求めるあまり重要な内容まで切り捨てられてしまう形式的研究を脱して，実践に有用な情報を得ることを重視したコーチング学会の取り組み姿勢は賞賛されてよい。その一方で，本当に事例研究は普遍性が欠けているのかどうか確認する必要もある。

　個別的事例研究といえども，その結果が他のどんな場合にも妥当しない内容であれば，研究そのものの意義が問われる。事例研究を行う研究者も，扱って

いる研究が当該事例だけしか妥当しないとは思っていないはずである。指導経験の中で，さまざまな類似ケースから考察内容の妥当性を一定程度は確信しているはずである。つまり，事例研究といえども，他の対象にも妥当することの保証は必要な条件である。その条件を満たさない段階の研究はやはり"事例報告"に過ぎない。論文の投稿先が変わっただけで論文の格付けが上がることなどあり得ない。

5. エヴィデンスの問題性

　前述したように，近年はエヴィデンスの時代である。医療の分野ではエヴィデンス（根拠）に基づいた医療（EBM：evidence-based medicine）がスローガンになっている。思いつきで治療の方法が選ばれたのでは医療過誤の可能性が増大するのは避けられず，適正な根拠に裏づけされた治療を求めるのは治療者にとっても，また治療を受ける側にとっても当然の流れである。

　医療と同様にコーチングの研究においても，他のコーチや研究者に明確なかたちで説明できるエヴィデンスが求められるのは当然である。奇を衒った安直な発想や感想程度の考察結果では他者から合意を得られるはずはない。

　医療などの場合，エヴィデンス（科学的根拠）とは一般にデータの蓄積，およびその統計処理に基づいている。しかし，"人を支援する実践"を支える人間科学では，自然科学とは別種のエヴィデンスを考えるべきである。そのことをさまざまな事例をもとに説明するために小林ら（2015）は『人間科学におけるエヴィデンスとは何か』を著した。その中で強調されているのは，従来の研究においては，人を支援する側，つまり保育者や看護師，医師，教師，心理臨床師などが支援活動の中でとらえた印象，感想，把握内容などいわゆる主観的内容に関する記述の欠損の問題性である。これは，自然科学の研究手法が，研究者という立場を研究対象とできるだけ離すことを是とするスタンスをとってきたからである。つまり，主観と対象の乖離が客観性保証の条件とされてきたからである。

　しかし，前述した保育や看護などの支援活動にとどまらず，コーチングのよ

うに指導内容，および指導者如何でトレーニング効果が大きく変わってくる活動の場合，片方だけの考察ではまったく不十分である。また，あるできごとを指導者がどのように感じ，判断し，アドバイスに至ったかなどは，当該のできごとの状況も含めて全体的，文脈的考察がなされなければ意味をなさない。しかしこれらの内容は"できごと"に関する主観的な内容であることから，"もの"的観点から客観性を保証する自然科学的エヴィデンスとは異なる論証の仕方が必要である。

　西（小林ら，2015，p.124）は，現象学の祖フッサールの明証性に関する理論をもとに「（体験）反省的エヴィデンス」というものを提示している。これは，「自分の体験を反省してみると『確かにこうなっている・そうとしかいえない』」という「体験反省のもつ確実性ないし不可疑性」を意味している。

　また精神科医で心理臨床の実践に携わっている小林（2015，p.270）は，「精神療法におけるエヴィデンスとは治療者自ら主観，間主観に向き合い，体感したことを誰にでも共有体験できるように，客観的事柄や背景，文脈，状況などをも記述しながらわかりやすく示すことにあります」と述べている。

　これらのことから，人間科学におけるエヴィデンス（明証的なこと）については，鯨岡が「得られた意識体験が明証的であるとは，書き手の得た明証的確信から，読み手の得た了解が明証的だという確信を経て，広く他の読み手にもその了解可能性が拡がることが確信できるときに初めていえることです」（小林ら，2015，p.220）と言うように，他者へ理解させる仕方の重要性を認識しなければならない。

6.　指導理論の形成

（1）　理論化の意味

　コーチング研究においてはさまざまな測定や観察，事例研究が行われるが，これらは測定や観察そのものが目的ではない。指導に役立つ理論を引き出すことを意図している。

　理論を引き出すことの意味は，新しい見方を取り入れることによって，これ

まで見えていなかった事象を見えるようにするということにある。新しい見方になるということは，「新しい事実」の発見ということもできる。逆に言えば，理論がなければ事実もない。

　これは，コーチング活動に不可欠なさまざまな観察においても同様である。齋藤（2010, p.122）は，「『見る』とは，過去の経験と知識によってつくりだされ，理論や概念によって色づけされた『眼の背後の眼鏡』を通して『見る』ことなのである」と述べ，事実とは，前提とされる理論によって構成される理論負荷的事実であることを説明している。

　したがって，コーチング活動で生起する多様なできごとを人間科学的視点から的確に理解していくためには，単に日常的な観察態度で眺め，相対的関係を考えるだけでは不十分であり，真に重要なことを観る，探ることができるようになるための理論を構築していく努力をしていかなければならない。

（2）理論化の過程

1）推論の過程

　コーチングに関する研究の結果は，他の場合にも妥当するか検証することが必要である。それが確認されれば指導に有用な理論となる。

　観察や調査の結果から理論に進む際には推論の形式がとられる。というより，科学理論はすべて推論であるといえる。

　広辞苑（1983）によると，推論の方式には「個々の具体的事実から一般的な命題ないし法則を導きだすこと」を目的とした帰納法と，「前提された命題から，経験にたよらず，論理の規則に従って必然的な結論を導きだす思考の手段」である演繹法が区別される。

　それぞれの方式には長所と短所がある。たとえば，帰納においては個々の事実の集積を超えた内容について述べることはできないし，また演繹では「結論はすでに暗示的に含まれていたものを明示的に取り出したものにすぎず，演繹法によって知識を拡張すること，すなわち新しい知識を獲得することはできない」（野家，2015, p.114）という点などである。

　したがって，コーチングの事例を数多く集めたからといって，それらの共

通項の抽出がただちに新しいコーチング理論につながるわけではない。スポーツのコーチングにおいてはきわめて希少で特殊だと思われること，特異な例としか言えないことなど多様な，不可解な事象に出会うものである。そのようなできごとを前にしたとき，明確に確認できる事柄，つまり事実だけを根拠にしてコーチングに役立つ情報を考えようとしてもまったく狭小な範囲でしか論じることはできない。そこで，事実を集める帰納を超えて，可能性まで含めて考えようとする新しい推論方式が必要となる。その考え方はアメリカの論理学者パース（Charles Sanders Peirce；1839-1914）の，演繹，帰納のどちらでもない推論様式であるアブダクションにみることができる。

2）アブダクション

米盛（2007, p.10）によると，"アブダクション"はパースによる造語で，「科学的探究のいわゆる『発見の文脈』において仮説や理論を発案する推論」であり，「ある意外な事実や変則性の観察から出発して，その事実や変則性がなぜ起こったかについて説明を与える『説明仮説』（explanatory hypothesis）を形成する思惟または推論」（同書，p.53）とされる。

パースは，推論形式として，従来の「演繹」（deduction）と「帰納」（induction）に加えて，「アブダクション」（abduction）という独自の形式を見いだし，科学的思考における意義を主張した。その理由は，帰納と演繹では，新しい理論の創出は不可能だからである。つまり，帰納は事例の範囲内でしか論じることはできないし，演繹はすでに真なるものと定立された命題を前提としていることから，これらの方法では事実以上の新たな考えは出てこないのである。

アメリカの科学哲学者ハンソン（1986, p.180）は，ケプラーが火星の楕円軌道を発見できたのはアブダクションの論理方式がなければあり得なかったと述べ，「科学上の着想はすべてアブダクションの道をたどって現われる」ことを説明している。因みに，アブダクションは結果から遡って原因を探るということからリトロダクション（retroduction 遡及的推論）とも呼ばれる。また，「仮説形成法」「仮説的推論」「仮説設定」「仮説発想」などの訳語がある。

アブダクションの推論の過程は次のような経緯で進められる。

驚くべき事実 C が観察される，しかしもし H が真であれば，C は当然の事柄であろう，よって，H が真であると考えるべき理由がある。「H」はその「驚くべき事実 C」を説明するために考えられた「説明仮説」。この説明仮説を立てるのがアブダクション。(米盛裕二『アブダクション』2007，p.54)

この中で重要なことは，"驚くべき事実" を見つけ出せる能力である。米盛(同書，p.58) は，ニュートンがリンゴの落下を見て万有引力の発見に至ったのは，いつも垂直に落ちることへの "驚き" があったからで，「そういう驚きや疑念はすぐれた洞察力と想像力によるものであり，ただ経験を積めば誰にでも自ずと生じるものではありません」と述べている。コーチング活動の中で，目の前で起きているできごとに対してそこに驚きを見いだせるかどうかは指導者の関心に基づいた洞察力による。

さらに重要なことは，「帰納と仮説の大きな違いは，前者の場合はわれわれが事例のなかに観察したものと類似の現象の存在を推論するのに対し，仮説はわれわれが直接観察したものとは違う種類の何ものか，そしてわれわれにとってしばしば直接には観察不可能な何ものかを仮定する」という点にある。これは，コーチング活動のように選手の個人的特性や状況が一人ひとり異なっていて，多くの事例の中から取り出した共通項を指導の指針とすることが不可能な場合には特に考慮すべきものであろう。

しかしながら，「アブダクションはある種の事実からそれとは異なる種類の事実を推論するものであるため，『発見の論理』とか『創造的推論』とも呼ばれる」(有馬，2014，p.10) ように，発見法としてのアブダクションは創造的なコーチング研究を進める上で示唆に富む推論の方式だといえるが，問題がないわけではない。それは，「アブダクションの大きな問題は，我々には意識的にそれを行うことができないことである」と言う高木 (2011，p.112) のことばに示されている。また村上 (1986，p.41) も，「このアブダクションなるものがどういうふうに人間で起こるのか，それは依然としてわかりません」と，意図的にできるものではないことを指摘している。

つまり，アブダクションの意義は十分に認められるが，実際の理論化の過程においては体系的な方法が開発されているわけではない。したがって高橋

（2010，p.180）が述べているように，帰納法にとらわれてはならないという程度しか明言はできない。

（3）　本質観取の方法
1）　本質観取の意義

コーチングのような人と人とが直接向き合い，共同作業で成果を求めていく活動の現場の問題を扱っていくには，他者理解を基礎とする人間科学の意義を再確認する必要がある。とりわけ，運動技術にしろ戦術力にしろ，習得しようとしている選手がどのように対象の運動や状況に対峙しているかという現象学の意味での志向性（Intentionalität）を理解することなしにコーチングはあり得ない。

たとえば，あるプレーヤーが戦術的意味を理解してある地点に移動したのか，あるいはたまたまそこに動いただけなのか物理的視点から区別することはまったく不可能である。しかし，観る眼をもっている指導者であれば一目で判断することができる。それは，その指導者が，状況の戦術的意味を知識として理解していることに加えて，選手の動感志向性を（無意識的にしろ）分析しながら観察しているからに他ならない。したがってこの両者，つまり選手と指導者の志向性や観察力などの考察を欠いた戦術研究はまったく不毛なものでしかない。

このような実践的見地からいえば不可欠の研究事項も，前述したように客観性に欠けるという理由から忌避される傾向にあることは否めない。したがって，研究結果の普遍性が保証される方法論の検討が必要となる。この点に関して，現象学の方法である「本質観取」が有効な手立てとして勧められる。

本質観取（Wesenserschauung）はフッサール現象学の方法であり，「自由な任意な変様作用を通じて形相＝純粋概念＝本質を獲得すること」（西，2001，p.372）である。

しかし，本質を獲得するといっても，本質なるものは物体を解体して抽出するような仕方で取り出すわけにはいかない。つまり，「観取される『本質』は，決して，"どこかにあらかじめ存在しているイデア"のようなものではない」

（同書，p.358）のであり，能動的に探していくべきものである。田口（2014, p.120）は，「本質」と呼ばれているものは，実際には，一つの独立した対象であるよりも，多様な契機の間の『結びつきの現象』である」と表現している。本質とは実体ではなく意味であるので，竹田（小林ら，2015, p.45）の「正当性をもった合意」という説明が理解しやすい。そこでは誰もが納得する意味，反論できない内容を記述することが目的となる。

　その際の記述は，ただ見えたできごとを書き連ねることではない。鷲田（1997, p.4）が言うように，「記述とは，何かを模写することでも記録することでもなく，その中ではじめて事象があるプロフィールをもって現れてくることになる場を拓くということ」であり，「見えてはいるが誰も見ていないものを見えるようにする」ものでなくてはならない。

　たとえば，選手の習熟度のひとつの評価法として「コツとカンの反転化能力」（金子，2007）の査定がある。すぐれた選手は，プレーの最中に状況判断に全神経を向けながら，要所要所で自らの動き方に注意を向けることができる。その反転のタイミングについて物理的な特定などできないことは言うまでもない。

　反転化の概念を知らないうちは，驚異的なプレーを見せる選手に対して漠然と賞賛するだけである。しかし，反転化能力が見えるようになってくると，驚嘆すべき内実が分化されてくる。実際には，卓抜した技能を見せる選手の中で起こっている詳細なできごとが理解できなくてもそれほど問題はないかもしれない。しかし，それが見抜けない指導者は，未熟な選手に関してもこの本質的特性が見抜けないのである。だから，どんな能力を高める必要があるのか，あるいはどのような練習をさせていくべきなのかなど，コーチングに不可欠な内容を考えていくことができない。

　谷（2004, p.10）が，事象そのものは「露呈的にわれわれの眼前にあるわけではない」と言っているように，素晴らしいプレーは誰でもが見ているけれども，"反転化"は誰にでも見えるようにはなっていない。だから，「おのれを示すものを，それがみずから現れてくるままに，それ自身のほうから見えるようにすること」が現象学だと言う新田（1989, p.146）のことばに従って"反転

化"現象が説明されれば，観察者はプレーの中で反転化現象が自ずと見えるようになってくる。ものの見方が変わるということである。

2）本質観取の手順

フッサールの本質観取（本質直観，本質洞視）の方法は，「経験的ないし空想的対象を任意の見本にかえ，その見本に同時に指導的「原像」の性格をもたせて，ひらかれた無限に多様な変項の生産の出発点とする作用，つまり，変更作用に基礎をおいている」（フッサール，1989，p.328）とされる。これは，ある事実を空想のなかで変形するための原像とみなす態度である。そして，方法として次の3つの段階を設定している（同書，p.335）。

①変更作用の多様性を生産しつつめぐりあるく段階。

②持続的なかさなりあいのなかで，対象を統一的に結合する段階。

③差異との対比のうえで合同なものをとりだし能動的に同定する段階。

このように，「実際の経験であれ，想起であれ，想像であれ，なんらかの一事例が出発点となって，これを変更させてゆくという，いわゆる『自由変更』の手続きが，『本質直観』の具体的なやり方とされる」（渡邊，2010，p.71）。

「自由変更」（freie Variation）は，現実の状態や得られたデータの範囲を超えて，あらゆる場合の可能性を想定する思考作業であるが，その意義は，たとえばレベルの高い選手のコーチングのような希少な例を扱った研究や，子どもの運動発達など言語的交信の困難な事例の研究などにおいてとくに大きいものである。その際，どこまで可能性として想定できるかが研究者の力量ということになる。

コーチング過程において，驚くべきこと，奇妙なできごと，不可解な現象などの出現に対して，過去の体験を振り返ったり，可能性として想定されるさまざまな場合について自由変更を施していくと，状況や人物などが多彩に変わっても，変わらず残っているものがあるはずである。それがないのであれば，そもそもある"類"としてのまとまりなどありえない。この過程を経て残っているものを意識的に取り出したものが本質といえる。

この過程は帰納的抽出と取り違えられることがある。しかし，山口（2012，p.122）が，「抽象の方法の場合は，始終，出発点とした個別的なものの経験の

領域にとどまりますが，本質直観の場合は，そこにとどまらず，想像とか空想とか，さまざまな自由な変様の可能性の世界を巡ります」と述べているように，本質観取と帰納的抽出との間には大きな相違がある。帰納，つまり事実の存在のみにこだわると本質にたどり着けないこともある。

このような経緯を経て本質を記述された事例研究は，単なる個別例の報告の域を超えて一般妥当性を備えたものとなりうる。河合（2003, p.301）は，一つの事例は一例で終わっているのではなく，事例を聞く側が自分の体験を考えていくことによって普遍性をもってくると述べている。

7.　ま　と　め

新しいコーチング理論の研究は，奇抜な理論を生み出し，風変わりな指導を試そうとするものではない。すぐれた指導者の指導力の分析や効果のあった指導の本質的意味の分析などを通して，それまでとは異なった見方をする指針としての理論を探り出そうとすることである。したがって，研究の基盤はコーチングの現場にあることは言うまでもない。

「意外な事実の観察から出発し，その事実が何故起ったかを説明し得ると考えられる仮説の提案を行うのがアブダクションの役割である」と言うパースは，「ある意外な事実が観察されなければ —— つまり疑念が生じなければ —— 真の生きた探究は起らない」（米森, 1981, p.189）と述べている。したがって，実際に指導している中で“驚き”を見つけることから研究は始まる。それは，「突然，上手になって驚いた」といった驚きではなく，日常何気なく見過ごしているできごとの中に重要な意味を見いだすことである。たとえば，子どもの動きが急速に習熟していくのを見るのは誰にでもある体験だが，その連続した熟練過程の中にも動感志向的転機（佐藤, 2014）といえる運動発生の瞬間がある。それを驚きとして知覚し，転機の本質を観取することができれば，運動学習のための方法論を考える上で有用な素材となる。

人間同士の関わり合いがコーチングの本質だとすると，事例こそがコーチング研究における思考の原点といえる。さらに，人間の発達論研究における事例

としてのエピソード記述の意義を主張する鯨岡（1999, p.163）は，事例は単にひとつの理論を立証する代表例であるだけでなく，「観察者＝研究者がおのれの理論を語るための『道具』にもなり得る」と述べている。コーチング研究は現実の場面から問題提起が始まり，事例研究から理論が引き出され，さらに事例研究を通して説明していくところに独自性が保証される。これまで何度も述べているように，動きを読むという行為は，意味や価値を捨象して一義的な内容を表す数値は基礎とならない。事例について，これまで説明したような本質を洞視する現象学的態度で考えていくことが求められる。

附　論

【運動モルフォロギー（形態学)】
【コツとカン】
【プロレープシス ― 運動全体の先取り】
【運動ゲシュタルト】
【潜勢運動】
【自分の動きの違いに気づくこと】

【運動モルフォロギー（形態学）】

1．モルフォロギーとバイオメカニクス

モルフォロギーの概要については本文で説明されているので，ここではとくにその方法に関して述べたい。

モルフォロギーは，運動を目で見て，その質的特性をとらえようとする学問である。したがって対象は動きの形（フォーム）ということになるが，この運動の形は物体のように固定し，静止したものではないので，実際にはこれだといって指させるような形ではない。形のないものになぜ形を見るのかという問題については「運動ゲシュタルト」の項に詳しい説明がある。

モルフォロギーは，測定を通して得られた運動の量的データによって諸特性をとらえようとするバイオメカニクスに対置される運動研究法である。つまり，モルフォロギーもバイオメカニクスもスポーツで行われる人間の運動経過そのものを対象とする点は共通している。しかし，運動との向き合い方が根本的に異なっている。

バイオメカニクスは運動をしている人間の身体を物体の動きとして扱い，ある特定の部位の位置移動や角度などを測り，そこで得られた数値に人為的な区切りを入れて判断基準を設定する。その基準によって特徴を区分する機械的方法である。

それに対してモルフォロギーは，運動は意思（意識）をもった人間の行為であるという基本認識のうえで，動きを分解するのではなく全体としてとらえ，直観によって特性を把握しようとする方法である。対象が人間の行為であることから，運動が行われる場の状況や，動きの意味や価値を捨象するのではなく，むしろそれらとの連関のなかで考察していくものである。

2．なぜモルフォロギーか

運動の研究になぜモルフォロギーが必要なのかといえば，計測できないことを対象とするからである。

　人間の身体も物体であることに間違いはなく，長さや角度など物理的に測定可能な項目は無限にある。その限りでは，測れるものを測ることに何の問題もない。しかし，スポーツの運動には，計測はできないが重大な意味をもったものは非常に多い。

　計測ができないという場合，2通りの意味がある。

　ひとつは，動きが複雑すぎて測定が困難なものである。走運動などは真横からカメラで撮影すれば，ほぼ全身がカメラと直交する形でとらえることが可能で，スピードや関節角度など比較的正確に測ることができる。しかし，サッカーゲームのように運動が行われる範囲が大きかったり，柔道のように絶えず身体の向きが入れ替わったり，またフィギュアスケートや体操競技のように胴体のねじれが非常に複雑であるするなど，たいていのスポーツ種目では動きが多様すぎて同じ条件で撮影，あるいは測定することは不可能である。

　さらに，身体の計測ポイントは無数にあるので，精密な測定を行おうとすれば無限に増えることになる。腕や脚のように関節数の少ない部位ならまだしも，手先のスナップ動作など測定のしようがない。

　また，体幹の動きについても，現代の測定レベルでは胴体は肩と腰の点を結んだ直線で特定することが多いが，本来，これで胴体の動きを表せるはずはない。多くの脊椎骨からなる脊柱は多様な曲がり方をするし，またねじれも複雑である。わずかな測定ポイントだけで妥協しているわけだが，だからといってこれを脊椎骨の動き一つひとつを測定しても有用なデータが得られるとは思えない。

　もうひとつの理由は，こちらの方が重大なのだが，本文で検討したように，人間の運動の遂行における志向性はビデオには写らないし，脳波などの電流として取り出すこともできないということである。つまり，物的に存在を確証できる物ではないということである。

　サッカー選手が，ゲームの戦術的先取りによって移動したときと，なんの特定の意図もなく偶然その位置に移動したときの違いを客観的に証明する手段はない。しかし，普段から選手の戦術行動に注意を向けている指導者であればすぐに見分けることができる。あるいは，宙返りをしているときに，いつ着地の

意識ができているのか，コーチなら読み取ることはできるが，物理的指標では表せない。

　また，本文でも紹介したが，子どもがいつ"でんぐり返り"ができるようになったのか見分けるのは，物理的に1回転したかどうではなく，意図に沿った行為かどうかである。でんぐり返り"になった"とでんぐり返り"をした"のあいだに物理的線引きはできない。このような運動発生における「転機」は，新しい運動の習得の場合だけでなく，運動の習熟過程においても指導者がつねに注意し，把握していくべき対象である。このようなキネステーゼ転機は本来的に，測定を基礎とする科学の対象とはなりえないものである。

　測ることができないことに重要な意味があるからモルフォロギーが求められるのである。モルフォロギーでは，運動の外面（外形）だけが問題とされるのではない。運動を行っている人間の意図や意思，意識には上っていないが深層のところで作用している，たとえば過去の失敗の経験なども含めて全人的に理解しようとするところにモルフォロギーの特徴がある。

3. 印象分析

　運動指導の実践において，観察に基づく動きの考察は，まず最初に「印象分析」と呼ばれるモルフォロギーの方法によって行われる。旧東独のスポーツ科学事典（Schnabel, G. u. Thiess, G., "Lexikon Sportwissenschaft", 1993）では，印象分析は，「視覚による観察に基づいて，対象や過程について分析的に理解していく方法」と記述されている。内容は，「とくに技術トレーニングで適用され，運動経過における技術について質的視点から特性や関連の解明」を目指すものとされている。したがって，印象分析といっても，単なる個人的な感想を述べるようなものなどではなく，実践において検証が可能な運動徴表を確認する作業である。もっと具体的に，運動徴表分析といってもよい。ただし，この場合の運動徴表とは肘がどの程度まがっているかなどといった物理的徴表ではないことは言うまでもない。

　モルフォロギーでは，身体部分の位置移動の客観的記録ではなく，特定の状況の中で行われた動きや姿勢の意味を探るのである。まったく同じ姿勢でも，

状況まで加味すると意味が大きく異なることも少なくない。

　たとえば，まったく同一の肘関節角度であっても，動き全体の中でよいと判断される場合もあるし，欠点とみなすべき時もある。単純な例でいえば，肩関節の柔軟性によって，腕をまっすぐ上挙した場合（180度）の意味はまったく異なってくる。物理的角度としての測定値はそこに何らの差異はない。この場合のように，ある特定の身体部分だけを取り出して，全体の動きと絶縁的に扱ったのでは，実際の人間の動きの特性をつかまえることはできない。

　印象分析は，研究レベルの場だけの問題ではなく，実際のスポーツ活動の場でも日常的に行われているものである。ただそれを意識しているかどうかの問題である。実践の場では，印象分析なしの運動指導などありえない。

　動きを評価する場合も同様で，たとえば，サッカーの審判はゲーム中，絶えず印象分析を行っている。ファウルの裁定には，しかけた選手が故意だったかどうかは大きな観点である。シミュレーションのケースもあり，審判には迅速で的確な判断が求められる。さらに，ゲームの流れによってファウルと見なすか見逃すかという判断もしなければならない。これらには物理的基準など当てようがない。直接目で見た評価しかありえない。機械化の可能なゴール・インかアウトかの判定やオフサイドの判定などとは本質的に異なる判定法で行われている。

4. 印象分析の妥当性

　前述したように，ここでいう印象は単なる見た感想などではない。また，それが絶対的な客観性をもったものであるということを意味しているのでもない。むしろ，どこでも誰でも同じ内容を認識しうる内容が存在するという考えそのものに問題が提起されねばならない。

　つまり，モルフォロギーでは，行われた運動経過のなかに何を見るか，つまり何を印象として受け取るかということが問題なのである。この場合，印象を受けるのか，それとも能動的に見つけ出すのかという語意上の問題は置いておくとしても，印象の内容は，運動を見る者の能力や関心によって異なる。

　本文第Ⅰ部でも述べたように，動きの特性を見抜く力を持った者は，重要な

部分だけを孤立的に見ているのではなく，全体を把握したなかでその本質的特徴をとらえているのである。だから，ヴォルタースの研究で明らかにされたように，素人に見るべきポイントを事前に指摘した場合，肝心の全体的特性が見落とされてしまうという結果になる事態が理解できる。

　さらに，観察力に長けた者でも，つねに同じところを見ているわけではないことに注意しなければならない。視線の方向は絶えず入れ替わっているのが実際の観察である。

　アイマークレコーダーという視線の方向を記録する機械装置がある。これは瞳が向かった先を特定し，その点の異動経過を記録するものである。ただし，これではどのような見方をしているのかは測れない。つまり，視線は向かっていても，そこに注視しているのか，あるいは漠然とその辺りを見ているのかの計測は不可能である。また，注視（中心視）の方が漠然と見る（周辺視）よりも内容が正確にとらえられるということもない。むしろ，ある部分に集中的に視線を送っていると，全体経過は分からなくなる。中心視と周辺視が絶えず交替しながら観察が進んでいるというのが実際であろう。さらに前記した視線の位置交替を考慮すれば，どんなに精密な機械で視線の記録を取ったとしても，再現性のある客観的データを得ることは不可能である。

　それにもかかわらず，「目のつけどころ」などと言われる本質を突いた着眼点というものはある。それを客観的に提示しようとする試みは，前記の理由から失敗することになるが，ことばで説明することは可能である。

　金子（2005b，p.153）は，運動現象のなかに何を見るかという観察対象を説明し記述することを「テクスト構成化」と呼んでいる。動いていて，目の前からすぐになくなってしまう運動現象のなかに，見るべきことがらを「構成」するわけであるから，構成する人によって内容は異なってくるのは当然である。「発生論的運動分析では，そこに示された有意味な動感形態のなかから，何を読み取り，何を見分けるのかは観察者の身体知に左右されるのであり，マニュアル的にだれにでも共通に使える精密測定機器のようなものは存在しないのです」と金子（同書）がいうように，自らのキネステーゼに支えられた身体知を備えた者でなければ，妥当性のあるテクストを作り出すことはできない。

　このような特性から，印象分析はだれでも同じ内容をとらえうるという点では まったく客観性は担保できないものであるが，専門知（身体知）を備えた者 の編み上げるテクストは，実践にとっては最も信頼のおける情報だといえる。

5. 専門家の構成テクスト

　動きのなかの観察対象の指定，つまり金子のいうテクスト構成は，肘がま がっているといったような誰にでも見分けられる外的特徴なのではない。その 運動の実施におけるキネステーゼ構造まで把握してはじめて知ることのできる 内容の記述が求められる。

　野球やゴルフ，サッカーなどのプロスポーツの中継放送の解説者はときど き，われわれ専門外の者が驚くような技術解説をすることがある。そのスポー ツを相当深いレベルまで経験した者でなければとても分からない内容のテクス トをわれわれに提示してくれるのである。われわれは，「そういう見方をすべ きなのか」と感嘆する。ただし，その解説を聞いたからといって動きの内容， たとえば欠点がすべて理解できるわけではない。

　例を挙げてみよう。野球のピッチャーの出来が悪いとき，解説者はよく「腕 が振れていない」と表現する。体操競技の鉄棒運動で行われる“大車輪”を雄 大でスピーディに実施するためには，真下の局面で「抜けている」ことが大事 だといわれる。さまざまなスポーツ種目において代表的な欠点として，肩や腰 の「開き」ということばが使われる。その他，門外漢にはまったく内容の分か らない，その道だけの「機能語」は少なくない。

　これらのことばは，その内容を知悉している者にとっては真髄を表すことば として理解されるが，一般の者にとってはなんとなくそのような感じのする表 面的なことばとしてしか理解できないことも多い。ピッチャーが腕を振らない で球を投げることなどできないので，この場合“どのように振る”かが問題と なっている。その詳細を限られた時間のテレビ放送中に解説するのは無理であ る。また，鉄棒の運動では何が“抜ける”のか，肩や腰では何が“開く”のか 簡潔明瞭に説明できる者はその競技を専門的に行っている者のなかでも少ない であろう。

　したがって，選手やコーチなど比喩的なことばの意味についてキネステーゼレベルでの合意が成立している同業者集団の場であればかまわないが，他者に内容を伝えることを目的とする指導・研修，あるいは研究という場では，前記のような専門家のことばがそのまま観察対象を示す適切なテクストになるとはいえない。

　もちろん，姿勢的特徴や物理的速度などの客観的事実を述べても観察対象措定のテクストにはならない。ここで必要なのは，動きの意味の記述である。運動経過の特徴に動きの意味まで添えてはじめて観察に有用なテクストとなるのである。

6. キネステーゼ感覚の提示

　印象分析を通して運動徴表を見つけ出し，その内容をテクストとして記述することによって，他者にも伝わりうるキネステーゼ感覚を提示することができる。

　その際に課題となるのは，それらの感覚的内実を的確に表現する説明能力，あるいは提示能力である。言語的説明に加えて，補助手段としての写真や図，あるいはビデオ映像（スロー再生なども含めて）などが活用される。とくに有用なのは，当該運動において重要な局面を強調して描いた動感画である。『動きの感じを描く』を著した森（2015, p.26）は，「運動をそのまま描写した運動画（キネグラム）と運動を観察して動きの感じを意識的に描写した動感画（キネステーシオグラム）」を区別している。

　映像（ビデオ）分析では，映像のなかから身体の輪郭を抜き出したキネグラムが利用される。つまり，オリジナルに忠実な姿勢，動きの図である。

　一方，森（同書）が，動感画は「人が動く感じ，すなわち動感を示すように描かれた画ですから，動きの感じを感覚的に捉えやすく描き出すことが使命となります」と述べているように，機械的に抜き出したスチール写真を図化した局面図ではなく，運動の遂行にとって重要な局面を動きの感じを強調，誇張して表現した図である。

　したがって，動感図は動きの本質的特性が図に表現されたものであり，これ

は運動現象そのままではなく，ゲーテのいう「根本現象」を描いたものといえる。あるいは現象学における「本質観取」の内容を表現した図であるといってもよい。

　このような根本現象の動感図，つまり本質的特性が読み取れる動感図を描けるようになる土台には，多様な運動現象のなかから本質的な運動徴表を見抜く印象分析力が必要であることは言うまでもない。それに加えて，運動のメタモルフォーゼ（変態，変容性）が表象のなかで描き出せる実践知が求められる。

【コツとカン】

1. 運動学用語としてのコツとカン

　スポーツ運動学における専門用語としての「コツ」と「カン」は，最近になってその内容が定義されて使われるようになった比較的新しい語である。つまり，この２つの語は，ことば自体はかなり古くから使われていたが，運動の指導や学習に関する内容の厳密な検討はされていなかったといえる。たとえば，「人をあやつるコツ」「お金儲けのコツ」だとか，「試験問題のカンが当たった」などという意味では，さまざまな場面でいわれてきた語だといえる。

　しかし，このような曖昧で広範な内容に関わる定義では，実際のスポーツ運動の指導に役立つ概念とはいえない。したがって，まず一般的意味での「コツ」「カン」の観念から離れて，運動学で限定的に使われる意味を確認することが必要である。

　運動学で使われる意味を端的に言えば，「コツ」はある運動をうまく行うための自分自身の動きに向かった意識であり，「カン」は自分以外の周囲，状況に向けられた意識といえる。

　発生運動学的視点からコツとカンのスポーツ運動学的概念を確立させた金子は，著書である『わざの伝承』（2002）や『身体知の形成』（2005）『身体知の構造』（2007）などで綿密な説明を行っている。それによると，コツは「自我中心化的身体知」と呼ばれ，「自我身体の意味核を感じ取る動感力」（2007, p.307）である。自分自身の動き方に向けた意識と言える。コツについて金子は，「私の身体それ自体に居合わせていて，求心的な志向体験をもつ身体能力」（2007, p.307）と説明している。

　一方，カンは「状況投射化的身体知」として，「私の身体とそれを取り巻く情況との関わりのなかで，動き方を選び，決断して実行に移せる遠心的な志向体験をもつ身体能力」（2007, p.307）を意味する。たとえば，自分の身体の延長として機能するバットやラケットなどを自在に操ったり，飛来してくるボールの落下点に正確に入ることができるとか，味方の動きのスピードに合わせて

的確な位置にパスができる，踏み切り板に踏み切り足を合わせるというような能力はカンの作用がなければできない。自分の動き方に対する意識としてのコツと違って，自分以外の対象に向けられた意識といえる。

2. コツをつかむ

野球のバッティングで，右肘を（右打ちの場合）を身体につけるようにしたら強い打球を打つことができ，フォームも安定してきたという意識を持ったとする。その場合，その後はそのような打ち方（動き方）を意識して練習するようになる。このように，良いと意識した動きの感じを自分の身体を通して了解したとき，われわれはコツをつかんだという。自分の身体，あるいは自分の動きに向かった意識といえる。したがって，動きを覚えることはコツをつかむことであり，動きを教えることはコツを伝えることに他ならない。

しかしながら，動きが上達するときには，この例のようにはっきりと自分の動きが意識されている場合ばかりとは限らない。とくに，子どもの遊びにおいては，ほとんどの上達過程は無意識のうちに進行している。大人であっても，練習過程で自分の動きやコツに意識を向ける習慣のない者は，たとえ自分の技能が上達しても，その経験を他者への指導に活かすことはできない。

スノーボードで転倒して後頭部を雪面に強打し，負傷したり，ときには死亡事故に至ったりすることがある。大学生などに聞くと，はじめてスノーボードに挑戦する日に，いきなりリフトに乗って山の上まで連れて行かれたという経験を持っている者が少なからずいる。あとは，上手な者が適当に滑りを見せて，まねをして降りてくるように指示するだけだという。事故にならない方が不思議である。

上手に滑れる者も，最初は大変な苦労をして滑り方，ターンの仕方を覚えたはずである。そのときに，後頭部を打ちつけるような転倒を引き起こすメカニズムを理解し，それを防ぐ動き方を意識できていれば，このような無謀な指導には至らないであろう。そのようなコツをつかんだときの運動感覚意識が残っていないために，何を教えてよいのか分からないので，山の上に連れて行って自分の滑りを見せるしかできないのである。

　したがって，コツを他者に伝えるためには，動きの感覚を意識し（運動感覚意識），言語化することが不可欠である。とはいっても，感じたこと，思ったことを単純にことばに置き換えても，指導に有用な情報となるとは限らない。現象学的な本質を観取する能力の獲得，あるいは方法の検討がなされなければならない。

3.　カンを働かせる

　大きなフライボールが飛んできて，それをキャッチする場面を想定してみる。初心者は，最初のうちはボールを迎える位置が落下地点と大きくずれているものである。しかし練習を繰り返していくうちに，次第にちょうどよい位置に，そしてちょうどよいタイミングでキャッチできるようになってくる。これは飛来するボールの強さや高さなどに応じて，自分の身体を自在に適切な位置に移動させることができるようになったことを意味するが，このような場合に「カンの働きがよくなった」という。つまり，ボールと自分との空間的時間的関係を適切に把握し，その状況に合わせて最適な行動をとることができる身体知の獲得である。

　身体知であるから，これは技能に裏打ちされたカンであって，決して当てずっぽうとか試験問題の「山カン」などという意味でのカンではない。あるいは，たとえそれがどれほど綿密な過去のデータに裏付けされていたとしても，頭脳のみで行われる推測とも異なる。

　たとえば野球で，次にピッチャーが投げてくると思われる球種の予測は，バッターにとってきわめて重要な能力といえる。あるいは，サッカーのゴールキーパーは，ペナルティ・キックを受ける際に，右か左のどちらかを推測して，キックと同時にその推測した方向へ跳ぶことがよくある。つまり，最初からどちらか一方は捨てている。だから，ボールとまったく反対の方向へ跳んでしまうこともしばしばある。このようなキーパーの推測も，一般的意味では「カンが外れた」などというが，運動学で使う用語としてのカンとは別物である。

　この場合の運動学用語としての「カン」は，たとえばピッチャーから投げられたボールの球筋に合わせて適切な位置とタイミングでうまくバットを振り出

すことができる技能，あるいは大きく変化しながら飛んでくるサッカーボールの軌道を正しく読み，正確に処理できる技能などを意味する。

4. 単独では機能しないコツとカン

　コツとカンは単独で存在するものではなく，両者が一体となって機能する。

　サッカーで攻撃している場面を想定してみよう。相手ゴールに向かって走り出した味方プレーヤーにパスを出すときには，敵のいる位置，ゴールと味方プレーヤーとの位置関係，さらにそのプレーヤーの走速度とトラッピング能力など多様な要因を考慮して最適のコースを探すことになる。その時は，自分以外の周りの状況に全神経を集中させて，いわばカンを最大限に作動させていることになる。

　しかしその場合でも，自分のキック能力が暗黙のうちに加味されていることを見逃すわけにはいかない。つまり，まっすぐのボールしか蹴ることができない選手の場合と，ボールにスピンをかけて曲線的なキックができる場合とでは，ボールを蹴り出す方向の選択肢の数が異なってくる。このことは，たとえその場の状況がまったく同じであったとしても，適切なパスの方向というのは，パスを出す選手のキック能力によって変わってくるということを意味している。いわば，パスを出す選手のコツ意識（たとえ暗黙的，無意識的ではあっても）が，状況把握のカンの裏側にはつねに隠れているということになる。コツとカンの一体性ということはこのような意味で理解される。

5. 片方しか意識されない

　カンとコツの両方を同時に意識することはできない。両者は一体となって機能するという前段の説明と矛盾するように思われるかもしれないが，どのような意味か先ほどのフライボールをキャッチするときの例で説明しよう。

　飛来するボールを見ながらキャッチできる位置へと全力で走っているとき，自分の走り方に意識を向ける人はいない。ひたすらボールとの位置関係に集中（カンを働かせている）しているはずである。キャッチする瞬間も，同じように意識はボールに向かっている。

　このとき，コツとしてのグラブの出し方に注意を向けたらどうなるだろうか。プロ野球の選手であっても，コツを意識すると，ときにはカンが狂って落球することもある。北京オリンピック大会で，日本のプロ野球選手が，単純な外野フライを2度も落球した事件があった。これは，あまりにも易しいフライボールで，キャッチまでの時間的余裕がありすぎたことに起因すると思われた。つまり，余裕がなければ選手の意識は完全にボールの方に向かって，持ち前の優れたカンを働かせて確実に捕球できていたはずである。しかし，時間的余裕のあまり，普段は考えもしない捕球の仕方に意識を向けたのであろう。つまり，コツを意識したのである。そのため，カンの方がおろそかになり，落球につながったものと思われる。

　バスケットボール選手が，ノーマークの状況になり，普段なら外すわけのないレイアップシュートを失敗することがあるが同様の事情である。選手が，失敗はできないという気持ちにとらわれて，いつもは意識しないショットの際の指先の動かし方などに意識を向けたりすると，ジャンプの位置やスローのタイミングがずれてしまうという失敗が起こりうる。

　このように，熟練した動きの場合にはあまり自分の動き方について細かな意識をしない方がうまくいくことが多いが，動きの修正練習では意識的な試みを行わないわけにはいかない。相手やゴール，ボールなど外部にばかり意識が向かっていて，自分の動きの反省がおろそかにならないようにトレーニングさせることが重要である。

6. コツとカンの反転化

　挙げた例からも分かるように，カンを働かせているときには自分の動き（コツ）は意識されないし，その逆も同様である。しかし，実際に運動を行っているときには，ずっとどちらかにばかり意識が向かっているわけではない。意識が向かう先は，自分の動き（コツ）と状況（カン）と絶えず入れ替わっている。これを金子は「コツとカンの反転化」と呼んで，スポーツにおける重要な習練対象となる能力のひとつにあげている。(2007, p.336)

　たとえば，イチロー選手が見せる“スーパービーム”は，持ち前の強肩とス

ローイングの正確性だけから成り立っているのではない。フライボールを普通にキャッチしていたのでは3塁ランナーがタッチアップから簡単にホームに生還できるような場面でも，キャッチ動作に工夫を加え，予想を超えたスピードプレイを行う。その際には，飛来してくるボールの軌道や自分との距離などに関してカンを働かせるのは言うまでもない。しかしさらに，ランナーの動きを見ながら，素早いプレイを可能にするために，キャッチ時にはすでにスローイングの準備局面に入っているような体勢をとることを考える。そのときには，どのような角度でボールにとびつくのか，グラブの構え方はどうするのかといった自分の動きのコツを意識しなければならない。しかも，自分の動き，あるいは周囲の状況のどちらかだけにあまりに強く意識がとらわれていたのではミスを招くことになる。プレイの一瞬ごとにコツとカン意識は入れ替わって，つまり反転している。この反転化能力が土台にあってはじめてあのスーパープレイが生み出される。

　実戦においては予期せず反転化能力を試されるときがある。たとえば，野球のピッチャーがボークを宣告されたときなどである。野球規則には，ピッチャーが投球モーションに入ったら，途中で動きを止めてはいけないことが明記されている。ピッチャーが，普段通りの意識で投球したときに，アンパイアから2段モーションのボークを告げられて，その後動揺してピッチングフォームが崩れてしまうことがある。本来であれば，投球時ピッチャーの意識はキャッチャーのミットの位置に向かっているはずである。それが，ボークにならないことを意識しなければならない，つまり自分の身体の動かし方に意識を向けざるを得なくなる。カンに支えられていた行動の世界から，それを中断して自らの動きに注意を向けるコツの世界に移転することを余儀なくされることになる。それがピッチャーにとってどれだけの負荷になるかの証明である。

　一般に，球技などでは場の状況や相手の動きなどに全神経を集中させているので，自分の動き，つまりコツについて意識することは少ない。しかし，イチロー選手の例で分かるように，そのような緊迫した場面の中であっても，自分の動き方を考えることができることが卓越した選手の条件といえる。また，試合の最中に動きのフォームを改善しなければならない事態の出現も珍しいこと

ではない。普段のトレーニングの中で，意図的にゲーム中にコツを意識させる訓練も必要であろう。

7.　運動指導における問題

　これまでコツとカンの内容および両者の機能関係を説明したが，その内容を知ることによって，動きを教える際，どんなことに配慮できるようになるか，指導実践上の問題を考えてみよう。

　マット運動の側方倒立回転で，手の着き方がよく分かっていない生徒がいたとする。よく行われる手段であるが，マットの上に手形を描いて着手位置を明示することがある。教師は，これほどはっきりと着手位置を示しているのだから，生徒にその気があれば決められた位置に，正しい向きで手を着くのは容易にできると考える。もしその生徒が，脚の振り上げなどの局面を比較的上手にできるのであれば，この練習は効果があると思われる。しかし，「脚の振り上げを強く行って勢いをつける」というように自分の動き，つまりコツに対して意識を向けなければならないような技能レベルの場合には，描かれた手形に自分の手をうまく合わせるためのカンを働かせることは難しい。

　バレーボールでアタックの練習をするときに，どのようなタイミングでどの方向にジャンプすればよいのか分かっていない生徒に対しては，最初のうちはボールを打ちつける動作ではなく，最上点でボールに触る（タッチする）だけの練習をさせるとよい。つまり，打つ動作のコツへの意識を取り除くことによってボールと自分の空間的・時間的関係に意識を向けることが可能となり，カンの養成に効果的に作用する。初心者にいきなりアタックを試みさせても，ジャンプもアタック動作もまとまりが崩壊したような動きになる生徒が多いことを感じた体育教師は少なくないであろう。

　これらの例のように，まだうまくできない生徒に何か動きを意識させようとする際には，それ以外のことにあまり注意を向ける必要がないような状況にしておくことが肝要である。バスケットボールのゲームで，ドリブルの技能が低い子に向かって，状況をよく見てパスすることを要求するのも，カンを支えているのはコツであることを忘れた指摘といえる。コツとカンそれぞれの特性を

理解したうえで，運動指導にどのように配慮していくかということが大切である。

　また，コツやカンは物体のように外部から目に見える特徴としてとらえることはできないため，技術力の査定の際には，単にある特定の動きができるかどうかだけを問題にするのではなく，生徒や選手など学習者がどのような場面でどのように実施しているかを評価できる能力が指導者に求められる。とくに，動き方についてアドバイスしたときに，選手がその部分にコツ意識を向けることができているか，つまり反転化能力を備えているかどうか確認する必要がある。

　難しい状況のなかでは，アドバイスをしても周囲のことに向けたカンだけを作動させて，コツの方には意識を向けることができない事態になっていることがある。それでは指導の効果はあがらない。たとえば，技能の低いスキーヤーが不整地や急斜面のゲレンデを前にすれば，自分の動き方に注意を向けることはできない。怖くて尻込みするような急斜面で，スキーの前に体重をかけるように指摘するのはまったく無駄な指摘でしかない。その場合には，状況への注意，つまりカンをあまり働かせる必要がないような練習の場を選ぶなど，指導の方法を変えなければならない。

【プロレープシス ─ 運動全体の先取り】

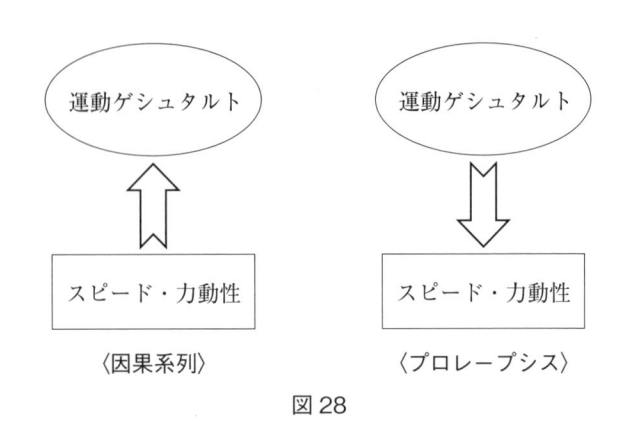

図 28

1. 先取りの定義

　普段，われわれが何気なく行っている動作も，そこに反省（振り返って問い詰めてみる）の目を向けてみると，なぜそのようにスムーズに経過しているのか驚くはずである。たとえば，鼻の頭がかゆくなって手で掻こうとするとき，手をどのように動かすべきか考える必要はない。自然に，おだやかに進行する。誤って目を触ったり，勢い余って顔面に指を突き刺すようなミスはしない。それは，鼻の頭を掻こうと思った瞬間から，鼻に至るまでの自分の手の動作の全体が身体によって前もって計画され，最適な移動経路を通り，ふさわしいスピードで運動が行われるからである。このように動きの全体が前もって企画され，それに合わせて適切な動作が遂行されることをプロレープシスと呼ぶ。メルロ＝ポンティ（1975）は次のように説明している。

　　運動の各瞬間にあって，先行瞬間はすっかり忘失されてしまうのではなく，かえって現在のなかにいわば嵌め込まれてあるのであり，現在の知覚とは，要するに，たがいに含み合う一連の過去の諸位置を，現在の位置に支えられて再把握するところに成立するものである。けれども，すぐつづいておこる未来の位置もまた現在のなかに含み込まれているのであり，またそれをつうじて，ついには運動

の終局にまで至る一切の位置もまたそのなかに含み込まれているのである。運動の各瞬間はその運動の全拡がりを包摂しており，とりわけ運動開始という最初の瞬間は，こことかしこ，今と未来との連結の端緒をなし，その他の諸瞬間はけっきょくそれを展開するだけにとどまるだろう。（メルロ＝ポンティ『知覚の現象学Ⅰ』1975，p.236)

　これは，われわれの日常のなかで行われる慣れた運動は，遂行の最初の時点でその運動の終わりまで身体的な計画ができているということであり，ヴァイツゼッカー（1995，p.25）が「有機体の運動は，その最初の時間部分からすでに，作業全体を，もっと正確に言えば作業の図形を先取りしている」と説明しているような生物の法則的なふるまいである。

　スポーツでさまざまな動きが巧みに行われるのも，意図している運動の全体経過が先取りされていることが前提である。この場合の先取りとは，意識としての先取り（先読み）というだけでなく，運動の最終結果に応じて途中の運動経過がそれに合わせて調整されるという運動の原理である。

　プロレープシス（Prolepsis）とは先取りという意味である。しかし，先取りという語は，他人の行動を予想して先手をとるというような心理的な先取りもあれば，ボールを受けてすぐ投げるというような場合に現れる動きとしての先取り（Bewegungsvorausnahme）などさまざまな状況の中で使用されるので，運動学的に概念を規定しておく必要がある。

　ここでいうプロレープシスは，このような意味における先取りとは概念的に異なり，人間が行う運動は，実際に身体の位置移動が始まる時点ではすでに前もって全体経過が先取りされ，その全体経過にふさわしい力，スピードで行われるということを意味している。それは，われわれ生命を持つものが日常の中で意識的，無意識的に行っている動き方の原理である。

　ドイツの哲学者であり生理学者であったヴァイツゼッカー（1975，p.224）が定常的図形時間（konstante Figurzeit）の規則を例にあげながら説明しているように，プロレープシスが意味しているのは，物理学の場合に法則性は力の作用にあるのに対して，有機体の運動の場合の法則性は形式（Form）にあるということである。

　それによると，たとえば，われわれが文字を書くときには，文字の大きさに応じて手を動かす速度を変えて，ひとつの文字を書くのに要する時間が同じように調整しているという。だから，大きさが変わってもほぼ同じ書体で書けるのである。文字の大きさが変わるごとに文字の形も変わってしまうのであれば契約書のサインは意味をなさない。

　また，ある文字を書き始めたときには，その書字の終点の位置がほぼ決まっている。空中に字を書くとき，あるいは巨大文字を床に書くときでさえも，書き始めの時点ですでに終点の位置は身体的に了解されている。書いている途中でどこに文字の終わりがくるのか分からなくなるなどということはない。つまり運動を始める時点で，すでに全体経過が先取りされているからである。

　われわれの運動学において重要なのは，このプロレープシスの原理が実際の運動にどのように機能しているか（していないか）を把握することと，この原理を運動指導に適用することである。具体的な問題を事例から考えてみよう。

2. 運動の部分と全体

　先に紹介した書字の時間的恒常性からみると，スポーツにおけるそれぞれの運動でも，遂行の際には個人ごとに固有の所要時間があると考えられる。その固有時間を変えることは，動き自体の変化の発生を意味する。だから，運動の特定の一部分だけを任意に変更するというわけにはいかない。野球の練習で使用するピッチングマシーンのような機械であれば，同じ動きでそのスピードだけを変化させることは容易にできるが，われわれ生き物の動きというものは，スピードに変更を加えれば全体経過（動きのかたち）の構造に影響を及ぼす。

　たとえば，陸上の走り高跳びや体操競技の跳馬運動で，助走のスピードを100 メートル競走のときのような全力疾走で走ったら，踏み切りやその後の動作を以前と同じようにはできない。おそらく動作全体のまとまりが崩れて実施そのものができないであろう。このことが意味するのは，全体として成り立っている，つまりゲシュタルトとしての運動形態は，部分の寄せ集めではないということである。

　したがって，スポーツの運動指導では，部分的なスピードやリズムの変化を

変えてみるように指摘することも少なくないが，その際にも，それが全体経過に影響を及ぼすことを忘れてはならない。

　また，スポーツにおいてはさまざまな要因から動きの変化を余儀なくされることは多い。ハードル走は，走運動と跳運動（ハードリング）がうまく調和してはじめて軽快に跳び越すことができるが，強い向かい風の際には助走スピードの低下やそれに影響されて踏み切り位置の変更など，さらに上体の傾斜度など姿勢の変化まで多様な変更を強いられる。そのような状態のときでも安定して動作が遂行できるように，異なる条件のなかで練習を積むことが求められるが，それは運動の部分が全体に対してどのような影響を及ぼすのか身体で知ることを目指しているのである。

　そのほかにも，陸上競技におけるトラックの固さや体操競技の器械の弾力性，スケートリンクの氷の状態など，微妙な違いであっても，それぞれの選手にとってはプロレープシスの作動には大きな影響を及ぼす。これらにどれだけ早く適応できるかがいわゆる "わざ幅" といわれるものであろう。

3. 終わり（先のこと）が分からない運動は実行できない

　われわれが何かの運動を実行に移すときには，「することが分かっているから行う」のである。普段，何気なく行っている運動，たとえば道を歩いている時を考えてみよう。平坦な普通の道であれば，地面の着くべき位置に自分の足を正確に運べるか，足が着いた後には自分の体の姿勢はどうなっているのか，などについて細かく考えながら歩くことはない。しかし，意識していないからといってそのことについて知らないわけではない。あたりまえのことのようであるが，歩けるということを知っているから普通に歩けるのである。

　実はこのことは運動の実施において重要な意味をもっている。別言すれば，歩行ができることがよく分からない場合には同じようには歩けない。高い平均台の上を歩くとか，綱わたりで歩く場面を想定してみれば容易に納得できるだろう。この場合の「できると知っている」というのは，知識として頭で知っているのではなく，自分の運動の感覚として体で知っているということである。だからそれは無意識的な身体知も含むものである。

　これをとび箱の開脚とびが跳び越せずに台上に座ってしまう生徒の例で考えてみる。このような生徒の場合，たいていは踏み切り板の手前で助走のスピードが減速し，踏み切り板の上で弾むのではなくしゃがみ込むようになって，前方への勢いがない状態で台の上に手を着く。

　このような実施を見て，「助走のスピードが足りない」とか，「踏み切り板のうえで止まらないで勢いよく踏みきるように」，あるいは「台上で腕を突っ張って勢いを止めるのではなく，台をたたくようなつき手を行う」ことなどを要求する指摘がなされるのが一般的である。しかし，そのような指摘で動きが改善されることはほとんどない。

　それは，指摘されたような適切な動きができるためには，その行為の後で自分の身体がどのように経過するか予測ができている場合に限られるからである。できない生徒はまさにその予測ができないのである。言うまでもなく，この予測は意識だけのものではない。身体が判断するいわゆる身体知としてのものである。だからどんなに激励され，気持ちだけはやる気になってとび箱に向かっていっても，踏み切り板の手前で身体が自己制御操作をしてしまうのである。

　つまり，踏み切り板の手前で助走のスピードが遅くなるのは，踏み切った後の自分の動きや姿勢のイメージが自分の感覚として先取りできないからである。われわれが真っ暗闇の部屋を歩く場合を想像してみればよい。たとえ床面が平らで安全だと言われていたとしても，最初から平気でまっすぐすたすたと歩ける者はいない。斜に構え，手を前に伸ばして危険物の有無を確かめ，片足を前に伸ばして地面の様子を探りながらゆっくり歩くのが普通であろう。このような状況から考えれば，跳び箱を「助走のスピードが落ちるから跳べない」のではなくて，「跳べる気がしないから助走が遅くなる」と解釈しなければならない。

　助走のスピードが遅くなる現象は視覚的に誰の目にも明らかで，物理的なスピード測定をすればよりはっきりするのは確かである。だから，「スピードの減少が跳べない原因」と考えるのは一般的であるかもしれない。しかし，もし実際にこの子が教師の指示に素直に従って助走のスピードを速くしたら，跳び

箱に激突したり頭から落下したりすることになるのは確実である。それゆえこの場合，助走スピードの上昇ではなく，子ども自身に「跳べる感じをもたせる」ことを指導の主眼にする必要がある。言い方を変えれば，学習者のキネステーゼ体系を拡大させることが必要なのである。それに有用な情報を提供してくれるのはアナロゴンの考え方である。

【運動ゲシュタルト】

1. 動きのまとまり

　だれかに野球のピッチング動作やインサイドキックのまねをやってみるように言えば，動きの巧拙は別として，たいていの者はできるであろう。身体の細かな部分の動き方はひとそれぞれ違っているにもかかわらず，まねられた動きが何の動作なのかはだいたい分かる。

　一方，スキーのモーグル競技で行われる「コーク720」とか「ダブルバックフルツイスト」のような運動は，スロービデオを見せられても一般人には，床の上でのまねごとすらできない。まねができる動作というのは，動き全体をひとつのまとまりとしてとらえ，たいていは何らかの名前もつけて理解している。それに対してまねることが難しい動きは，それを見ても何が行われたのか分からず，動きのまとまりとして認識できない。たいていの者は，モーグル競技の宙返りを見ても，身体のひねりの方向や回転数など正確には分からない。

　また，まったく秩序のない動作を見て，それをまねするように言われてもやはり難しい。そのような無秩序な動きを見せた本人も，もう一度同じように動くことを要求されてもできないであろう。実施した本人であっても，まとまりとして理解している動きではなかったので再現できないのである。

　ひとつのまとまりとしてとらえることのできる動きが運動ゲシュタルトである。動きのまとまりとは，動きの塊ではなく，空間・時間的に秩序だった動きの区分ということができる。したがって，逆上がりや開脚前転，クロール，インサイドキック，アンダーハンドパスなどといった体育授業の教材は典型的な運動ゲシュタルトである。また，「イチロー選手のバッティングフォームはすばらしい」ということがあるが，このフォーム（Form）はゲシュタルトと同義である。

　ゲシュタルト（Gestalt）とは，「形態」と訳され，部分や要素の集合としての全体の形ではなく，それ以上の特性を備えた全体的まとまりとしての構造を指す語である。かつての要素主義的心理学への対抗として20世紀初頭にドイ

ツで展開されたゲシュタルト心理学は，人間の知覚に関してさまざまな新しい知見をもたらすことに成功した。

　しかし，ゲシュタルトは固定的に考えられてはならない。たとえば「バタフライ泳法」という固定した運動ゲシュタルトが存在しているわけではない。バタフライ泳法は，出現当初は平泳ぎ種目におけるひとつの運動技術と見なされていて，固有の泳法とは認められていなかった。後に，平泳ぎのゲシュタルトとしては違和感がもたれ，平泳ぎのひとつの「技術」ではなく独自の競技種目となった経緯がある。つまり，ゲシュタルトは人間の意識，あるいは社会を離れて存在するものではない。そのため村上（1992）によると，メルロ＝ポンティはゲシュタルト心理学に対して次のように批判したとされる。

> 　ゲシュタルト心理学者たちは，ゲシュタルトというものが，人間の知覚や観察とは関わりなく物理的世界に客観的に存在していると考えている。そして彼らは，生物の行動も心の活動もすべてこの物理的世界のゲシュタルトから生ずる結果として説明するのである。（村上隆夫『メルロ＝ポンティ』1992，p.80）

　このことは，ゲシュタルトは自然の中にあるのではなく，「意識にとって存在するもの」（同書，p.81）であることを意味している。人間の意識による構成物ということもできる。だから，どのような単位でまとまりを見いだすのかは個人や社会によってさまざまである。それは意味や価値が反映されているからである。重要なことは，物理的特性などの数値から機械的に境界づけされているのではないということである。

　このような特性を持つ運動ゲシュタルトは，物体のような静的ゲシュタルトと区別される時間ゲシュタルトであることを確認しておかなければならない。その際，生命体にとっての「時間」を考える基盤としてフッサールの意味での「内的時間意識」の概念を理解しておくことが必要である。

2. 内的時間意識とは

　フッサール（1982）は，音楽メロディーの知覚を題材にして，内的時間意識の構造を綿密に考察している。

　音の有意味なつながり（まとまり）としてのメロディーも，音を耳で聴くという感覚刺激を受けることから始まるのは当然である。楽譜を見ただけでメロディーが聞こえてくるという体験は多くの人がもっていると思われるが，これは知覚ではなくイメージ，想像的活動であるのでここでは対象外とする。

　音を聴いた瞬間の体験をフッサールは「根源的印象」といっている。これはつぎつぎと流れていくものである。しかし，流れていきながらもすべてがそこで消え去ってしまうわけではない。消え去ってしまうのであれば，音としての記憶にさえもならない。

　いま，"ドレミ" という聴き慣れたメロディーがあったとしよう。"ド" の音を聞いた後で "レ" が聞こえてくるが，その時点で "ド" の音は消え去っている。しかし，"ド" の音の残音は残っている。残っていなければ "ドレ" と続いたことがわからないことになる。もちろん，"ド" の残音といっても何らかの物質的痕跡が脳内に残っているわけではないので，残音はわれわれの意識の中に残っていることになる。しかし，それとしてはっきり意識しているわけではない。フッサールのいう「受動性」としての作動である。このような，それとしてあえて意識はしていないが（無自覚的に）われわれの内部にはっきり残っていて，いま感じている根源的印象（ここでは "レ" の音）に影響を及ぼしている作用は「過去把持」と呼ばれる。

　さらに，われわれの体験を反省してみれば，"ドレ" を聴いた時点で，それに続く "ミ" の音も意識の中では先取り的に鳴り響いていることが分かる。気に入っている CD を聴いているとき，ひとつの曲が終わってブランクの部分が来ると，次に出てくる曲の冒頭のメロディーが頭の中に響いてくるのを体験した人は多いであろう。その場合，次は何の曲なのかあえて意識しなくてもメロディーが浮かんでくる。このような無自覚な（受動的な）予期をフッサールは「未来予持」と呼んでいる。

　これによって，われわれにとっての「いま」は，すでに聴いた音とまだ聴いていない音まで含めた幅のあるつくりになっていることが理解され，メロディーという音のまとまりを知覚することができる。この時間意識の構造に関するフッサールの説明を引用しておく。

　〈メロディーの知覚〉の場合われわれはいま与えられている音と過ぎ去った（vorübergegangen）音とを区別して，前者を〈知覚された音〉，後者を〈知覚されていない音〉と呼ぶ。しかもその反面われわれはそのメロディー全体を知覚されたメロディーと呼んでいる。ところがその実，知覚されているのは今の時点だけである。われわれがこういう言い方をするのは，メロディーの延長が知覚作用の延長の中に単に点の継続としてのみ与えられているからではなく，過去把持的意識の統一それ自身が，経過した諸音をなおも意識の内に〈把持〉し，そして統一的な時間客観，すなわちメロディーに関係する意識の統一をさらに産出し続けるからである。メロディーのような客観性はまさにこのような形式でのみ〈知覚され〉，原的な自己所与（originär selbst gegeben）となりうるのである。今の意識と過去把持的意識から作られ構成された作用は時間客観の十全的知覚である。(フッサール『内的時間意識の現象学』1989, p.52)

　メロディーを聴くときと同様，運動を見るという場合も，「過去把持−根源的印象−未来予持」という時間意識の構造の中で活動が進行する。この内的時間意識構造の中で成立するまとまりが時間ゲシュタルトである。

3.　時間ゲシュタルト

　これまで，まとまりということばを使ってきたが，まとまりとは本来"空間的"な内容を表すことばである。"時間的"なものを表すことばではない。瀬戸（2017, p.86）は，色もかたちもない時間は抽象概念であるので，それを表すには比喩でしかできないという。たとえば"長い時間"とか"時間がある"などと言うが，このとき物として示すものがない以上，これらのことばの用法は比喩（メタファー）であることが分かるであろう。つまり，"長い"というときには，どこからどこまでという具体的な（空間的な）物が必要である。瀬戸は，時間に最もふさわしいメタファーは「流れ」（同書, p.176）だと言う。時間ゲシュタルトは「流れのまとまり」と言えるかもしれない。

　物体の空間的まとまりとしての塊（かたまり）と流れのまとまりとしての運動ゲシュタルトを同一種のまとまりととらえるわけにはいかない。物体は一度に全体をみることができる。もちろんこの場合，視覚として見えるのは表面のみで，しかもこちら側だけである。これはフッサールの意味の「射映」の問題を内包し

ているが，詳しい説明は別の項で説明される。

　それに対して，ピッチング動作は同時に全体を見通すことはできない。腕を振りかぶった時点ではフォロースルーの局面はまだ見ることはできないし，投げ終わったときにはボールリリースの動作はすでに消え去っている。

　一度に全部が見えないというのは当然のことであるが，これが時間ゲシュタルトの特性である。時間が経過してはじめてまとまりをなすものである。それゆえ，運動ゲシュタルトは時間ゲシュタルトに属するものである。これに対して物体の形は静的ゲシュタルトと表現される。

　運動と同様に時間ゲシュタルトとしてあげられるのは音楽メロディーであり，演奏したり口ずさむこと，つまり一定の時間の経過のなかではじめて成立する音響的まとまりである。

　運動もメロディーも一度に全体を見通すことができないものである以上，時間経過を抜きにして提示することはできない。それでは運動やメロディーはどこにあるのだろうか。物体はここにあるといって指し示すことができるが，運動やメロディーは指し示すことはできない。ベルクソンがいうように，止めてしまった運動はもはや運動ではない。静止画像を並べれば，運動の始めと終わりを同時に見ることは可能だが，それは複数のスチール写真を見ているのであって運動であるはずがない。ただし，連続写真の中に運動をみることはできる。しかしそれは特殊な能力をもっている場合に限られる。

　運動やメロディーはひとの頭の中にあるといえるであろう。いわば記憶として残るだけである。ピッチングの投げ終わり（フォロースルー）の局面を見ているときに，最初の振りかぶり（準備動作）の局面を忘れてしまっていると仮定したら，全体としてピッチング動作と分からなくなるのは必然である。つまり，すでに過ぎ去った動きの経過は，前述したように「過去把持」されているのである。

　このように，運動ゲシュタルトは脳内で構成されたイメージとしての存在，あるいは記憶としての存在といってもよい。重要なことは，運動ゲシュタルトは物ではないので，決して測定されたり，これといって指さすことのできない性格をもっているということである。それゆえ，観察からとらえた内容は主観

的であり，そこに運動観察の難しさがある。

4. できごととしての運動ゲシュタルト

　野球のバッティングは，素人が見ればバットを振る動作というひとつの運動ゲシュタルトを見ることになるが，専門家は多くの分化したゲシュタルトを区別する。引っ張る打ち方と流し打ちではまったく違うゲシュタルトを見ることになる。その際，手首の角度や上体の向きなどを孤立的に比較しているのではない。それらの物体としての身体の状態を見ることを通して，動き全体の働きを読み取っているのである。いわば意味を見ているといえる。

　これに関して村上（1992）は，メルロ＝ポンティのゲシュタルト理論について，メロディー体験を例にあげながら次のように説明している。

> 　さまざまな音素が結合されて一つのメロディを構成する時，このメロディという全体的構造は，それらの音を聴いている者にとってのみ存在する。この全体的構造としてのゲシュタルトは，音楽を聴いている者がこれらの音の感覚を集めて，そこから引き出してくる意味なのである。（村上隆夫『メルロ＝ポンティ』1992, p.81）

　体験している個人が知覚対象から引き出した意味を構成しているという点で，メロディーとは物ではなく，ひとつの"できごと"であるといえる。この内容はそのまま運動ゲシュタルトに関してもあてはまる。運動ゲシュタルトとは，身体部分の移動経過の知覚をもとに把握した意味あるできごとととらえることができる。

　音楽メロディーと大きな相違点として，運動ゲシュタルトは力の使い方が重要な意味をもっていることがあげられる。バイヤー（1993, p.26）の『スポーツ科学辞典』では，運動形態（Bewegungsform, ＝運動ゲシュタルト）とは，ある運動を実行したときに実現される，空間・時間ゲシュタルトであり，「ここでは，空・時分節が力の入れ方の種類，その持続時間と強さを規定すると同時に，力動・時間分節が空・時分節のなかに現れる」と説明されている。

　それゆえ，運動ゲシュタルトの観察においては，力動的経過に共感的に関与できる見方ができるようになることが必要である。それは観察訓練の目標でもある。

【潜勢運動】

1. 行動原理としての潜勢運動

　たとえば体育のマット運動の授業で，誰かに側方倒立回転の手本をさせると，それを見ていた何人かの子どもたちは体がうずうずしてすぐにやってみようとする。その一方で，まったく無反応で，壁の絵を見ているようにしか見ていない子どももいる。これらの子どもたちは，意識（志向性）において大きな違いがある。

　今にも動き出しそうな子どもの場合，仲間が行う運動を見るときは，動きの外面的経過だけを眺めているのではない。手本の動きを行っている仲間の身体の中へ入り込んで，自分も一緒にやっているような気分になっている。このように，実際に自分が動くのではなく，仮想的な運動を行うことが潜勢運動と呼ばれる。

　第Ⅰ部第3章でも紹介したが，人間の行動における「潜勢運動」の意義を提唱したのはゲーレン（1985）で，次のような例で説明している。

> 　私たちが幅の広い溝をひと跳びしようと考え，さて実行するか否かを決めるのは「想像された」跳躍の成否にかかっている。私たちは全ての形象を想像裡に，別の状況，運動またはその組合せへ移しかえることができ，これを「現実に」実行するには及ばない。スポーツの能力は，この運動想像力の達成いかんによるところ大なるものがあるらしい。それはいかなるスポーツにも要求される新しい組合せを構想する。私たちは，これによって新たな運動になじむことができるが ― これを考えこむのではない ― さりとて実行に及ぶとはかぎらない。（ゲーレン『人間』1985, p.213）

　自分の行動に関する想像的運動としての「潜勢自己運動」は，我々の日常の至る所で作動しているものである。この例でも，溝を跳び越えようとする場合，物理的距離が跳ぶかどうかの決断の基準となっているわけではない。跳び越せるかどうかは潜勢的に行ってみる自分の身体が知っている。

　さらにまた，われわれは他者の運動を見るときにも想像的に，つまり潜勢的に観察することができる。ゲーレンが，「自己ないし自己と『交信伝達体系』を張る相手の物象を，私たち自身および物象が現実におかれているとは別の位置へ移し置く能力とよぶ以上には分析不可能な根源現象が想像力である」（同書，p.217）と言っているように，見ている他者の身体に自分を置いてみる想像力をもっている。ただし，このときの想像活動はあれこれ思い浮かべるという能動的な思考活動ではなく，受動的な，つまり無意識的な，知らず知らずのうちに働いている想像である。

　これはスポーツに限ったことではなく，反省作用を施してみると，日常のさまざまな所で直観できる現象である。言うまでもなく，ここで意味する「反省」とは，過去の失敗を思い返すといった日常的意味の反省ではなく，現象学における反省である。つまり，普段の自然な生き方においては意識することのない日常性の中に，その生き方を一時止めて，自分の意識体験の中に"驚き"を見つけ出すことである。

　たとえば，自分が好きな曲が聞こえてくるときには，いつの間にか頭の中で歌っている自分に気づくことができる。楽器を演奏する人であれば，他者の演奏を聴いて，自分の指の潜勢運動をしているはずである。

2. 潜勢運動における間身体性

　スポーツで作動する潜勢運動における身体の置き換えの土台となっているのは両者のキネステーゼである。したがって，体験したことのないスポーツなどは，他者の運動を見ていてもキネステーゼ感覚は伝わってこない。

　たとえばテレビで相撲放送を見ていて，応援している力士が土俵際に追い詰められたときには，見ている自分の体がのけぞることがよくある。最近の学生はあまり相撲で遊んだ経験が少なく，テレビを見ていて自分がのけぞるという感じはまったく分からないという者が多い。

　また，選手あるいは指導者として経験の豊富な者は，体操競技の試合での鉄棒の演技を見ていると，途中の動きで最終的な結果がかなりの程度把握できる。それは，鉄棒の周りを機械的に回っている物体としてではなく，キネス

テーゼ感覚が感じ取れる他者の身体運動として，潜勢運動をしながら見ている
からである。

　ジュニア選手の試合などでは技術的に未熟な選手も多く，場合によっては危
険な動きも見られる。たとえば鉄棒の演技の下り技で，バーから手を離す前の
局面の動きで，安全な宙返りができるのか，失敗につながるのかだいたい分か
るものである。専門家であれば，落下の危険が予測される事態のときには，思
わず声を上げることがしばしばある。そのような場合，一般の観衆は危険性を
察知する能力がないので，専門家が上げた声の意味が分からず冷静に見てい
る。危険性は潜勢運動なしには見えないものであるといえる。

　さらに，子どものさまざまな遊びやボールゲームなど，他者との関係を読み
取ることが必要な遊びやスポーツ運動においては，潜勢運動の活性化の程度に
よって状況判断力が大きく異なってくる。鬼ごっこで追いかける際，逃げる者
の移動経路を判断して少し先回りをして捕まえようとする場合には，自分と他
者のキネステーゼの把握のうえで，潜勢的に捕まえてみることが必要である。
この能力に長けている子どもなら，潜勢的に捕まえることができない場合には
追いかけるのをやめる。潜勢運動を行える能力なしでは単純なボールゲームさ
えまったく成り立たないであろう。

　このように人間の運動行為において，潜勢運動はきわめて大きな意義を果た
していることは間違いないが，これは明確な意識のうえで進められているので
はない。心の中で自分が一緒に運動を行ってみようという意図などなくても，
知らないうちにそのように身体が反応を起こしている。もちろん，ここでいう
反応とは生理学的に測定できる神経活動を意味するのではない。キネステーゼ
としての反応である。

　この現象の土台にはメルロ＝ポンティのいう「間身体性」の作動がある。間
身体性とは，「遠くから他人の身体を生きる」，あるいは「目に見える他人の身
体と重なり，それと同じ〈構え〉をとる」（現象学事典，p.79）ことによる人
間同士の無意識的なつながりとされる。また，身体的レベルにおける相互主観
性（石田，2007，p.57）といってもよい。

　この間身体性は，異なる自我をもつ他者同士が，相手の意識やキネステーゼ

感覚を能動的に理解して形成されているものとして理解してはならない。メルロ＝ポンティ（1979）が乳児の「伝染泣き」などの例で説明しているように，人間はそれぞれが最初から別々の自我を備えた存在であるのではなく，はじめは自他一体の状態から，成長，経験を経てしだいに自我が確立されていくものとされる。滝浦（1994, p.198）は，幼児における相貌的知覚などの行為を説明しうるものは，「自他の未分化な匿名の集合であり，私の身体と他者とからなる一つの癒合的系である」と述べている。われわれはもともとそうした身体と世界との想像的相互転換を生きていたはずだという。このことは，乳幼児と母親の生活を見れば容易に理解できることである。転んだわが子を見ている母親は，その瞬間にわが身に痛みを覚える。そのとき，さまざまなことを想像してから痛みを感じるわけではない。

　このような間身体性の上に，スポーツの場でも見られるさまざまな潜勢運動の作動がある。ボールゲームでパスを出す者は，味方の移動スピードやパスを受ける技能など多様な要因を考慮しなければならないが，それらを事前に入念に考え，ボールスピードなどを計算したうえで実行に移すという時間的余裕はない。すべてを瞬時に把握しなければならないが，その際には，潜勢運動によって味方のキネステーゼ感覚を把握し，自らのパスも潜勢運動によって成功するか失敗するかを判断している。いずれにしても，これらの判断は無意識のうちに，つまり受動性の次元で行われている。たとえそれらの内容について考え，はっきりと意識しているという場合であっても，受動性の過程を後で気づいたに過ぎない。

　したがってスポーツ実践において，指導者には，選手や生徒，あるいは子どもの潜勢運動がどのように機能しているのか判断できる能力が求められる。また，動きの見本を見せる，いわゆる運動呈示の際には，観察者に適した対象を選ぶことも重要である。体育授業などでは，競技選手の理想フォームよりも，同年代の仲間の動きの方が間身体的に近づきやすく，潜勢運動も作動しやすい場合もある。

3. 脳科学的説明

　他者の動きを見て，自らの感覚のなかで潜勢運動を行っているという場合，脳においては何らかの神経活動が行われているのは間違いない。

　他者がある行為をするのを見た時に，自分の脳の中であたかも自分が同じ行為をしているかのような活動をするニューロンは「ミラーニューロン」と呼ばれる。

　茂木（2001，p.31）によると，「ミラーニューロン」の発見は，近年の脳科学における最大の成果の一つと言われている。このニューロンは，猿を使った実験で確かめられた。猿がある行為をする時に活動する，あるいは，同じ行為を他者がするのを見ている時に活動するということが分かったのである。これによって他者の心を読み取るメカニズムの解明の糸口となるといわれている。確かに，これまで知られていなかった新しい種類のニューロンの発見によって，今後さまざまな新知見が得られる可能性は大きいであろう。

　しかし，脳の活動部位が特定されたからといって，その内容までが分かるわけではない。他者の動きを見て活動するニューロンは分かっても，どのように理解されているのかはまったく分からない。神経活動の存在が確認されたに過ぎない。茂木（2004，p.27）がいうように，現代の脳科学では，「脳の神経細胞がある一定の値以上の活動を始めると，いかにしてそこにクオリアに満ちた〈私〉の意識が生じるのか，という根本問題を解明するメドは立っていない」のである。

　だから山口は（2017，p.58）は，ミラーニューロンの説明は因果関係による主張であり，「ミラーニューロンが働くから他の生命体の運動（行動）の意図（志向）が分かるのではない」と言う。そして，「ミラーニューロンの働きとは，まさに視覚系と運動系との共時的カップリングに他ならず，フッサールの発生的現象学からみて，視覚の感覚質と運動感覚の感覚質との相互覚起をとおして成立する対化連合による時間内容を共有しあう現在の成立を意味するのだ」（同書，p.61）と述べている。つまり，ミラーニューロンの存在は潜勢運動の条件とはなりうるが，どのような内容が潜勢的に作動するのかについては，過去の運動経験や現在のキネステーゼ感覚の状態などによって一様ではな

く，現象学的視点からの考察が不可欠である。神経活動という物理事象でクオリアの領域は扱えないのである。

　したがって，ミラーニューロンの働きの説明原理として現象学が求められるのであり，現実の潜勢運動の説明としてミラーニューロンが用いられることはない。それに関してギャラガー（2008）は，ミラーニューロンの神経科学に対する最良の解釈を提供するのがメルロ＝ポンティの間身体性概念であると述べて，現代の認知科学の研究と調和し続けていることを評価している。このことは，脳科学によって人間の行動が分かるのではなく，人間の行動は現象学による厳密な本質観取を経て得られた知見があってはじめて，ニューロン活動などの解釈が可能となることを示している。

4. 潜勢運動の実践への適用

　これまで，主に他者の動きを見て無意識的に作動する潜勢運動について記述してきたが，潜勢運動は運動学習においても非常に重要な意義を持っている。

　自分の動きについて思考を働かせながら練習することは，自らの技能を向上させるために不可欠なことであることは言うまでもない。その内容は，すでに行った運動をふり返り，欠点などを把握し，次の試みをどのように行うかイメージするといった活動である。その際の運動の想起やイメージ化は潜勢運動に他ならない。この場合には，明確な意識のうえで行われることから能動的な潜勢運動の実施といえる。

　近年，スポーツ競技においてメンタル・リハーサル，あるいはイメージ・トレーニングなど，運動遂行における心理面を強化する目的のトレーニングが広まっている。スポーツ・パフォーマンスにとって心理的要因はきわめて大きなウエイトを占めることは誰しも納得することである。しかし，実際の運動遂行において"こころ"だけが活動するわけではない。習熟度の低い運動を，メンタル・トレーニングによって成功に導く試みなどは意味はない。指導者が選手や生徒に求めるべきは，キネステーゼ感覚と結びついた潜勢運動の活性化である。潜勢運動がどの深さまで行えるかが心理トレーニングの成否を決める。これは，日頃のトレーニングの中で能動的な潜勢運動を行う習慣をもっているか

どうかによるであろう。

　また，潜勢運動の発生，および発達過程については，これまで研究の対象となったことはない。把握する手法がまったく検討されていないのである。ボールゲームなどにおける状況判断力にとって潜勢運動の重要性はすでに述べたが，それが実際にどのように作動しているのかは指導者（観察者）の主観的判断による。つまり，動きの意味が読み取れる眼をもっているかどうかが問題となる。しかし実際には，ゲームでの動き方を見ていれば，状況判断力がついてきたことは分かるものである。具体的にどのような行動に対してそのような見方をしているのか観察者の意識を反省することによって，潜勢運動の発生・発達に関する指標は得られると思われる。それによって，潜勢運動に関する研究の可能性も考えられるであろう。

【自分の動きの違いに気づくこと】

1. 自分の動きが"分かる"ことと"気づく"こと

　運動の自己観察では，行った運動の姿勢的，力動的欠点，あるいはタイミングのミスなどを把握し，次に続く動きの修正情報としたり，また今後の練習のための基礎情報としたりする。

　第Ⅳ部第1章の自己観察に関する項でも述べたように，自分の動きが分かることはいくつかの層があることが確認された。一般には，自分が行った動きのなかに何か不都合な動きなどを知覚して自己観察情報とする。

　しかしときには，自分の動き方に何の感覚的印象が残らなくても分かることもある。いわば，自分の動きの何かに"気づく"ことなく失敗の原因が分かるときもあるということである。たとえば，バットで打ったボールが飛んだ方向や飛び方を見て，バットとボールの当たり具合は比較的容易に推定できるし，そのときの動き方も想像できる。結果から失敗の原因を推測することはよく行われることであろう。また，スノーボード滑走における自己観察の項で説明したように，転倒の際に自分の動きがどうなっていたのかまったく分からない場合でも，転倒のメカニズムの知識があれば，転倒の様子を推察するのは可能である。

　それに対して，運動中，あるいは直後に何かに"気づく"ということは，その内容が動きの感覚記憶として保持されたということを意味している。ここでは，この運動時の気づきについて論を進めていきたい。

2. 何に気づくのか？

　運動している最中に気づきの対象は無数にある。走っている途中で靴紐がほどけたことに気づくこともあるし，気温が上がってきたことに気づくこともある。そのような多様な気づきの内容があるが，ここで問題とする自分の動きに関する内容に限定しても，気づきの対象はさまざまなものが考えられる。

　意図と異なった動きに対する気づき，直前に行った動きとの違い，以前の良

かった（悪かった）動きとの違い，「このままだと転倒する」といった将来の予感など多様な種類が考えられる。これらはすべて何かとの違いに気づくということである。

その「何か」とは何か。たとえば，以前の動きとは異なる動き方だったという場合も当然考えられる。しかしそれだけであれば，毎回変化する状況の中ではすべてが気づきの対象となる。厳密な意味では，まったく同じ事象というのはありえないからである。あるいは，意図と異なる動き方に気づくこともある。それは主に結果として認識される。たとえば，Aのように行おうと意図したのに，結果はBのようになってしまったというような場合である。

過去の動きとの違いにしても，意図した動きとの違いにしても，比較の対象はすべて表象であって実体ではないことは言うまでもない。だから，物差しとかトレーシングペーパーなどのように，実物を重ね合わせて差異を見いだすわけにはいかない。

3. 動きのなかの感覚と知覚

なぜ違いが分かるのか，運動を行うとき，つねに意識して普段の動きと比べながら遂行しているわけでもないのに，分かるときは分かる。もちろん，分からないときもある。初心者のときにはほとんど分からない。

感じの違いに気づくには，まず感覚そのものが存在していなければならない。自己観察の項でも説明したように，運動後に動きの特徴を想起するにしても，あるいは運動のさなかにバランスの崩れなどを察知するにしても，運動時に何らかの知覚を体験していることが条件となる。たとえ外部から見て大きな動きの特徴が現れたと感じても，実施した本人がなんの知覚意識もそこに覚えていないとしたら，後で捜し物をするような形式で思い出すことは不可能である。

スノーボードの例でいえば，転倒する前に自分の身体の後ろの方に重さがかかっているという漠然とした感覚がある。この漠然とした感覚は，「体験の主観的な質としての『クオリア』」（門脇，2004，p.21）と呼ばれる。クオリアという語は，近年，脳科学者の茂木（2004，p.24）らによってわが国でも紹介さ

れ,「質感」などという訳語がよく使われる。門脇（同書）は,「感覚質」という訳語を使っているが, このクオリアは, 近年の心の探究において最も注目されている心の特性だという。その注目の理由は,「それが自然科学によって探求されている物理学的な事実と説明に, どうしても回収できない抵抗を示しているから」（同書）だとされる。

　このクオリアとしての素材的感覚に対して,「後ろに体重がかかっている」と意識されることが知覚である。漠然とした感覚も知覚意識もどちらもすでに過ぎ去ったことであるが, 何らかの形でわが身の中に保存されている。つまり記憶として残っている。前者（クオリア）は「感覚記憶」, 後者（知覚）は「意味記憶」と呼ばれる。感覚記憶は「『意味記憶』の活性化以前」（山口, 2011, p.174）の感覚である。感覚は意味記憶として活性化されてはじめて後に想起可能な記憶となる。逆に言えば, 知覚として意味記憶にならなければ後で能動的に想い出すことはできない。

　このことからいえば, すべての感覚が知覚されるというわけではない。つまり, 意味記憶として意識に残るわけではない。というより, ほとんどの感覚は意識から消えていく。だからといって, まったくの無であるというわけではない。「感覚記憶」というように, 何らかのかたちではわれわれの身体の中に残っている。このような記憶の形式を現象学では「沈殿」という。この語は, 加賀野井（2009, p.282）によると,「行為や思索がそのまま過ぎ去ってしまうのではなく, やがて想起され, 再活性化されるべく, まさしくそこに沈殿し, 堆積していくことの謂」である。神経学的にみても, 山鳥（2015, p.173）が「記憶は時間という過程の上に積み上げられる神経活動の総体であり, 過程を生きる有機体そのものである」というように, 現在の意識は沈殿した記憶（過去）との相互作用の上にしか成立しないのである。

4. なぜ気づくことができるか？

　動いている中で, 何らかの感覚を知覚として意識すること, いわゆる"気づき"はどのような場合に実現されるのであろうか。

　スノーボードでうまく滑っているときには自分の動きに意識を向ける必要

はない。意図的に滑り方を変えようとしたりしない限り，意識はゲレンデに向かっている。状況へ自分の動感を投射するカンの世界で経過する。また，どのように滑っていたのかいちいち反省などしない。つまり，順調に経過しているときには，動きの何かに気づくということはない。気づくということは，一定の時間の中で何かの変化があったときである。山口（2004）は，次のように述べている。

> 　変化とは，そもそも，変化が生じるその直前の感覚状態とのズレとしてはじめて，変化として感じられるものです。…変化に気づくためには，気づかれていなかった，変化以前の感覚状態が，気づかれないままに留まっていて，それとの相違が気づきにもたらされる，つまり，感覚されるのでなければなりません。そうでなければ，感覚の変化に気づきようがありません。（山口一郎『文化を生きる身体』2004，p.103）

　われわれの運動において，"うまくいっている"という順調な経過の意識とは，次の瞬間に自分の動きがどのようになっているのか分かり，そしてその予測通りに遂行されたときに感じる印象である。この場合，実施前に先取りしている内容も，そしてまた実施後の印象もたいていは意識されない。知らない間に経過しているといってよい。

　たとえば，普通に歩いているとき，片方の足を前に出すときには，その足が地面に着地し，自分の体重を支え，その脚を軸にして反対側の足を出すという流れを無意識的に了解しているから安心して歩くことができる。その通りに経過すれば，どのように歩いたのかはたいていは忘れ去られる。他に考え事をしていた場合には，どこを歩いていたのかさえ忘れることもある。しかし，そのようなときでさえ，無意識的であっても先の事態を身体で予想し，了解している。そうでなければ安心して歩くことはできない。

　それに対して，その身体的予想と異なっていた場合に何らかの気づきとなる。地面を見ないで歩いていて，段差があったとき，たとえそれが1センチ程度の落差であっても大きな驚きを感じることがある。この驚きの瞬間は，歩行がうまくいっている（順調な経過）ときとの違いに気づいたのであり，同時に

うまく着地できないということを察知した瞬間でもある。物理的にはバランスを崩すほどの落差ではないにもかかわらず，それほどの驚きになるということは，地面の位置がいかに正確に身体的に先取りされていたのかということの証明である。

　この正確に先取りされた位置を決定するのは，その前の状態である。それは，後ろ足の位置や着地する方の足が1歩前に置いていた位置などから総合的に査定される。それはいつも無意識的（受動的）に行われている。

5. "気づき"における内的時間意識構造

　以上のことは，フッサールの内的時間意識の視点から説明が可能である。運動の最中に何かに気づくということは次のような過程を経る。前述したように，動いている"いま"の意識（原印象）は，来たるべき将来を先取りしている。これが「原印象と過去把持からその意味内容を受け取り，次にくる感覚素材に，その意味内容を投げかけている」（山口，2012，p.135）と描写される未来予持である。そして，実際の遂行に移ったときにそれと異なっている場合に違いとして気づかれるということである。そこで違いがなければ，すなわち順調に経過すれば，"気づかない"ということである。

　先取りされた状態を決めるのは，以前の動きの過去把持である。"いま"の動きに至る直前の状態が記憶されているから，次に来たるべき状態が予測されうるのである。

　このように「気づき」とは，ある瞬間に孤立的に気づかれるのではなく，未来予持と過去把持という前後関係を土台として生まれるものである。しかもこれは，能動的に明確な意識のうえで経緯するのではなく無意識的に，フッサールのいう受動性（自我が関与しない）の中で行われるのはすでに述べたとおりである。

　このような観点に立つと，自分が行った運動について何も分からないという初心者などの内的構造が理解される。過去把持を通した未来予持の時間意識構成ができない者は，変化に気づくことができないことになる。

6. どこに気づくのか？

　運動を失敗したときにその原因を尋ねた場合，何も分からず返答できない者がいる。また，変化に気づいたとしてもまったく見当はずれのことを感じ取っている者もいる。この場合，運動の遂行にとってさほど重要ではない内容をいくら正確に把握できたとしても意味はない。

　前述したように，感じ取る可能性のある感覚の範囲は無限である。普通に歩いているときの足だけに限定して考えても，足のそれぞれの指や足裏の部位のどこでも何らかの刺激は絶えず与えられており，程度の違いはあっても何かを感覚しているはずである。しかしたいていは何も意識に残らないまま消え去ってしまう。たまたま靴の中に砂粒でも入ってきた場合には，はっきりとした感覚刺激が存在し，それに対して痛みという知覚が生じ，それを意識した場合には記憶として残る。それ以外のほとんどの感覚は意識されないまま消えてしまう。山口（2011, p.183）によると，意識にのぼるのは「無意識に生成した感覚内容のごく一部であり，注意に値する，そのモナド生にとって重要な感覚内容」のみである。

　その無限の感覚刺激のなかから，自分の動きに重要な内容に気づく過程はどのようなしくみになっているのだろうか。これには，現象学でいう「触発」と「連合」のはたらきが重要な役割を果たしている。

7. 知覚における触発と連合

　人混みのなかを歩いていて，誰かの顔を見たとき，それが友人であることに気づいたとする。これは，見た瞬間の原印象に過去の経験知（友人の顔）が重なったことによる顔認知である。

　また，同じ状況の中で，誰かとすれ違った少し後に（時間的に遅れて），突然知っている顔だったと気づくことがある。それまですれ違った多くの人の顔を見ていたはずであるが，たいていはすぐに忘れてしまっている。なぜその時，知り合いの顔だと気づいたのであろうか。

　すぐに忘れてしまう顔であっても，すれ違った直後では，その顔に対する感覚は過去把持されているということの証である。それがなければ，原印象は

すでにないわけであるから，消え去った顔について何らかの意識をもつはずはない。もちろんこのとき，物体的な何かの痕跡が脳内に残っているわけではない。過去把持された顔に何かが働きかけ，知り合いの顔だと遡及的に思いだしたのである。このような働きかけが，現象学的意味の「触発」である。フッサール（1997，p.215）によると，触発とは「意識に即した刺激，意識された対象が自我に働きかけるある特有な動向」である。

　触発によって，誰かの顔を呼び起こすことが「覚起」と呼ばれる。文字通り，何かを目覚めさせるのである。そしてそれが知り合いの者の顔と結びつくことが「連合」である。

　ちなみに，現象学用語としての「触発」や「連合」は，日常用語，あるいは心理学用語としてのそれとは意味が多少異なる。とくに心理学では，明確に意識可能な内容だけが対象とされるのに対し，現象学では無意識，つまり受動性を本質的特性とする。

　貫（2008，p.75）によると，現象学における「連合とは，『現在のあるものが過去を思い出させる』回路」であり，「①目の前にあるものからの連合がはたらき，②その結果，過去に見知っていたなにものかがピックアップされ，③ふたつのあいだの類似関係が確認される，という順番で生じる」（同書，p.76）とされる。

　なにげなく見ていた雲の形や岩の形などが，ある瞬間，ひとの顔に見えてくることがある。突然，そのような自然物がひとの顔に似ていることに気づくのである。これも触発の働きによって雲や岩の形と人間の顔との連合による気づきである。

　『現象学事典』（1994，p.228）では，「触発とその受容は受動的総合の次元から能動的総合の次元へ移行することを意味する」と説明されている。上の例でいえば，それまで，明確なそれ（たとえば知り合いの顔）として自我が向かうことなく経過していたものに対して，はっきりとした対象として向き合えるようになる（対向）ということである。

8. 自己観察における触発

　前述したように，運動を行っている際に生じる感覚内容は無限にあり，その無数にある感覚素材の中から，どれに気づくかは動きの上達（コツの獲得）にとって重要な点である。山口（2012，p.170）は，「どんな感覚素材が，どのように触発してくるのかは，簡単にいえば，そのとき自分が一体どんな関心をもっているのか，に依ります」といっている。同一の風景の中にそれまで見過ごしていた物が，話題になったり興味を持ったりした後，にわかに目にとまるようになったという経験は誰しも持っていることである。

　運動の自己観察においても，その運動をどのように改善したいのかというような関心の有無が，気づきにつながる可能性と連動することに疑いをもつ者はいないであろう。動機づけられた関心が触発の力を高めるのである。

　そのような意味で，当該運動の技術に関する知識の獲得や，指導者による意識を向けるべき部分の指定，さらに実施後に行う焦点化された質問などが，自己観察能力の向上に有用であることは言うまでもない。

　しかし，そのような知識や重要な運動部分などをどれだけ正確に伝えたとしても，実施者がどのように感じ取るかはまったく千差万別である。コツの獲得につながるような感覚をまったく感じないこともあれば，注意を向けていた箇所とはまったく別の部分にコツ意識が向かうこともある。腕の動きの改善をめざしていて，足のステップの仕方をコツと感じることなど珍しいことではない。

　このような個人的特性を前提として，実施感を多面的，誘導的に問い尋ねていく金子の「借問」は，学習者の自己観察能力の向上にとってきわめて有用な方法であるが，それが実行できるためには問い尋ねる側の能力も要求される。つまり，経験豊富な指導者の見地からみて選手に気づかせたいところへ関心を導いていくのである。直接その部分だけを指摘してもうまくいくとは限らない。それまでの練習過程を知っていることも必要であろう。指導者の専門性が問われる活動である。

　また，指導者は学習者に対して，普段から自らの動きに注意，関心をもたせるように動機づけ，自己観察を習慣化させるように指導することが重要である。

しかしながら現実には，すべて言いなりになることを選手に強要し，「言われたとおり行え」とか「余計なことは考えるな」とのたまう指導者さえいる。

世界のトッププレイヤーとなったゴルフの松山選手は，外国メディアから「彼の顔を見るな」といわれているという。松山選手はショット直後に明らかなミスをしたような顔つき，およびしぐさ（ショット直後に片手をクラブから離すなど）を示すことがよくある。しかしその結果はまったく問題がないことが頻繁にある。そのため，観客は，彼の顔（やしぐさ）を見ていると大失敗だったかのような印象を抱き，彼にだまされるのだという。これは，彼が，自分のショットの評価をボールの行方など，いわゆる結果に基づいて行っているのではなく，あくまで自分の動き方に基づいているということを物語っている。ボールの行方という結果ではなく，あくまでも自分の意図した動き方ができたかどうかが彼の判断の基準なのである。意図した動きと違った動きを自分がしたときには即座に気づくことができる卓抜した自己観察能力を備えた選手といえる。このような選手を体系的に育成することの意義が確認されなければならない。

自らの動きに関する気づきの体験は，学校体育において大きな価値をもっている。ドイツのスポーツ哲学者フランケ（Franke, E., 2005）は，自分の動きにおける気づきの体験を積ませることを体育固有の教育的価値として高く評価している。

フランケは，体育では，理性により知識を学ぶ他の教科と異なり，経験そのものを身体によって認識するが，その固有の認識法として感性論（Ästhetik）の意義を説く。その中で特に重要なものが，運動の反省（Bewegungsreflexivität）である。

現象学の意味での反省は自然的態度の中では行われない。たとえば，われわれが痛みを感じるとき，普段の“身体である”状態から，“身体を持つ”という身体の別のあり方を認識する。この自我と身体の分裂は反省のための本質的条件とされる。

運動の場合も同様に，行っている運動が順調に経過しているとき，いわゆる“身体である”あいだは反省する必要はない。うまくできないときにはじめて

自分の動きについて考える，つまり反省することになる。当然ながら，このときの反省は，結果の善し悪しの判断などではなく，普段なら消え去ってしまう過去把持を意識に上らせる現象学的反省である。フランケは，このような感性論的体験の可能性をもっている学校体育は，身体を通した教育として比類のない価値をもっていると言う。

　スポーツトレーニングにおいても，また体育授業においても，自分の動きの違いに気づかせることの価値を認識し，その方法論の検討をさらに考えるべきであろう。というのは，自然に生きている限り，反省は行われないからである。反省するためには，自分の立場を自分から分裂させる必要がある。このような分裂についてフッサール（2015，p.72）は，「世界の中へはいって自然的なしかたで経験したり，その他の何らかのしかたで生きている自我を，世界に関心をもつ自我と呼ぶとすると，現象学的に変更された見方をとり，しかもそのような見方をたえず固持している態度の特質は，その態度においては自我分裂が起こっており，世界に素朴な関心をもつ自我の上に現象学的自我が，世界に関心をもたない傍観者として位置している」と述べている。

　つまり，動きを生きている自分から距離を置いて自分の動きを見つめる自分を作り出すことが必要となる。選手や生徒がそのような立場から自分の動きを見ることができるように導くことが指導者の役割となる。

あ と が き

本書は，筆者が提出した学位論文「運動指導におけるキネステーゼ理解の構造 ― 志向分析能力の形成に関する現象学的考察 ― 」（平成 22 年 2 月：筑波大学）が土台となっている。この学位（博士：コーチング学）論文は主として学校体育における運動指導に関して教師が生徒の運動をどのように理解すべきかを考察したものである。

　論文提出後，本書の完成まで時間がかかったのは，前記論文において考察された「運動の理解の内実」を理論的基礎として，実際の指導現場で生起している人間の運動の「動きの意味」を読み取ることを重点に置きながら理論を裏付ける事例を探し，それを論文にまとめることに時間を要したからである。幸いなことに，「動きを読む」ということに最もふさわしい運動発達の査定の仕方に関して非常に有用な成果が得られたこと，ならびに運動観察をもとにした運動指導論の研究法についてまとめることができた。

　学位論文と本書ではタイトルのニュアンスが少し異なっている。しかし，スポーツトレーニングにしろ体育授業にしろ，他者に運動を教えるときには，まず運動を「見る」ことから始まるのは言うまでもないことである。「見る」こと，つまり運動観察は「他者理解」の原点であり，たとえそれと意識していなくても他者のこころの中まで分析しながら見ているのである。もちろんその場合，身体の外側の位置移動だけを見ているのではなく，それぞれの動きがどのような意味を持っているのかを分析していることになる。

　運動を学習するとき，あるいは指導するとき，運動を観察し，動きの意味を読み取ることの重要性を否定する者などいないにもかかわらず，見ることは軽視されている傾向にあることは事実である。とくに研究の場においては顕著である。動きを見たときにそこに何らかの違いがあれば，それを測定し，数値で差を明らかにすることだけが研究であるかの誤解があるからである。

　もちろん，測定値で明らかにできることも多いのは確かである。しかしその

場合，測定できることだけが研究対象として措定されていることに気がつかなければならない。意識をもった人間の動きは複雑，多様で，測れることのみですべて説明できるものでは決してない。

精神医学者の木村（1992, p.63）は，近年の精神医学における研究の動向に対して痛烈な批判を投げかけている。それによると，精神症状そのものを数量化して計測し，これに一見微密な統計学的処理を行って「客観性」の仮面をかぶせようとする「疑似自然科学的」な研究法を致命的な過ちだと言い，このような研究手法を滑稽な「自然科学ごっこ」だと論難する。自然科学万能の大学医学部や医学雑誌では，本来，数値化が不可能なはずの精神症状に関してすら，そのような数字遊びをしていない論文は客観性に欠けるという理由で受理してもらえないのが実情だという。

これとまったく同じ事情にあるのがスポーツ科学であろう。本来，スポーツの現場においては選手や生徒一人ひとりの特性に合わせて処方が考えられるのが常であった。そして，それに貢献する成果を求めるのがスポーツ科学であったはずである。しかし，近年のスポーツ研究界においては，論文としてまとめやすい，業績数が稼げる研究がもてはやされ，研究者たちの間では「いいデータがとれた」かどうかが話題となる。もちろん，この場合の「いいデータ」とは手続き的に順当で，論文に使えるかどうかが問題となっている。

もっとも，実際のトレーニングや体育授業の現場では，あらゆる条件を考慮に入れて指導やコーチングが行われており，そこでは研究と実践は別物として扱われているのである。端的に言えば，研究が現場の役に立つとは考えられていないのである。

しかし，本来の研究の基軸がプロモーションや業績稼ぎのためだけに向いていていいはずはない。意識を持った人間に生きた運動を指導するためにはどうしても運動そのものを見つめ，学習者の体験そのものに向き合うしかない。本書がそのための指針となることを期待したい。

博士論文の作成にあたって，筑波大学教授であった（当時）朝岡正雄先生には，論文の構成から細部に至る指導修正まで多大なご協力をいただいた。ま

た，拙論を審査していただいた筑波大学の尾懸教授，山田教授，清水教授からは実践的ならびに理論的視点から丁寧な，そして的確なご批判を賜ることができた。ここに感謝申し上げたい。

　さらに，生涯の師である金子明友先生（筑波大学名誉教授）には，筆者が学部学生，並びに大学院生であったときに教えを蒙っただけでなく，爾来弛まず出版してこられた現象学的運動学の書を通して学問の深みを教えていただいた。本書の論考はすべて金子先生の動感論に基礎をおいたものである。筆者に限らず，わが国の運動学は金子先生が提唱された現象学的運動学の諸理論がなければまったく成り立たない。すでに卒寿を迎えられた金子先生のご健康を祈るとともに，これまで賜ったご指導にこころより感謝したい。

　なお本書は，日本学術振興会の平成 30 年度科学研究費補助金（研究成果公開促進費）の助成によって公刊されるものである。

■文　献

1) 尼ケ崎彬（1990）ことばと身体．勁草書房

2) 有馬道子（2014）パースの思想．岩波書店

3) アルンハイム：関訳（1987）芸術心理学．地湧社

4) 朝岡正雄（1980）Bewegungsübertragungの概念とその問題性．運動形態学研究会会報 2: 22

5) Baumann, H.（1986）Methoden der Fehleranalyse durch Bewegungsbeobachtung, Limpert Verlag

6) Bernett, H.（1968）Terminologie der Leibeserziehung 4.Auflage, Karl Hofmann

7) バイヤー・エリッヒ編：朝岡監訳（1993）スポーツ科学辞典．大修館書店
Beyer, E.（1987）Wörterbuch der Sportwissenschaft. Karl Hofmann Verlag

8) ビンスワンガー：荻野・宮本・木村訳（1978）現象学的人間学．みすず書房

9) ブランケンブルク：木村他訳（1980）自明性の喪失．みすず書房

10) Buytendijk, F.J.J.（1956）Allgemeine Theorie der menschlichen Haltung und Bewegung, Springer Verlag

11) ボイテンデイク：大橋・斉藤訳（1977）女性．みすず書房

12) Çetin, N.（1991）Technikanalyse und Techniktraining, Academia Verlag, Sankt Augustin

13) 千葉康則（1990）人は「無意識」の世界で何をしているのか．PHP 研究所

14) Christian, P.（1963）Vom Wertbewusstsein im Tun -Ein Beitrag zur Psychophysik der Willkürbewegung-, Beiträge zur Lehre und Forschung der Leibeserziehung Bd.14 "Über die menschliche Bewegung als Einheit von Natur und Geist", Hofmann

15) クリスティン・酒井：大西訳（2008）現象学とライプニッツ．高洋書房

16) ダイソン：金原・渋川・古藤訳（1972）陸上競技の力学．大修館書店

17) Duden Band 7（1963）Das Herkunftswörterbuch, Dudenverlag

18) ドゥルーズ：宇波訳（1987）ベルクソンの哲学．法政大学出版局

19) エーデルマン：冬樹訳（2006）脳は空より広いか．草思社

20) フェッツ：金子・朝岡訳（1979）体育運動学．不昧堂出版．

21) Fetz, F.（1960）Bewegungslehre der Leibesübungen, Limpert

22) 藤永保他編（1981）新版心理学事典．平凡社

23) 深見英一郎・高橋健夫・細越淳二・吉野聡（2000）体育の単元過程にみる各授業場面の推移パターンの検討：小学校跳び箱運動の授業分析を通して．体育学研究 45（4）：489-502

24）　深見英一郎・高橋健夫（2003）器械運動における有効な教師のフィードバックの検討 ―― 学習行動に応じたフィードバックと子どもの受けとめかたとの関係を通して ――. スポーツ教育学研究 23（2）：95-112

25）　福岡伸一（2007）生物と無生物のあいだ. 講談社

26）　福岡伸一（2015）生命と記憶のパラドクス. 文藝春秋

27）　ゲーレン：平野訳（1985）人間. 法政大学出版局

28）　Gehlen, A.（1966）Der Mensch - Sein Natur und seine Stellung in der Welt, Athenäum, Frankfurt a. M./ Bonn

29）　ギャラガー：澤田訳（2008）『間身体性と間主観性』in；現代思想第 36 巻第 16 号

30）　ゲーテ：前田訳（1980）自然科学論. ゲーテ全集 14. 潮出版社

31）　Größing, S.（1993）Bewegungskultur und Bewegungserziehung - Grundlagen einer sinnorientierten Bewegungspädagogik, Verlag Karl Hofmann

32）　グロッサー・ノイマイヤー：朝岡・佐野・渡辺訳（1995）スポーツ技術のトレーニング. 大修館書店

33）　Grosser, M.・Neumaier, A.（1992）techniktraining - Theorie und Praxis aller Sportarten, BLV-Verlagsgesellschaft

34）　箱石匡行（1994）『準観察』 in；現象学事典（木田・野家他編）. 弘文堂

35）　浜田寿美男（1999）「私」とは何か ―― ことばと身体の出会い ――. 講談社

36）　浜田寿美男（2002）身体から表象へ. ミネルヴァ書房

37）　ハンソン：村上訳（1986）科学的発見のパターン. 講談社

38）　橋爪大三郎（1985）言語ゲームと社会理論 ―― ヴィトゲンシュタイン・ハート・ルーマン. 勁草書房

39）　林達夫他（1971）哲学事典. 平凡社

40）　林知己夫・坂本賢三ほか（1984）あいまいさを科学する. 講談社

41）　ハイゼンベルク（1967）ゲーテの自然像と技術・自然科学の世界. 朝日ジャーナル 6（4）

42）　ヘルト：新田・小川・谷・斎藤訳（1997）生き生きした現在　時間と自己の現象学. 北斗出版

43）　日高敏隆（1982）「原型」とゲーテ. 理想 593：106-109. 理想社

44）　廣松渉・子安宣邦ほか（1998）哲学・思想事典. 岩波書店

45）　星川保・豊島進太郎編（1984）走・跳・投・打・泳運動における “よい動きとは”. 第 7 回バイオメカニクス学会大学組織委員会. 杏林書院

46）　細江文利（1997）めあて学習の教育原理. 体育科教育第 45 巻第 4 号

47）　Hotz, A.（1986）Qualitatives Bewegungslernen. SVSS-Verlag

48）　フッサール：細谷・木田訳（1974）ヨーロッパ諸学の危機と超越論的現象学. 中央公論社

49) フッサール：渡辺訳（1979）イデーンⅠ．みすず書房

50) フッサール：立松・別所訳（2001）イデーンⅡ-Ⅰ．みすず書房

51) フッサール：立松訳（1982）内的時間意識の現象学．みすず書房

52) フッサール：長谷川訳（1989）経験と判断．河出書房新社

53) フッサール：山口・田村訳（1997）受動的総合の分析．国文社

54) フッサール：浜渦訳（2004）デカルト的省察．岩波書店

55) フッサール：浜渦・山口監訳（2012）間主観性の現象学　その方法．筑摩書房

56) 市川浩（1991）ベルクソン．講談社

57) 市川理映（1996）運動内観の抽出法に関する一考察 ― 三段跳の事例を中心として ―．
スポーツ運動学研究 9：13-27

58) 飯野由美子（2000）「相互主観性と他者の現象学」．in；新田義弘編『フッサールを学ぶ
人のために』．世界思想社．

59) 稲垣諭（2007）衝動の現象学．知泉書館

60) 石田三千雄（2007）フッサール相互主観性の研究．ナカニシヤ出版

61) 加賀野井秀一（2009）メルロ＝ポンティ　触発する思想．白水社

62) 梶尾悠史（2014）フッサールの志向性理論．晃洋書房

63) 金子明友（1974）体操競技のコーチング．大修館書店

64) 金子明友（1977）『運動学からみたスポーツ』　in；岸野・水野・朝比奈編，スポーツの
科学的原理．大修館書店

65) 金子明友（1982）マット運動 ― 教師のための器械運動指導シリーズ ―．大修館書店

66) Kaneko, A. (1985) Prolegomena zur Methodik der sporttechnischen Neugestalt-
ung. 筑波大学体育科学系紀要 8：101-113

67) 金子明友（1987）運動観察のモルフォロギー．筑波大学体育科学系紀要 10：113-124

68) 金子明友（1988）『体育学習のスポーツ運動学的視座』　in；島崎・松岡編，体育・保健
科教育論．東信堂

69) 金子明友・朝岡正雄編（1990）運動学講義．大修館書店

70) 金子明友監修・吉田茂・三木四郎編（1996）教師のための運動学．大修館書店

71) Kaneko, A. (2000a) Ästhesiologische Bewegungsanalytik des Sports, スポーツモル
フォロギー研究，6：114-167.

72) 金子明友（2000b）運動の意味構造．スポーツモルフォロギー研究，6

73) 金子明友（2002）わざの伝承．明和出版

74) 金子明友（2005a）身体知の形成（上）．明和出版

75) 金子明友（2005b）身体知の形成（下）．明和出版

76) 金子明友（2007）身体知の構造．明和出版

77) 金子明友（2015）運動感覚の深層．明和出版

78)　金田晉（1980）『物と空間』 in；木田・滝浦他編. 講座・現象学 2 現象学の基本問題. 弘文堂

79)　加藤精二（1983）フッサール. 清水書院

80)　河合隼雄・中沢新一編（2003）「あいまい」の知. 岩波書店

81)　川瀬雅也（2010）経験のアルケオロジー　現象学と経験の哲学. 勁草書房

82)　河本英夫（2002）メタモルフォーゼ. 青土社

83)　岸野雄三（1968）『運動学の対象と研究領域』 in；岸野雄三編. 序説運動学. 大修館書店

84)　木田元（1970）現象学. 岩波書店

85)　木田元他編（1994）現象学事典. 弘文堂

86)　木村敏（1987）自己・あいだ・時間. 弘文堂

87)　木村敏（1988）あいだ. 弘文堂

88)　木村敏（1989）時間と自己. 中央公論社

89)　木村敏（1992）生命のかたち／かたちの生命. 青土社

90)　木村敏（1994）心の病理を考える. 岩波書店

91)　木村敏（1998）分裂病の詩と真実. 河合文化教育研究所

92)　木村敏（2000）偶然性の精神病理. 岩波書店

93)　木岡伸夫（1994）「習慣としての身体」；生命とシステムの思想（岩波講座現代思想）. 岩波書店

94)　Klaes, R.・Walthes, R.（1995）Über Sinn und Unsinn von Bewegungsstörungen, in；Prohl, R.・Seewald, J.（Hrsg.）, Bewegung verstehen, S.237-262, Karl Hofmann

95)　小林隆児・西研編（2015）人間科学におけるエヴィデンスとは何か. 新曜社

96)　小坂国継（2009）西田哲学を読む ― 絶対矛盾的自己同一. 大東出版社

97)　鯨岡峻（1999）関係発達論の構築 ― 間主観的アプローチによる. ミネルヴァ書房

98)　鯨岡峻（2005）エピソード記述入門 ― 実践と質的研究のために. 東京大学出版会

99)　ライプニッツ（1980）『モナドロジー』in；下村寅太郎編集, 世界の名著 30　スピノザ・ライプニッツ. 中央公論社

100)　前田英樹（2013）ベルクソン哲学の遺言. 岩波書店

101)　前野隆司（2005）脳はなぜ「心」を作ったのか. 筑摩書房

102)　マーネン：村井訳（2011）生きられた経験の探究. ゆみる出版

103)　Marlovits, A.（2001）Über die Einheit von Empfinden und Sich-Bewegen. Czwalina Verlag

104)　丸山高司（1985）人間科学の方法論争. 勁草書房

105)　松木邦裕（2010）『主体の知を知ることと知らないこと ― 臨床の知とその達成』 in；矢野智司・桑原知子編, 臨床の知. 創元社, p.99-113

106) 松村明監修（1995）大辞泉．小学館

107) マイネル：金子明友訳（1981）スポーツ運動学．大修館書店

108) Meinel, K（1960）Bewegungslehre, Volk und Wissen Volkseigener Varlag

109) マイネル：金子訳（1998）動きの感性学．大修館書店

110) メルロ＝ポンティ：竹内・小木訳（1975）知覚の現象学 I．みすず書房

111) メルロ＝ポンティ：滝浦・木田訳（1976）行動の構造．みすず書房

112) メルロ＝ポンティ：竹内・木田・宮本訳（1977）知覚の現象学 II．みすず書房

113) メルロ＝ポンティ：滝浦・木田訳（1979）『幼児の対人関係』in：眼と精神．みすず書房,
pp.97-192

114) メルロ＝ポンティ：中島盛夫訳（1982）知覚の現象学．法政大学出版局

115) メルロ＝ポンティ：滝浦静雄，木田元訳（1989）見えるものと見えないもの．みすず書房

116) 三木成夫（1996）人間生命の誕生．築地書館

117) 皆本二三江（2017）「お絵かき」の想像力．春秋社

118) 港千尋（1996）記憶 ――「創造」と「想起」の力．講談社

119) 港千尋（2001）第三の眼．廣済堂出版

120) Mitterbauer,G.（1977）Bewegungsmerkmale, Bewegungseigenschaften, Bewegungsqualitäten -Ein Beitrag zur terminologischen und systematischen Abgrenzung wichtiger Fachbegriffe-, Leibesübungen 31

121) 宮崎清隆（1982）『理解と視点』 in；認知心理学講座第 3 巻「推論と理解」，p.53-70,
東京大学出版会

122) 茂木健一郎（2001）心を生み出す脳のシステム．日本放送出版協会

123) 茂木健一郎（2003）意識とはなにか ――〈私〉を生成する脳．筑摩書房

124) 茂木健一郎（2004）脳内現象．日本放送出版協会

125) 茂木健一郎（2006）クオリア入門．筑摩書房

126) 森直幹（2015）動きの感じを描く．明和出版

127) 村上隆夫（1992）メルロ＝ポンティ．清水書院

128) 村上陽一郎（1986）新しい科学論．講談社

129) 村上陽一郎（1989）歴史としての科学．筑摩書房

130) 村木征人（2007）相補性統合スポーツトレーニング論序説．スポーツ方法学研究，21
（1）：pp.1-15

131) 永井晋（1999）「見えないもの」を感じる；河本英夫・佐藤康邦編，感覚［世界の境界線］．白菁社

132) 永島惇正（1996）体育科教育第 44 巻第 7 号

133) 長滝祥司（1999）知覚とことば．ナカニシヤ出版

134) 中島盛夫（1968）ベルグソンと現代. 塙書房

135) 中島義道（1996）時間を哲学する. 講談社

136) 中村昇（2014）ベルクソン＝時間と空間の哲学. 講談社

137) 中村雄二郎（1979）共通感覚論. 岩波書店

138) 中村雄二郎（1983）西田幾多郎. 岩波書店

139) 中村雄二郎（1984）術語集. 岩波書店

140) 中村雄二郎（1989）哲学の現在. 岩波書店

141) 中村雄二郎（1991）問題群. 岩波書店

142) 中村雄二郎（1992）臨床の知とは何か. 岩波書店

143) 中村雄二郎（1999）死と生のレッスン. 青土社

144) 中谷宇吉郎（1975）科学の方法. 岩波書店

145) 中山純一（2013）フッサールにおける超越論的経験. 知泉書館

146) ナイサー：古崎・村瀬訳（1984）認知の構図. サイエンス社

147) 日本体育学会監修（2006）スポーツ科学事典. 平凡社

148) 日本体育協会スポーツ医・科学専門委員会（2001-2004）「ジュニア期の効果的スポーツ指導法の確立に関する基礎的研究Ⅰ－Ⅳ」. 日本体育協会

149) 西研（2001）哲学的思考. 筑摩書房

150) 西村ユミ（2001）語りかける身体　看護ケアの現象学. ゆみる出版

151) 新田義弘（1989）哲学の歴史. 講談社

152) 新田義弘（2001）世界と生命. 青土社

153) 新田義弘（2006）現象学と解釈学. 筑摩書房

154) 新田義弘（2009）思惟の道としての現象学. 以文社

155) 信原幸弘（2002）言語からみた意識　in；苧阪直行編「意識の科学は可能か」. 新曜社

156) 野家啓一（2004）科学の哲学. 日本放送出版協会

157) 野家啓一（2005）物語の哲学. 岩波書店

158) 野家啓一（2015）科学哲学への招待. 筑摩書房

159) 野村幸正（1989）知の体得. 福村出版

160) 野村幸正（2002）行為の心理学. 関西大学出版部

161) 貫成人（2003）経験の構造. 勁草書房

162) 貫成人（2008）真理の哲学. ちくま新書

163) 小原秀雄・岩城正夫（1986）自然「知」の探究. 群羊社

164) 澤潟久敬（1987）アンリ・ベルクソン. 中央公論社

165) 澤潟久敬（1988）哲学と科学. 日本放送出版協会

166) 大森荘蔵（1992）時間と自我. 青土社

167) Petersen, P.（1982）Aspekte qualitativer Bewegungsforschung, Sportunterricht, 1

168) ポラニー：佐藤・伊東訳（1980）暗黙知の次元. 紀伊国屋書店

169) ポルトマン：高木訳（1961）人間はどこまで動物か. 岩波書店

170) ポルトマン：八杉訳（1976）生命あるものについて. 紀伊国屋書店

171) Prohl, R.・Gröben, B.（2007）"Was ist eine sportliche Bewegung?" In:Scheid, V.・Prohl, R., Bewegungslehre 8.Auflage, Limpert Verlag

172) リベット：下條訳（2006）マインド・タイム　脳と意識の時間. 岩波書店

173) Röthig, P.（Red.）（1977）Sportwissenschaftliches Lexikon 4.Auflage, Karl Hofmann

174) レーティッヒ編：岸野他訳（1981）スポーツ科学事典，プレスギムナスチカ

175) Röthig, P.（Red.）（1983）Sportwissenschaftliches Lexikon 5. neu bearbeitete Auflage, Karl Hofmann

176) ロス・フリスビー：長町他訳（1989）知覚と表象. 海文堂

177) 佐伯胖（1986）わかり方の根源. 小学館

178) 齋藤宣之（2010）理論負荷性. 哲学キーワード事典. 木田元編，新書館

179) 斎藤慶典（2002）フッサール起源への哲学. 講談社

180) 斎藤慶典（1989）時間と存在をめぐって―生き生きした現在の謎と内–存在論の試み―, in；現象学の現在（新田・常俊・水野編）. 世界思想社

181) 榊原哲也（2009）フッサール現象学の生成　方法の成立と展開. 東京大学出版会

182) 坂本賢三（1982）分けることとわかること. 講談社

183) 櫻井歓（2007）西田幾多郎　世界のなかの私. 朝文社

184) サルトル：平井啓之訳（1989）想像力の問題―想像力の現象学的心理学―. 人文書院

185) 佐々木正人（2000）知覚はおわらない―アフォーダンスへの招待―. 青土社

186) 佐藤徹（1984）宙返りの概念に関する一考察. 北海道教育大学紀要（第2部C），34(2)：41-48

187) 佐藤徹（1990）運動の質的把握の方法に関するモルフォロギー的研究. スポーツ運動学研究 3

188) 佐藤徹（1991）スポーツ運動の類型的把握の内的構造. スポーツ運動学研究 4

189) 佐藤徹（1992a）体育における運動能力の量的評価における問題性―投能力について―. スポーツ教育学研究，(20)：29-36

190) 佐藤徹（1992b）学校体育の運動評価における質的視点. 北海道教育大学紀要（第1部C）43 (1)：387-395

191) 佐藤徹（1993a）うまくできない子どもの問題点の見つけ方. 体育科教育 9：73-75

192) 佐藤徹（1993b）「運動指導におけることば―教師と生徒の感覚運動的コミュニケーション―」；『教科教育学の創造』. 東京書籍

193) 佐藤徹（1996）めあて学習への提言―運動学の立場から―. 体育科教育 6：34-36

194)　佐藤徹（1997）「運動」の階層と「運動技術」の位置づけに関する一考察．体育学研究　第 41 巻第 5 号

195)　佐藤徹（1999a）運動学習における自己観察活動の構造について．スポーツ運動学研究　12

196)　佐藤徹（1999b）体操競技におけるコツを探る．体育の科学 49（6）．杏林社，pp.888-890

197)　佐藤徹（2001a）運動観察のトレーニングに関する基礎的研究．スポーツ運動学研究 14

198)　佐藤徹（2001b）運動のプロレプシス的視点からみたアナロゴン創作の基礎．日本スポーツ教育学会第 20 回記念国際大会論集（Proceedings of the International Conference for the 20th Anniversary of the Japanese Society of　Sport Education），pp.411-416

199)　佐藤徹（2002）運動指導におけるキネステーゼ意識の把握に関する事例的考察．スポーツ運動学研究 15

200)　佐藤徹（2003a）下手な子の動きを読み取ろう．体育科教育 51（2），pp.20-23

201)　佐藤徹（2003b）学校体育における生徒のキネステーゼ理解のために．伝承 3：43-56

202)　佐藤徹（2004）コツをつかむ，コツを伝える．日本体育協会スポーツ医・科学専門委員会：ジュニア期の効果的スポーツ指導法の確立に関する基礎的研究第 4 報．日本体育協会

203)　Sato, T.（2005）Das Interpretieren der Bewegungen von ungeschickten Kindern im Sportunterricht, Sportunterricht, 54（7）：202-205

204)　佐藤徹（2005）"できない"現象の志向分析的視点．体育学研究 50（5），pp.545-555

205)　佐藤徹（2007）指導者の運動感覚意識覚醒の意義と方法 ― アンダーハンドパスの指導事例に基づいて ―．スポーツ運動学研究 20

206)　佐藤徹（2014）運動発達査定における動感志向分析の意義．体育学研究 59（1），pp.67-82

207)　佐藤徹（2016）『技術トレーニング』in；日本コーチング学会編集．コーチング学への招待．大修館書店

208)　Schnabel, G.・Thieß, G.（Hrsg.）（1993）Lexikon Sportwissenschaft Band 1. Sportverlag

209)　シュトラッサー／徳永恂・加藤精司訳（1978）人間科学の理念．新曜社

210)　シュッツ（森川・浜訳）（1998）現象学的社会学．紀伊國屋書店

211)　下條信輔（1999）〈意識〉とは何だろうか？ 脳の来歴．知覚の錯誤．講談社

212)　下中邦彦編（1981）心理学事典．平凡社

213)　新村出編（1983）広辞苑　第 3 版．岩波書店

214)　篠原資明（2006）ベルクソン ― 〈あいだ〉の哲学の視点から．岩波書店

215)　Straus, E.（1956）Vom Sinn der Sinne，Springer-Verlag

216)　体育・スポーツ教育実践講座刊行会（1987）陸上運動・陸上競技の指導Ⅰ．日本文教社

217) 多田富雄（2007）寡黙なる巨人．集英社

218) 田口茂（2014）現象学という思考．筑摩書房

219) 竹田青嗣（1989）現象学入門．日本放送出版協会，p.214

220) 谷徹（2002）これが現象学だ．講談社

221) 谷徹（2004）意識の自然．勁草書房

222) 高木廣文（2011）質的研究を科学する．医学書院

223) 高橋昌一郎（2010）知性の限界．講談社

224) 高橋健夫・岡沢祥訓・中井隆司・芳本真（1991）体育授業における教師行動に関する研究 — 教師行動の構造と児童の授業評価との関係 —．体育学研究 36（3）：193-208

225) 高橋健夫・三木四郎他編（1992）器械運動の授業づくり．大修館書店

226) 高橋健夫（1997）めあて学習の意義と問題点．体育科教育 4

227) 高橋健夫・林恒明・鈴木和弘・日野克博・深見英一郎・平野隆治（1997）体育授業中の教師の相互作用行動が授業評価に及ぼす影響 — 相互作用行動に対する介入実験事業の分析を通して —．スポーツ教育学研究 17（2）：73-83

228) 高橋義人（1980）形と力 — 形態学とは何か —．モルフォロギア 1 号．ナカニシヤ出版

229) 高橋義人（1982）自然と象徴．解題．p.5：ゲーテ：高橋・前田訳，冨山房

230) 高橋義人（1982）「見る」ことの哲学．理想 No.593

231) 高橋義人（1988）形態と象徴．岩波書店

232) 竹内敏雄編（1974）美学辞典．弘文堂

233) 竹田青嗣（2004）現象学は〈思考の原理〉である．ちくま書房

234) 滝浦静雄（1994）想像の現象学．紀伊国屋書店

235) 谷徹（1999）感覚と記号の形而上学／河本・佐藤編；感覚［世界の境界線］．白菁社

236) トレベルス：朝岡訳（1994）運動の観察と評価．スポーツ運動学研究 7：65-83

237) Trebels, A.（1990）Bewegung sehen und beurteilen, Sportpädagogik 1

238) 上田閑照編（1989）西田幾多郎哲学論集Ⅲ　自覚について．岩波書店

239) 梅津八三他（1981）新版心理学事典．平凡社

240) Vetter, H.（hrsg.）（2004）Wörterbuch der phänomenologischen Begriffe, Felix Meiner Verlag

241) Volger, B.（1990）Lehren von Bewegungen, Czwalina

242) Volger, B.（1995）"Bewegungen lehren - aber wie?"；Prohl, R./ Seewald, J.（Hrsg.）Bewegung verstehen, Verlag Karl Hofmann

243) 和田渡（2000）時間意識の現象学．フッサールを学ぶ人のために，新田義弘編．世界思想社

244) ヴァルデンフェルス：山口・鷲田訳（2004）講義・身体の現象学．知泉書館

245) 鷲田清一（1997）現象学の視線　分散する理性．講談社

246)　鷲田清一（1999）「聴く」ことの力 — 臨床哲学試論．TBS ブリタニカ

247)　鷲田清一（2003）臨床とことば．TBS ブリタニカ

248)　渡邊二郎（2010）渡邊二郎著作集第 5 巻　フッサールと現象学．筑摩書房

249)　渡辺伸（1988）運動モルフォロギーにおける根本現象について．スポーツ運動学研究 1

250)　渡辺伸（1991）床運動の後転とびにおける障害的形態の事例研究．スポーツ運動学研究
　　　4：77-88

251)　ヴァイツゼッカー：木村・浜中訳（1975）ゲシュタルトクライス．みすず書房

252)　Weizsäcker, v.V. (1968) Der Gestaltkreis 4. Auflage, Gerog Thieme Verlag

253)　ヴァイツゼッカー：木村訳（1995）生命と主体，人文書院

254)　Weizsäcker. v.V. (1960) Gestalt und Zeit, Vandenhoeck & Ruprecht

255)　Wolters, P. (1999) Bewegungskorrektur im Sportunterricht, Forum Sportwissen-
　　　schaft Band 2, Verlag Karl Hofmann

256)　山田規畝子（2009）壊れた脳　生存する知．角川書店

257)　山田常雄他（1960）生物学辞典．岩波書店

258)　山鳥重（2015）記憶の神経心理学．医学書院

259)　山形頼洋（2000）ミシェル・アンリ　運動としての身体．in；新田義弘編，フッサー
　　　ルを学ぶ人のために．世界思想社

260)　山口一郎（2001）受動的発生からの再出発．現代思想 vol.29-17．青土社

261)　山口一郎（2002）現象学ことはじめ．日本評論社

262)　山口一郎（2004）文化を生きる身体 — 間文化現象学試論．知泉書館

263)　山口一郎（2005）存在から生成へ — フッサール発生的現象学研究 — ．知泉書館

264)　山口一郎（2009）実存と現象学の哲学．放送大学教育振興会

265)　山口一郎（2011）感覚の記憶　発生的神経現象学研究の試み．知泉書館

266)　山口一郎（2012）現象学ことはじめ　改訂版．日本評論社

267)　山口一郎（2017）『学際的哲学としての神経現象学の方法論』in：河本英夫・稲垣論編
　　　著．現象学のパースペクティブ．晃洋書房

268)　山中康裕（2002）無意識の探索から意識を探る．苧阪直行編「意識の科学は可能か」．
　　　新曜社

269)　山内志朗（2003）ライプニッツ．NHK 出版

270)　米盛裕二（1981）パースの記号学．勁草書房

271)　米盛裕二（2007）アブダクション．勁草書房

272)　養老孟司・茂木健一郎（2003）スルメを見てイカがわかるか．講談社

273)　湯浅慎一（2000）日常世界の現象学．太陽出版

索　引

■ 著者紹介

佐藤 徹 （さとう とおる）

1953 年 島根県に生まれる

1976 年 東京教育大学体育学部卒業

1979 年 筑波大学大学院体育研究科修士課程修了

2010 年 博士（コーチング学）筑波大学

現在 北海道教育大学教育学部教授

主要業績：『運動学講義』『教師のための運動学』『コーチング学への招待』
（いずれも大修館書店、分担執筆）他

現象学的スポーツ運動観察論

2018 年 11 月 20 日 初版第 1 刷発行

■ 編 著 者——佐藤 徹

■ 発 行 者——佐藤 守

■ 発 行 所——株式会社 大学教育出版

〒 700-0953 岡山市南区西市 855-4

電話（086）244-1268 FAX（086）246-0294

■ 印刷製本——モリモト印刷 ㈱

ISBN978-4-86429-537-6